"新汉学计划"欧洲博士与中国学者对谈录

主　编◎陈　靓
副主编◎宫　昀

内容提要

本书收录了参与“新汉学计划”的21位欧洲博士与有着相近研究兴趣的中国学者进行的深度学术对谈，涉及心理学、建筑、汉学、媒体研究、经济政策、文化研究等话题。这一系列对谈是在双方学者充分了解对方前期研究的基础上进行的，因此谈话内容丰富、细腻，呈现出充分的跨文化性和跨学科性，既涉及学术研究中的前沿问题，也提供了以“他者”视角反思中国文化主体性的机缘。这些对谈中不乏偶然碰撞出的可贵的学术火花，为未来中外学术的进一步合作提供契机。

图书在版编目(CIP)数据

“新汉学计划”欧洲博士与中国学者对谈录/陈靓主编；宫昀副主编. —上海：上海交通大学出版社，2024. 9—ISBN 978-7-313-31061-3

Ⅰ. K207. 8

中国国家版本馆 CIP 数据核字第 2024NT2625 号

“新汉学计划”欧洲博士与中国学者对谈录
“XIN HANXUE JIHUA” OUZHOU BOSHI YU ZHONGGUO XUEZHE DUITANLU

主　　编：陈　靓　　副 主 编：宫　昀
出版发行：上海交通大学出版社　　地　　址：上海市番禺路951号
邮政编码：200030　　电　　话：021-64071208
印　　制：上海万卷印刷股份有限公司　　经　　销：全国新华书店
开　　本：710mm×1000mm　1/16　　印　　张：13. 25
字　　数：215千字
版　　次：2024年9月第1版　　印　　次：2024年9月第1次印刷
书　　号：ISBN 978-7-313-31061-3
定　　价：78. 00元

前　言

为推动汉学和中国研究跨文化、跨专业、跨学科的学术合作研究，2013年，教育部中外语言交流合作中心启动并深化实施“新汉学计划”，着力通过多种人才培养和学术合作项目，培养一支中文水平优异、文化背景多样、科研能力突出的汉学与中国研究青年人才队伍。至2023年，“新汉学计划”先后为90多个国家近千名海外学子提供来华攻读博士学位或开展研修学习的机会。

“新汉学计划”坚持高标准选拔、精细化管理、多元化支持的发展定位，守正创新、久久为功，着力培养一批具有国际学术视野、通晓国际学术规则、能够参与国际学术交流与研究的年轻汉学家，为加强我国国际传播能力建设，向世界展示真实、立体、全面的中国贡献力量。

10年来，在多导师、跨学科、跨院系的培养模式下，“新汉学计划”培养的青年人才逐渐成长为各国人文社科领域的中坚力量。有人进入国外高校，成为世界汉学和中国研究领域的新生力量，并逐渐成长为领军人物；有人凭借对中国的深刻理解和出色的专业优势，在政府部门、知名企业和社会组织中担任要职，从事与中国相关的工作；有人专耕国际中文教育事业，成为中文教育和推广机构的管理者和教育家；有人著书立说、现身说法，以自己的亲身经历在海外讲述中国故事，传播中国声音，展示真实、立体、全面的中国……

基于“新汉学计划”实施以来的成果，本书秉承促进中外学术交流的宗旨，组织中外学者展开对谈，就相关学术领域进行深度学术交流。该活动一方面旨在对“新汉学计划”中欧洲留学生的科研现状进行评估，进而为“新汉学计划”启动10年的回顾与研究提供参考；另一方面也期待相关学术交流能进一步拓展“新汉学计划”的学术空间，为今后中外学术领域的合作启发灵感，发掘更多契机。

本书主要有以下两大特色。首先，涉及学科领域广泛。本书涉及心理学、建筑、汉学、美学、媒体研究、经济政策、文化研究等话题，多为中国当前人文和社会科学领域中具有重要学术价值的前沿领域。其次，本书不限于对欧洲留学生单向的访谈，而更注重中外学者的对话，以跨文化交流的方式进一步深化对相关问题的探索和思考，进而以"他者"视角反观相关领域中的中国文化主体性。同时，本书还体现出欧洲留学生在对华学术研究的选题上有比较强的现实性意识，即关注当前中国社会和文化发展过程中的最新动态和走向，关注中国在当前动荡、多元的国际环境中的定位和发展趋势。他们在学术研究中展示出的敏锐的问题意识和观察分析能力，值得中国学者学习借鉴。

经过众多学者的努力，本书终于定稿。期待本书的出版可以推动中国和欧洲的深层次文化交流，促进中国和欧洲在传统汉学、中国问题研究以及汉语国际教育等方面的沟通与合作，为中国在欧洲顺利推进"一带一路"倡议和实践发挥文化铺垫作用。

陈　靓

2024 年 4 月

目 录

中国心理学热与社会派心理咨询

李淑玲[①] 巴克利·布莱姆[②]

李淑玲：您好，布莱姆博士，我是中国矿业大学的教师李淑玲，非常感谢您接受我们的访谈。能否请您先简单介绍一下自己，特别是您的学术研究背景。

巴克利·布莱姆（以下简称布莱姆）：我本科的专业是国际关系，我在读硕士的时候开始对中国产生浓厚兴趣，进入当代中国系，对当时中国最大的私人博物馆——建川博物馆进行了个案研究。我博士就读于牛津大学人类学系，继续选择了当代中国方向。2018—2019年间，我在四川成都做了14个月的田野调查，走访了社会派心理咨询业，调查了心理咨询师，在此基础上完成了博士论文《我们只能改变自己：中国的心理学与精神健康》。目前，我在亚洲协会（Asian Society）担任研究员。

李淑玲：您之前十分关注中国的美食、旅游、博物馆文化、女性主义、同性恋等问题，并且在《经济学人》《金融时报》等期刊、网站上发表了很多文章。在撰写博士论文时，您却选择了中国心理学与精神健康，请问您选择这一研究课题的初衷和原因是什么？

布莱姆：心理问题在全球都是一个非常重要的问题，同时，它也是一个现代化的重要话题。现在，世界很多地方如非洲、南美洲等都在向现代社会过渡，它们很快也会面临这样的问题。在相对贫穷的社会，人们关心的问题是如何吃饱饭，这属于马斯洛需求层次结构中的生理需求。而当生活富裕之后，人们就会开始思考新的问题，比如什么是意义、什么是我们的方向。我之所以选择中国，是因为中国发展非常快。中国改革开放40多年，经历了从贫困社会到现代化社会的转变，很多人开始思考这些问题：我是谁，我要做什么，这有什么意义，

---

① 李淑玲：中国矿业大学外国语言文化学院，教师
② 巴克利·布莱姆：Barclay Bram，亚洲协会，研究员

我的人生有什么意义,我到哪里才能找到这些意义等。他们可以在心理学中寻找答案。当然,心理学不是唯一的途径,有些人可能会转向宗教。庄斯博(John Osburg)在他的专著《焦虑的财富:中国新富阶层的金钱与道德》(*Anxious Wealth: Money and Morality Among China's New Rich*)中调查了成都的富人,发现很多富人开始信仰藏传佛教,他们通过宗教信仰寻找人生的终极意义。但是,我对通过心理学来探寻这些人生问题的社会群体更感兴趣。另外,中国科技非常发达,人们认为科学非常重要,而心理学有科学的背景和含义,很多人认为心理学很科学,是很现代的研究方向,可以为他们提供答案。因此,心理学热成为一种重要的社会现象,我觉得这一现象非常有趣,也很有研究价值。这不仅是中国的问题,也是全球、全人类的问题。

李淑玲:作为成长在中国农村的70后,我亲历了从农村到城市的迁移,也目睹了城市化进程中人们生活的巨大变化。我小时候,家里很穷,周围的人都为了能吃饱饭而劳作,我也为走出农村、进入城市而努力读书。那时候,人们没有那么多的困惑和心理问题,对于心理学这个概念更是非常陌生。但是,最近30多年来,心理、精神问题越来越突出,心理学也逐渐成为一门显学。据我了解,中国社会已经出现过4次心理学热:第一次是在1987—1988年,弗洛伊德、弗洛姆、马斯洛的理论进入中国,引起了人们的极大兴趣;第二次是1997—1998年出现的"情商热";第三次是2000年出现的"成功心理学热";第四次是从2003年开始的"心理咨询热"。2001年"心理咨询师"被原中国劳动和社会保障部认定为一个正式的职业类别,心理咨询业在中国城市迅速发展壮大。请问您的研究主要是聚焦于哪一次心理学热呢?

布莱姆:我的研究聚焦于2003年以来的第四次心理学热,尤其是社会学派的心理咨询业。当然,我在研究中也考察了中国精神/心理问题话语的形成过程和历史变迁,并且跟踪采访了三个不同年龄段的心理咨询师,他们分别在20世纪80年代、21世纪初和2010年代成为心理咨询师,从他们身上我能够看到中国心理咨询业的历史发展过程。在这一社会历史语境下,我参加了许多心理咨询机构的活动,采访了不少心理咨询师和他们的顾客,研究了相关的社会和学术问题。

李淑玲:那么,您为什么将研究地点选在成都呢?我们知道,中国是一个地域广阔的国家,区域差异非常大。比如,上海、北京等东部城市与兰州、乌鲁木齐等西部城市的情况非常不一样,广州等一线城市与徐州这样的二线城市或者更小一点的县城之间也有很大的差别。

布莱姆：我本来计划在上海和成都两个城市做调研。上海非常国际化，心理咨询业也很发达，但是它受到的西方影响更早更深远，很多人可能是从国外接触到心理学，因此它的发达并不能说明上海本土或者中国本土的社会情况，它很有可能体现的是国际化的问题。成都是西南部的中心城市，属于新一线城市，人口多，各个阶层的人都有，更能够代表中国城市的实际状况。如果能够将两个城市的调研进行比较，研究成果将会更有说服力。所以，我的最初设想是在成都、上海分别做一年的田野调查。但是，我的研究是从2018年开始的，2019年我先到了成都，做了一年多的田野调查，2020年回国之后，遇到全球性的新冠疫情，我没有办法再回到中国了。我的博士论文只能以成都的研究资料为基础，这是一个遗憾。另外，我选择成都还因为我在那里有很多朋友，他们能够帮助我联系到各种心理咨询机构，介绍我认识当地的从业者和咨询者，使我的研究更加顺利和深入。

李淑玲：嗯，这是客观原因造成的。当然，成都确实介于上海与其他二三线城市之间，很有代表性。谈到中国精神疾病的治疗或心理问题干预，我有一些观察和体验。1998年，我大学毕业后留校做了学生辅导员，既负责各种行政管理事务，又负责对学生的心理问题进行疏导。当时，人们对心理学了解较少，对这一问题的关注也不多，学生的心理问题只是众多问题当中的一个小方面。但是现在，学校专门成立了心理咨询机构，聘请了专业的心理学教师，在学院和每个班级设置了心理委员，定期对所有大学生进行心理测试，根据心理问题的轻重划分级别，并进行跟踪辅导和干预，心理咨询和治疗成为学生工作中非常重要的一部分。另外，在我生活的城市，除了之前就已存在的精神病医院，最近十几年还出现了专门的心理咨询公司，各大公立医院也开设了心理咨询科，精神或心理问题在医疗机构也得到了前所未有的重视。您在研究中也提到，中国的精神/心理咨询可以分为三个阵营：学院派、医院派和社会派。那么，您为什么选择了社会派而不是另外两个阵营作为您的研究对象呢？

布莱姆：我选择社会派进行研究有两个因素。首先是研究的学术价值。学院派虽然比较专业，但涉及的人群只有高校教师和青年学生，反映的问题会比较单一。医院派确实能够提供更复杂的案例，但是之前已经有张骊、杨洁等学者的研究，他们都是在体制内进行的，我想做与之不同的研究，所以就选择了社会派，也就是大众心理咨询领域。研究社会派的优势在于，我可以接触到不同性别、年龄、职业和社会阶层的人，能够在更广阔的社会、文化和经济背景下考察心理学热。其次是研究方法。对于一个外国人来说，进入体制内的大学和医院开展研究非常困难，但是社会研究就比较容易，因为大众心理咨询领域是市场化的、开放的，谁都可以消费。这样，我就可以参加他们的活动，非常深入地与他们进行交流，这对于我这样具有人类学研究背景的学者来说更容易一些。

李淑玲：嗯，是的。邓明昱博士认为，中国当代心理咨询和心理治疗经历了 4 个发展阶段：起步阶段（1979—1989）、专业化阶段（1990—2000）、职业化阶段（2001—2011）和规范化阶段（2012—2017）。进入 21 世纪，心理咨询与治疗快速职业化，原中国劳动和社会保障部确定心理咨询师为标准职业，教育部规定在各层次学校开展心理健康教育，卫健委组织了心理治疗师专业技术资格考试。在这一大背景下，各种心理咨询公司应运而生，社会派心理咨询业迅速发展壮大。那么，根据您的观察，您认为是什么引起了中国的心理学热？为什么在 21 世纪的第一个十年社会派心理咨询业会进入高潮？这一现象与世界上其他国家的情况有何异同？

布莱姆：首先，心理咨询热是中国社会变化在精神领域的反映，与经济发展紧密相关。中国改革开放后，经济迅速发展，生活节奏变得很快，社会生活发生了巨大改变，这都会对人们的心理造成冲击。印度、巴西、尼日利亚等国家，它们现在的经济状况很像中国 20 世纪八九十年代的状况，经济、科技发展相当快，它们也开始面临这样的问题。其次，全球对心理、精神健康问题的认识发生了改变，这影响了中国人对心理问题的态度。2002 年左右，世界卫生组织认识到，心理问题比癌症等疾病危害更大。之前，人们关注的是癌症等疾病造成的死亡率，而现在发现，癌症造成的死亡率不是最重要的问题，最重要的是患病的人不得不花费很长的时间治病，影响工作，会遇到经济困难和亲人的抛弃，这会让他们陷入心理危机，造成更大的伤害。因此，世界卫生组织认为，心理问题才是最大的疾病，精神病是每个社会最危险的疾病，精神和心理健康是社会最重要的问题。这种认识很快在中国得到认可和传播。当然，中国有它特殊的地方，那就是政府政策的影响。2001 年 4 月，原中国劳动和社会保障部颁布了《心理咨询师国家职业标准（试行）》，2002 年 7 月，正式启动了心理咨询师全国统一培训和考试，2009 年，心理咨询师的全国统考人数首次突破 10 万人次。这大大促进了心理咨询行业的发展，是心理学热的直接推动因素。截至 2017

年心理咨询师退出国家职业资格目录，大约有一百万人获得了资格证书，这是其他国家没有的现象。但是，因为资格证书考试比较容易，很多人能够通过考试，很容易获得证书，导致咨询师的专业水平良莠不齐，心理咨询市场比较混乱。目前，政府取消了心理咨询师国家统考，未来怎么办，还不太清楚。但是，社会对于心理咨询师的需求非常大，这一点是确定的。

李淑玲：是的，我也看到网上有报道说，2017 年 9 月，人社部正式取消心理咨询师职业资格证书，心理咨询成了一种非准入类行业，由于缺乏统一的行业标准和服务规范，大量并不具备专业知识的人员涌入这一行业，从业人员水平参差不齐，咨询服务不专业，甚至存在违背专业伦理的现象。现在有一个很大的矛盾：一方面，患有心理、精神疾病的人数在增加；另一方面，高水平的专业心理咨询师却很不足。在这个领域，也存在看病难、看病贵的问题。请问，英国或者其他国家有没有这样的困境？

布莱姆：在英国，我如果想看心理医生，必须提前预约，大概要等待 6 个月才能得到治疗。即使我的情况非常危急，我也一点办法都没有，只能等，因为对心理咨询师的需求非常大，我们没有足够的心理咨询师。如果想快速地增加心理咨询师的数量，就有可能把资格标准降低，那样就无法保证心理咨询师的质量，这会造成更大的问题，因为心理咨询需要与病人建立亲密关系，有可能改变病人的命运，不够专业的治疗方法可能会造成灾难性后果。心理咨询师短缺是一个全球的共同问题，即使在美国，也存在 10 000 人左右的缺口。

李淑玲：在当前的中国，互联网非常发达，数字技术得到广泛应用，我们可以在网上找到很多心理咨询公司，或者心理咨询师培训机构，也可以在手机上浏览提供心理学知识的网站和公众号，人们似乎很容易就能获得心理学知识，或者找到心理咨询师。在您的博士论文和公开发表的两篇论文中，您探讨了数字技术对社会心理咨询业的影响，还特别研究了微信在提升精神健康和幸福技能中的作用，这非常有意思。我天天用微信，周围的人也天天用，我们却没有注意到它在心理咨询中的地位。请您根据自己的研究发现，谈谈微信对中国人心理健康的影响，以及以微信为代表的数字技术在心理咨询业中的作用。

布莱姆：作为一个中国人，你可能每天在用微信，并不觉得它有什么新奇的。但是对于我这样的外国人来说，微信太了不起了，它可以为一个人的生活提供方方面面的服务，它的功能比 Facebook、Twitter 或者 Instagram 强大得多，这非常有意思。在西方有个偏见，人们认为社交媒体对人们的心理特别不好,会分散人的精力,使人们不能聚精会神,或者容易让人进行比较,造成心理焦虑,等等。在中国,微信平台也会带来这些问题,但是同时它也促进了心理知识的传播,提高了人们的心理意识。

我调研了三个在中国有影响力的微信公众号:Know yourself、壹心理、简单心理。它们都获得了大笔风险投资,拥有非常多的订阅者,都致力于宣传心理学知识,提升人们获得幸福的技能。当然,它们也依靠兜售和管控情感来获得利润,也就是伊娃·易洛思(Eva Illouz)所定义的"情感资本主义"(emotional capitalism)。这些公众号在提升中国人的心理健康方面起到了非常好的作用。首先,这些公众号每天都会免费推送心理教育资料,帮助人们获得心理学的基本知识,提供丰富的心理问题案例。其次,它们为希望进入这个行业的人提供付费的心理咨询培训,既有线上讲座、微课等网络课程,也有线下课程,扩大了心理咨询师队伍。最后,也是最重要的,它们将心理健康与心理疾病剥离开来,致力于提升人们的心理健康意识,为遇到心理困扰的人们提供帮助,并不为患有严重心理疾病的人提供服务。也就是说,它们提供精神卫生保健,填补了政府医疗机构的空白。这些公众号为遭遇心理问题的人们打开了一扇窗,让人们发现原来自己并不是孤独的,还有很多人遇到了这样的心理问题。而且,人们会在文章后面的评论区进行交流,找到共鸣,这对于治疗心理问题会产生非常好的效果。

微信是个非常好的应用程序,普朗坦和塞塔(Plantin & Seta)称之为基础设施(infrastructure),利用微信这个平台,公众号可以完成从提升心理意识、售卖服务、提供服务到完成支付的所有事情。微信的付款功能直接将心理学概念与市场化的治疗技术联系起来,使精神健康理念本身成为一种商品,它同时也反过来帮助心理咨询公司将产品推销给消费者。在中国,微信加速了心理治疗技术的商品化进程,这是它区别于世界上其他国家的应用程序的一个特征。

李淑玲:知乎等网站上有数据显示,女性进行心理咨询的人数比男性多,女性心理咨询师也比男性多,其比例大概是 3∶1。您在博士论文中也有类似的说法,您还指出,中国的心理学热是一个性别现象,您是根据什么得出这个结论的?您认为造成这种现象的原因是什么?

布莱姆:我在田野调查中发现,无论是心理咨询师、心理学爱好者,还是参加心理咨询活动的顾客,女性占的比例都很高。在我参加的心理学学习和培训活动中,女性比例超过 70%。杨洁等人的研究也表明,在中国,女性比男性对心理学更感兴趣，参加心理培训活动的人更多。我认为，造成这种现象的原因主要有两个：一是中国人对性别差异的认知与西方人不太一样。很多男性觉得，情绪方面的问题只属于女性，不是一个男性的问题。比如，我在成都时，很多男性朋友会觉得很奇怪，为什么我一个男人会研究心理学，我每次都要作很多解释。如果我邀请他们去参加心理学方面的活动，他们就会说："我没有病，为什么要去？这个跟我没有什么关系，不去不去"。而如果我邀请女性朋友，她们就会说："这个很有用，我要去"。她们也认为，情绪问题是女性特有的问题，心理学知识能够帮助她们更好地处理家庭和工作中的人际关系。这种传统的性别话语仍然普遍存在。第二个原因是，随着女性越来越多地参与社会生产和市场竞争，她们的负担在不断加重，她们的主体意识也在不断增强，她们需要探索很多问题。比如，怎样同时扮演好女儿、妻子、妈妈和员工等多重角色，女性的权利、价值和意义是什么等。而心理学恰好为女性提供一个理论和话语框架，搭建了交流的平台，她们可以在这里探讨各种关于女性的话题。所以，非常多的女性会参加心理学的演讲、培训活动，与其他女性进行交流，她们会使用意识、创伤、治愈、自我认知等心理学话语表达自己。

李淑玲：这让我想起了 20 世纪 70 年代美国女权主义者组织的"意识提高"活动。为了提高女性的自我意识，反抗性别压迫，建立女性共同体，女权主义者把不同年龄、阶层、种族的女性召集在一起，请她们讲述自己遭受的心理创伤、性别压迫和生活困难，相互安慰、鼓励，一起探讨女性的地位、价值、追求等问题，这个活动在当时对很多受压迫的女性起到了心理治疗和精神鼓舞的作用，好像与你提到的女性参加心理培训活动有相似之处。

布莱姆：是的，它们对于女性个体起到的作用是差不多的。但是，它们的性质不一样。美国的女权主义活动是政治行动，而中国女性参加的是心理培训活动，目的不同，导致的结果也不同。在中国组织西方式的女权主义活动是不太可能的。但是，无论东方还是西方，现代女性面临的问题是具有普遍性的。比如，我是谁、如何做一个好妈妈、如何平衡职业与家庭等等。她们肯定会找到一个地方来谈这些话题，有意思的是，在中国，她们找到了心理学。这就像一条河，你给它拦上坝，它还会找到别的渠道继续流淌。

李淑玲：对，您这个比喻非常形象。现在的职业女性面临的问题更多了，压力更大了。一方面，她们与男性一样在职场上竞争，而且竞争越来越激烈，另一方面，国家鼓励生育二胎、三胎，她们又不得不承担起生儿育女、照顾老人的家庭责任。这会让很多女性感到疲惫、焦虑，产生心理问题。

布莱姆：是的，我觉得我发现最大的问题不是政治，不是社会改变，而是竞争。中国的社会竞争太激烈了，当前关于躺平、内卷化的讨论其实也反映了这个问题。而对于女性来说，她面临的压力不仅来自自己在职场中的竞争，更多的是来自家庭。比如，她有个小孩，她要把小孩送到好的幼儿园、好的小学、好的中学，让他(她)考上好的大学，大学毕业还要找个好的工作，等等。当失业率越来越高时，年轻妈妈们的压力也会越来越大，她们要更加努力地培养自己的孩子，否则，孩子培养了 20 多年，长大也会失业，这太可怕了。所以，她们在心理方面受到了很大的压力。当妈妈们遇到孩子的成长麻烦和教育困境时，就需要心理学方面的知识来指导她们。当然，还有其他的竞争，比如感情，很多女性遇到了婚姻危机，她们的丈夫有了情人，她们不知道该怎么办。

李淑玲：哦，这挺有意思的，看来心理咨询涉及了女性生活的很多方面。那么，根据您的调查，哪些女性更喜欢进入心理领域、参与咨询活动呢？心理咨询能为她们提供哪些有用的帮助？

布莱姆：我在博士论文中专门写了一章，题为"女强人幽灵"，举了三个女性的例子来说明这个问题。第一位女性叫卢娜，四十多岁，是一名非常成功的保险经纪人，在成都有很多套房子。她多次用女强人这个词描述自己，她学习心理学、参加家庭治疗讲座的目的有两个：一是学习如何与她的儿子沟通。她的儿子处在青春期，非常叛逆，她丈夫把教育儿子的任务交给了她，她很焦虑。第二是想通过学习心理学让自己变得"柔软"一些，她不喜欢职场上形成的"女强人"形象。第二个例子是吴女士，她是资深心理咨询师，在成都和都江堰开办情感诊所。她的主要业务是调解夫妻矛盾，挽回感情，维护家庭稳定。她之所以投身这个工作，是因为在她 14 岁时，她父亲抛弃了她和她的母亲，这完全摧毁了她的家，迫使她很早进入社会。她希望自己能介入这样的家庭，提供帮助。第三个例子是于佳，一个三十岁出头的年轻翻译家，她在事业上很成功。她进入心理学界是因为翻译了一本精神健康方面的书，那本书使她获得了内在力量。她也来自一个破碎的家庭，为了抚养她，她的妈妈一直单身，过着非常艰辛的生活。她不想生孩子，不想重复母亲的人生，坚持过自己想要的生活。但是，这需要应对来自社会尤其是母亲的巨大压力，学习心理学使于佳获得了巨大的精神力量，变得坚韧，不妥协。这些女性并不是孤立的，而是代表某一类女性。这些女性表面上是成功的"女强人"，但都面临各种生活困境和心理困扰，需要找到合适的解脱途径，心理学给了她们很大的帮助。

李淑玲：看来，女性确实是心理咨询队伍的主流。那您有没有关注男性心理咨询师和心理学爱好者？与女性相比，他们有什么不同？

布莱姆：有的，我也调查了男性心理咨询从业者。有些男性接触心理学也是为了解决自身的情感或精神问题，但是大部分男性是从研究“成功学”进入心理学领域的，比如，在心理学热的早期阶段，卡耐基的《人性的弱点》这类书籍非常畅销。男性更看重这个领域的经济回报，追求的是个人发展和成功，这与女性存在很大不同。

李淑玲：您的研究主要关注社会派心理咨询，那么，您认为中国社会派心理咨询起到了哪些良好的社会作用？有没有一些突出的问题？

布莱姆：我认为这个行业最大的社会功能在于为人们提供了一个交流空间和一整套表达负面情绪的语言，它介于医学抑郁症话语和社会学抑郁症话语之间，拓展了精神健康概念的外延和心理服务的市场，同时，也形成了一个可以讨论社会问题的新场所。社会派心理学强调“向内看”，教会来访者正视并接纳心理困惑和负面情绪，学会区分生活中的可控和不可控问题，修炼内心的强大与韧性，通过散发正能量来找到幸福。他们的逻辑是，我们改变不了他人，只能改变自己；如果我们能够治愈自己，整个社会就被治愈。这种方式能够让个体获得掌控自己生活的主观能动性，是非常积极有效的。但是，认为治愈个人心理问题就能治愈整个社会的逻辑是有问题的，因为我们生活在由很多个体组成的社会网络里，我们需要集体决定整个社会的发展方向，每个人不但需要治愈自己，而且要与其他个体共同改造社会，使它朝着更好的方向发展。所以，从社会层面看，完全用心理学知识阐释人们遇到的精神困惑和情感压力是不对的，这可能会阻止人们“向外”探寻造成这些心理问题的社会根源，从而掩盖了一些本质上属于社会或者政治层面的原因。

李淑玲：这就是您把博士论文的正标题定为“我们只能改变自己”的原因吧。我觉得，这种心理学逻辑与中国传统文化有关。比如，儒家学说一直推崇“修身、齐家、治国、平天下”，要求人们先修身养性，治理好自己，然后才有能力治理国家。道家也要求人们内省、修炼、觉悟，改变自己以适应变化的社会。

布莱姆：是的，在调查中，我经常听到“我们改变不了社会，只能改变自己”。在中国，人们理解和应用西方心理学时，会参照和融入传统的中国文化，也会加入自己的生活经验。

李淑玲：是的。关于中国的心理学热，我们已经讨论了很多，我也想了解一下英国的情况，特别是社会派，您能谈谈英国当前的心理咨询业状况吗？

布莱姆：在英国，医院免费的心理咨询师仍然非常难预约，患者要等很长时间。私人开办的心理咨询公司很多，但是非常昂贵，一般的市民支付不起。现在有个新的现象，就是出现了很多软件，人可以通过软件进行心理咨询和治疗，这其实就是跟一个机器聊天，这个机器懂得很多心理学知识，掌握了某个流派的心理治疗方法，可以提供服务。但是，我觉得这种方式还存在不少问题，需要时间检验。这两年，由于新冠疫情的影响，英国的心理、精神问题更严重了，更多的人需要心理治疗。我其实也有个困惑想跟您交流，与以前相比，现在有心理问题的人是不是在数量上真的增加了？还是说，数量其实是差不多的，只是由于我们更加关注心理问题了，导致更多有心理问题的人被发现了？

李淑玲：我认为是更多的人出现了心理问题。社会竞争压力、电子产品对人的影响、贫富差距、都市生活的同质化等都会影响人的精神健康，造成各种心理困惑。疫情之后，心理问题会更严重。

布莱姆：我同意你的看法。在欧洲和美国，有人做了研究，发现在20世纪80年代，年轻人的问题大部分来自外部，比如车祸、疾病、打架、环境污染等。但是，现在年轻人的问题却是从内部发生的，比如玩手机，因很多社会选择而感到迷茫，或者被别人影响了不知道该怎么办，等等。之前那种因为喝醉而意外死亡的数字下降了，但是像跳楼这种自杀的数量增加了。我也觉得精神和心理问题会越来越严重，要给予更多的关注和研究。

李淑玲：您以后还会继续研究中国的精神健康问题吗？您目前正在做什么研究？

布莱姆：我已经获得博士学位，但是还会关注这个问题。目前我在亚洲协会政策研究所（Asia Society Policy Institute）工作，澳大利亚前总理陆克文（Kevin Rudd）是我的老板。我在负责一个叫“19%”的项目，是研究中国失业问题的。对于失业群体，很多人会从经济、政治角度认识这个数字，我要从人类学和心理学角度进行研究，观察失业对年轻人的影响，比如对自我的认识、对人生方向的定位、心理健康等。

李淑玲：最后我想再问一个问题，您在中国的学习和研究经历对您有什么样的影响？

布莱姆：在中国的经历带给我非常好的影响。首先，中国很大，去了中国，我才真正明白世界真的是很大，很多样化，很有意思。第二，我发现，在西方，很多人有偏见，觉得中国是个完全陌生的地方，是另外一个世界。但是，到了中国我才知道，其实并不是这样的。中国的问题也是全世界的问题，西方的问题也是中国的问题，我们面临的问题就是人类的问题。我们的共同点比差异多，这个非常重要。比如，我作为一个西方的男人，你作为一名中国的女性，我们今天已经在一起聊了一个半小时，我们有好多东西可以谈。这就说明，西方和中国不是完全割裂的，而是同一个人类的世界。所以，我希望更多西方人去中国，更多中国人可以来西方。现在有个很令人担忧的现象，就是很多地方越来越排外。

李淑玲：是的，我也有同感。2014 年，我参加了南京大学与隆德大学的一个联合项目，我们去瑞典两次，他们来南京两次，最后一起出版了一本论文集。在这个过程中，我与瑞典的教授和博士研究生有很多交流，发现我们之间有非常多的共同点，从学术思想到生活习惯，从个人到社会文化，各个方面都是可以理解、沟通的，我们面临的问题有很多是一样的。所以，中西方都应该摒弃偏见，加强交流合作，也希望您可以早日再来中国。

布莱姆：好的，谢谢！我一定会去的。

当代中国青年价值观转变

陈 礼[1] 安 娜[2]

陈礼：安娜老师，您好！首先请您简要介绍一下自己。

安娜：我叫安娜，我是莫斯科国立语言大学的副教授，现在在两个教研室工作。

陈礼：请问您目前主要的研究方向是什么？

安娜：一方面，我继续做青年研究；另一方面，我在外国区域学教研室工作，着手做一些地方文化宣传方面的研究。

陈礼：您的博士论文题为《改革开放以来都市青年文化变迁研究——以北京青年亚文化为例》。请问您为什么选择在中国研究这个课题？

安娜：我在大学一年级（16 岁）的时候就对中国文化非常感兴趣，并且经常向老师请教该领域的学术问题。在攻读研究生期间，我对中国人的思维方式、心理和文化特别感兴趣。而且当时我发现俄罗斯几乎没有青年研究，也没有研究青年文化的论文和著述，我就准备对中国青年和青年现象展开研究。当时我的好朋友从中国给我带来曾燕波老师所著的一本书，主题是关于青年的 8 个热点问题，这本书对我产生了很大的影响。我当时觉得这个主题很有意思，于是我从 2011 年开始研究这个课题。但是俄罗斯在这方面的资料比较匮乏，所以我申请了“新汉学计划”，打算弥补这方面的不足。

陈礼：曾老师所著的是哪一本书？对您具体产生了什么启迪与影响？

安娜：是《青年八大热点问题》，于 2007 年由上海社会科学院出版社出版。我记得我看这本书的时候觉得价值观这部分挺有意思，是很值得研究的一个题目，基本上我对青年价值观的变迁的兴趣来自这本书。我在中国的时候联系过

---

① 陈礼：南开大学外国语学院，学生

② 安娜：Anna Chelnokova-Siejka，莫斯科国立语言大学，副教授

曾燕波老师，之后去上海的时候也跟她见过面，问过一些问题。她还给我介绍了杨雄老师，我记得我当时也跟他聊了很长时间，谈了我对中国青年文化发展的一些看法，他送给我《巨变中的中国青年》这本书。这本书仍然在我的书架上，里面有很多书签和各种笔记。我非常感谢这两位优秀的学者对我的帮助。

陈礼：俄罗斯对本国青年的研究多不多？具体集中在什么领域？

安娜：有不少，比较有名的学者也有很多。我们对青年的研究主要是社会学研究，但实际上俄罗斯青年的价值观变迁也非常大。我目前在教的学生跟我这一代相比也完全不一样。但我的研究以中国青年为主，没有专门研究过俄罗斯青年，我认为很值得做一个跨国别的比较研究。我认为两国青年在很多方面有一些相同之处。

陈礼：请问您在研究本课题的时候是否面临什么困难？

安娜：研究刚开始的时候我确实面临着几个问题。第一个问题在于理论基础，西方研究青年文化的理论不完全符合中国现实。首先，如果从历史发展看，在西方研究中很多价值观变迁的问题都依靠现代化理论（modernization theory），但如果随着这个理论“走”，中国是一个例外，因为它有自己的发展途径，我当时主要聚焦于中国的发展历程、历史上的规律以及特点，没有选择完全依靠西方对社会发展的看法。其次，如果从青年文化与主导文化的关系来看，中国由于社会结构、文化特点、政治制度以及跟西方完全不一样的思维方式，没有像西方社会一样形成青年亚文化与主导文化之间那么明显的、带有“政治色彩”的关系，这个也导致我只能选择性地应用西方理论。如果要深度分析中国对青年的定义、青年在中国的作用、青年文化出现的条件与它发展的过程、青年文化的作用以及它与主导文化关系的不同模式，那么总体来说，研究主要应从中国本地条件出发。我第一个专业是文化学，后来我在中国留学时在历史学院就读，由此养成了跨学科的思维方式，这对我的研究很有帮助。我最初面临的问题是如何把文化学和历史学融合在一起，当时的中国青年研究主要集中在思想政治教育或者社会学领域，也有一部分纯正的历史研究，但是没有混合性的学科研究，不完全符合我的研究设计与思路，因此我可以借鉴的前人研究较少。我面临的第二个问题是写作材料不足。一方面，我需要收集历史资料；另一方面，我需要通过访谈、社会调查等方式收集很多现实资料。我当时没有找到所需的针对价值观的材料，所以我自己进行了不少相关研究。我花了很多时间分析这些材料，但是我没有学过学术汉语，所以我花了一个学期的时间掌握学术汉语,以了解文章的思路,辨别文章的优劣。

陈礼:文化学和历史学存在很大的不同,您是如何把它们结合起来做交叉性研究的?

安娜:我采用了综合性的研究方法,还查阅了不少历史资料。我当时花了很长时间在国家图书馆、北京师范大学图书馆、北京大学图书馆学习,在阅读大量文献资料后,才将文化学与历史学联系在一起。我大部分的同学都在做非常具体的历史研究,比如某一个历史人物对某一个领域的影响,宏观的历史研究不多。文化学把文化看作一个"有历史背景"的整体,所以我每次分析当代的东西时都能看得出古代的烙印,把文化看作一个含有很多成分的系统,因此能看得出这些成分互相"交流"。这个角度跟我所见大多数历史学研究的角度稍微不一样,所以我需要把我的角度与很多实证材料和大量历史材料结合,在分析过程中发现规律,形成思路。

陈礼:在您的博士论文中,哪些方面体现了这两个学科的交叉融合特征?

安娜:我的研究主要是以文化学理论为基础,以综合性研究方法为主。

陈礼:您以青年文化为例来展开研究,您认为中国的青年文化有什么特点?

安娜:中国的文化和价值观与西方有很大差异,体现在青年观、儒家伦理、个人观、消费观以及中国整体主义的思维方式等方面。青年文化现象非常多,有外来的青年文化,即所谓的"进口"文化,也有本土的青年文化,它们在不同程度上在价值观层面偏离主流和主导文化。如果把青年文化看作文化系统的一个成分,可以说,在一些情况下青年文化在价值观层面可以挑战主导文化,有可能会成为一个破坏性的因素。但我认为,由于历史传统、社会结构、特殊的政治文化以及整体主义思维方式等因素,这些本来可以挑战主导文化和整个文化系统的成分,会潜移默化地变成对系统有利的元素,这个来源于中国文化的特点,即包容性。

陈礼:您认为中国社会的主导文化是什么?青年文化有可能破坏的东西是什么?

安娜:我当时做研究的时候,发现主导文化、主体文化、主流文化这些概念相互混淆,不同的学科都有自己的定义。我当时阅读了北京大学高丙中教授的文献,我觉得他解释得非常清楚:主导文化主要传播以政权为基础的文化价值观。主流文化是社会中存在的文化潮流,它可能会反映主导文化的价值观,但是它们不完全一致。青年文化是青年群体的一种文化，而且，我认为，它可以分两种：青年自己创造的文化和为青年创造的文化。二者是有区别的。青年自己创造的文化，是由于社会中的条件或者情况出现的青年文化现象，比如五四时期出现的青年报刊文化。在当代文化中这样的现象也数不胜数，比如青年网络小说或者不同"族"(月光族、辣奢族等)。为青年创造的文化产品也可以分为两种，一种是主导文化为青年创造的文化产品，它含有主导文化的价值观，但有青年所需要的"载体"，即所谓包装。另外一种是随着市场需求出现的青年文化产品，青年文化产品作为大众文化的产品，它根据青年本身的需求而出现。这几种文化相互交叉，相互补充。

陈礼：您觉得中国青年文化和俄罗斯青年文化最大的不同在于什么？

安娜：我们得弄清楚青年的定义，我当时做研究的时候，中国青年的年龄范围挺广的——14～35 岁，其中有些人是大学生，有些人已经工作了，喜欢玩滑板、看动漫等。还有一部分中国青年仍在上中学，学业压力非常大，想要考取重点大学，找到很好的工作，所以他们需要不停地学习，没有很多空闲时间玩。但在俄罗斯不一样，青年们没有那么多压力，有休闲娱乐的时间，所以基本上 20 多岁的青年都已经不爱玩滑板了，这一点与中国青年还是不同的。另外一个不同点是结婚年龄，中国青年现在结婚比较晚。我在中国的时候，男性平均结婚年龄为 29 岁，女性好像是 27 岁。但当时俄罗斯女性平均结婚年龄是 18～25 岁，我 22 岁就结婚了。但是，俄罗斯也出现了新变化，我回国后发现，女性的平均结婚年龄已经在 25～34 岁之间。

陈礼：您觉得青年文化和青年价值观存在什么样的关系？

安娜：我把青年文化看作一个文化载体，里面包括一些价值观，例如我之前说的引进的、外来的文化，以及本土青年文化现象，它们都在价值观层面与主导文化和主流文化互动。改革开放以来，中国出现的青年文化主要是西方的流行文化，它们带来很多外来的西方价值观。从内容和形式上来看，这些外来文化都经历了一个适应的过程，在此过程中，它们获得了自己的本土特色，也就是被中国化了。摇滚文化是一个很好的案例，它最开始很不符合中国人的口味，经过适应和融合之后，获得了中国本土特色，得到了人们的青睐。

陈礼：所以您认为西方的文化对于中国青年的价值观产生影响，然后又充实了中国的青年文化吗？

安娜：确实产生了一定的影响，但是中国青年并没有完全接纳这些价值观。在互动的过程中，这些外来价值观受到中国特色的影响，它原有的一部分价值观被淘汰了，这是一个不断更新的过程。简单来说，外来的文化和思维方式来到中国之后，经过一段时间的文化适应，其中一部分的价值观被淘汰，成为跟之前的思维方式不完全一样的东西，这显示出中国文化的包容性，我在我的书中也提到了这一点。我们可以在中国历史中发现很多这样的案例。例如，佛教在中国经过演变，就变成了中国式佛教。消费主义也是这样，很多中国的文献认为消费主义是来自西方的不良习惯，但其实我做研究的时候发现，对于西方的消费主义，中国文化中有很多类似点和支撑，比如中国人比较爱面子，它与西方消费主义融合在一起，就产生了不太健康的消费模式。事实上，这表明西方消费主义和中国传统消费观本来存在一些冲突，但是经过演化与融合，慢慢形成另一种消费模式。

陈礼：请问您认为中国青年的价值观大体上是什么样的？它经历了什么样的转变过程？

安娜：简单来说，20 世纪 80 年代的时候，中国青年处于个性解放的阶段，也可以说是“小我解放”。随着社会的巨大变化，人们的价值观也发生了很大的变迁，他们开始获得“自我”，也开始表达徘徊在价值观冲突中的“自我”。90 年代是消费观变迁的时代，这是当时时代的一个符号。很多人“下海”，看到很多赚钱的机会，因此这个“自我”是通过很多物质符号表达的。21 世纪初，很多家庭已经具备经济基础，物质层面的需求变弱，青年开始有更多的精神需求，开始寻求新“自我”，其中有不少人希望做他们喜欢的工作，也不想为了买房拼命省钱，他们就想天天快快乐乐地生活，追求他们的个人梦想。我相信自 2020 年我离开中国之后，青年的价值观也发生了很大的变化，这个过程将一直持续下去。

陈礼：那您觉得是什么因素促进了当代中国青年价值观的转变？

安娜：有非常多的因素，例如社会背景、经济水平、独生子女、网络化、信息化和主导文化等，这些都对青年的价值观产生很大的影响。新的价值观系统、新的传播工具、新的教育模式等也会引起中国青年价值观的变化。其中最有力的因素是主导文化，它决定价值观的主流、大众文化的发展途径、新一代的思维方式，但同时主导文化也会尝试适应当代条件以及满足当代需求，思考如何去除社会弊病以及促进社会进一步健康发展，达到社会和谐。

陈礼：您觉得主导文化是如何影响青年文化的？它是如何使青年文化从不利因素转变成有利因素的呢？

安娜：青年文化在有些情况下可能会成为破坏性的成分，但不一定是在所有的情况下。有时候它的偏离性可能太大了，所以主导文化需要框定一个允许青年文化发展的范围。我发现的一个特点就是青年文化的商业化。我刚刚也提到，当代中国有不少青年希望靠自己的爱好赚钱，如果他是玩摇滚的，他有在这个领域发展的机会，能靠这个赚钱，那他也不会超出主导文化设置的范围，我相信大部分的人也不会“拆自己的台”。其实主导文化很鼓励青年文化的发展，但同时也会对其进行一些修改，或是设置一个青年文化发展的允许范围。

陈礼：主导文化设置允许范围的方式是通过教育还是通过惩戒？是否有其他方法来框定青年文化的发展方向？

安娜：一方面通过教育，另一方面通过一些很简单的规定，规定哪些东西允许做，哪些东西不允许做。青年可以把他们的爱好发展为赚钱的手段，但是需要在主导文化允许的范围内发展。我在访谈过程中见过不少玩摇滚或者玩滑板的人，他们都非常尊重主导文化及其规定，但同时他们也在发展自己的爱好，所以我觉得这是青年文化发展的一个途径。

陈礼：据您所知，当代中国青年和俄罗斯青年的交流情况如何？

安娜：我只能说，我所看到的俄罗斯青年和中国青年的交流都挺顺利的。我当时在中国也交了很多好朋友，我们到现在都保持联系。

陈礼：俄罗斯青年对于西方文化是否还存在比较强烈的崇拜心理？

安娜：我没有专门研究过俄罗斯青年。我个人认为，这首先要看青年的范畴。其次，在我接触的俄罗斯学生中，我没见过他们有崇拜西方的现象。

陈礼：您刚刚提到最近在做一些地方性的研究，请问具体是什么研究？

安娜：我注意到了一个很有趣的现象，中国现在大力支持地方文化的发展，这和国内旅游的发展密切相关。在社交媒体和微信公众号中出现了一些宣传话语，比如说“好客山东”“新疆是个好地方”等。我觉得用网络和媒体来宣传地方文化和发展文化品牌是一个很有趣的现象，所以我就开始进行地方文化宣传的研究。

陈礼：您认为俄罗斯和一些东欧国家的中国学研究重点、特点和未来的发展方向大概是什么样的？

安娜：我只能表达我的个人看法，不基于任何研究。第一，关于理论范畴的前景，我认为未来汉学会出现一些新的理论基础，比如说我的博士论文没有完全采用西方的理论，因为西方理论不完全符合中国现实。在理论发展的初期阶段，有不少中国学者努力把西方的理论运用到中国的学术研究中。但是最近几年出现新的趋势，有一些学者把西方的理论与中国现实相融合，比如施旭先生对中国话语方面的研究。他以前研究过西方话语，后来开始研究中国话语。他的这些研究对外国学生很有帮助，因为有时候外国学生虽然掌握了汉语，但是他不懂其中的文化特点与内涵，施先生的研究为外国人进一步了解中国提供了机会。同时，卢春龙、严挺从比较历史视角开展的政治文化研究也给很多研究带来很大启迪。我觉得未来在不同的学科会出现新的、基于中国现实的理论基础。第二个可能的方向是跨学科研究，之前的汉学研究大部分都集中在语言学、历史学和文学等学科，我觉得可以进行很多跨学科的研究尝试，有时候我们需要从不同的角度对一个现象进行研究才能得到对其全面的了解。

陈礼：您有没有了解过俄罗斯国内汉学研究的一些重点领域呢？比如说对中国外交或中国经济方面的研究。

安娜：我觉得俄罗斯现在的汉学研究处于新的历史时期，老一辈的汉学家集中于文学与历史研究，但新兴的研究力量也在出现。现在俄罗斯汉学家一般会研究语言学、外交和国际关系、社会现象和文化学等，汉学也处于不断变化的过程中，没有一个具体的热门研究领域，学者们根据自己的兴趣进行选择。

陈礼：谢谢您的分享，祝您工作顺利！

中国形象的国际传播

曾 婷[①] 安 泽[②]

曾婷：安泽你好！可以先简要介绍一下你现在的研究方向吗？

安泽：我的研究方向跨度比较大，主要是中国形象的国际传播。因为从2021年5月31日开始，中国开始强调这一方面，即加强国际传播，建设国际话语体系，所以我现在也在关注中国故事对外传播。当然，这和我之前的工作背景也有关系。之前我是媒体人，2012年硕士毕业以后，我开始做一些媒体方面的工作，主要是和中方媒体合作。所以我现在就是从国外媒体的视角，开展和国外受众的对话，研究内容更加偏重实践。

曾婷：我明白了。那你现在的博士研究生专业所属学院是新闻与传播学院吗？

安泽：是的，没错。

曾婷：你的专业方向是国际传播吗？

安泽：对，是国际传播。我一方面做实践，就是我刚刚提到的这个话题，另外一个方面是和我的毕业论文有关，就是以想象的共同体为出发点做研究，即媒体视角下的俄罗斯和原苏联地区，主要研究欧洲国家的关系发展，研究它是如何去塑造一个跨国共同体，以及欧洲国家是如何对话的。因为之前在苏联期间，这些国家的人民都属于苏联人，但是后来苏联解体，其中一部分人群就有了一个所谓"身份认同危机"的问题。所以，苏联解体以后，这些国家和俄罗斯是什么样的关系？他们的认同感该如何建立起来？媒体在其中其实起到了一个比较重要的作用，尤其是大众传媒。

曾婷：你做的这两块内容在跨度上确实比较大，其中一块是中国形象的对

---

① 曾婷：上海第二工业大学，教师

② 安泽：Anzelika Amirnova，北京大学，博士研究生

外传播。这也是我目前正在研究的课题,我的研究重点是中国形象在俄罗斯新媒体,主要是俄罗斯社交媒体的传播现状与策略。请问你主要研究的是中国形象在波罗的海三国的传播吗?

安泽:目前我的研究对象没有特别明确的国别区分。只要是外国受众,都属于我的研究对象。我们是把研究放在一个国际化的社交媒体平台进行,因此很难明确受众群体具体是谁。比如说,波罗的海三国都有自己的母语,拉脱维亚有拉脱维亚语,立陶宛有立陶宛语,爱沙尼亚有爱沙尼亚语。现在用这些语言讲中国故事的渠道可能还不算特别多,所以我现在更多关注的是以英文为主要语言的国际主流社交媒体平台,或者是中英双语平台,这样覆盖面可以更广。在我看来,现在的传播是一种碎片化的传播方式。媒体人,尤其是自媒体人,比如说一些外籍人士,可能在中国已经生活了很长时间,那么他会怎样去解读和怎样表达中国形象呢?我们发现,来过中国的人和没有来过的,他们对于中国的印象是会存在一些偏差的。

曾婷:也就是说,其实你的研究对象只要是外国群体就行,没有区分他可能是哪个国家或者是哪个联盟的对吗?

安泽:对的。因为对于大部分国家来说,本土媒体还是占据着主导地位,很难看到当地的媒体如何去传播中国声音,毕竟它不是核心的新闻内容。比如说我的家乡,可能关注的只是和中国的贸易关系或者经济往来,或者是汉语学习。

曾婷:所以说中国形象的对外传播,可能仍然是通过一些比较大的英文媒体才会进入国外社会的视野。那你的关注点之一应该就是我们的官方主流媒体,比如说新华社、中央广播电视总台等,对吗?

安泽:是的,比如中央广播电视总台中文国际频道、中国日报网,还有凤凰卫视,因为我和他们也有过一些合作。这些官方媒体会邀请一些国外的自媒体"网红",带着大家一起在中国的不同地方走走,以此来生产新闻内容,但是不限制某个主题或者方向。他们会做一个前期调研,看看国外社会关注的中国话题有哪些,然后根据关注度情况设置一个路线,再根据自己的喜好和粉丝的喜好生产内容。这样一来,精准度就会有所提升。

曾婷:我前面提到,我目前的研究重点是中国形象在俄罗斯新媒体,主要是俄罗斯社交媒体的传播现状与策略。我的主要研究对象是俄罗斯的常用社交网站 VKontakte,也就是我们俗称的 VK 网。如果说海外社会化媒体传播效果评估体系的基本框架包括内容生成能力、传播延展能力和议题设置能力，那么，在研究过程中，我发现中国主流媒体报道的内容生成能力，如首发率、原创率和多样性等，在VK网上都呈现出较为可观的数据，这说明报道数量和报道质量都有较为稳定的提升。但是，在传播延展能力方面，中国主流媒体账号却呈现出两极分化的现象。一方面，报道吸引力表现较好，文本阅读数和视频浏览量维持在比较不错的水平；而另一方面，报道延展能力却有待提高，帖文的互动总量，包括网站粉丝的点赞量、评论量和转发量等互动指标普遍表现不佳，传播延展性较弱。媒体议题设置能力与公众议题设置能力还有较大拓展空间和效果提升潜力。那么，以你的观察和研究，你所提到的这种传播方式的效果如何呢?

安泽：前年我认识了几位之前上过《时代》周刊的博主。他们在YouTube上的粉丝量其实并不是很大，但他们登上过《时代》周刊。然而，他们发布的很多形象传播内容都不被网友认可，他们被说成是一个宣传工具，这其实意味着中国在传播方面还是需要继续寻找一些突破口。我觉得他们所讲的内容缺乏一种观点。我们更多看到的是他们在社交媒体平台上发布文化和美食内容，但是这些内容的生产缺乏一个总的观点，也就是他们如何看待现在中国的发展等，这也就是我们常说的“平台不平”，即话语不平衡。

曾婷：你刚才说国内的主流官方媒体会借助知名博主在某一社交平台的地位，让他们在国外的某个社交平台去发布相关内容。这让我想到20世纪40年代美国著名社会学家保罗·拉扎斯菲尔德(Paul Lazarsfeld)在《人民的选择：选民如何在总统选战中做决定》一书中提出的“意见领袖”的概念。当时，拉扎斯菲尔德等人对政治选举中选民意见、态度和行为进行调查，将具有影响其他选民能力的人称为“意见领袖”。随后，经过拉扎斯菲尔德等人在诸多领域的研究，“意见领袖”这个概念迅速被拓展到营销学、社会学等领域。它主要指的是在人际传播网络中经常为他人提供信息，具有影响和改变他人态度的能力的人。他们在大众传播过程中承担过滤信息的任务，并作为中介将信息扩散给受众，形成“两级传播”。与过去相比，国家形象建构之后的讯息有更多的中介者可以接触并进行传播，除了通过大众媒体的渠道进行传播外，人际传播也成为必要的途径，海内外民众都可以成为关键参与者。也正是由于作为跨文化交流主体的个人能够为海外信息传播赋予情感与温度，拉近文化距离，因此，在我看来，如果将传播主体更多地让位于普通民众，用普通人的平凡生活和独特视角来展示“平凡”中国，往往更容易与海外公众产生情感共鸣。在我国的社交媒体和短视频平台上先后出现过一批外国“网红”，他们虽然是外国人，却能用一口流利的中国话介绍自己国家的美食、风俗、人文，他们通过“中国化”的传播手段不仅传播了本国文化，也促进了中外跨国文化的沟通与融合。这些现象表明，国际传播的文化载体形式越来越宽泛，突破了原有的传统认知界限。传播者的国别、民族、形象、外貌、语言等也许将不再成为影响受众接受、理解和认可的信息障碍。我记得在2022年北京冬奥会开幕式上，许多外国运动员都带着手机记录下自己参与开幕式的片段，并以短视频或图文方式发布到国外社交媒体上。每个人的关注点都各具特色，比如说，著名单板滑雪运动员肖恩·怀特(Shaun White)的短视频是感慨于看台上的人潮涌动与内心激动，特莎·莫德(Tessa Maud)的短视频则感动于表演志愿者们的全情投入与欢迎热情。这些短视频尽管画质并不精美，议题并不宏大，却极具感染力与说服力，有利于各国网民更加关注冬奥会本身，主动去除散布在赛场上的杂音。除此以外，通过运动员的社交媒体账号，全世界的网民也看到了一张张具有科技含量、充分尊重运动员个性需求的床，看到了充分体现防疫需求的机器人餐饮设备等。在我目前所从事的研究中，我关注到列瓦达中心2022年9月的一项民调结果显示，俄罗斯青年群体对中国的正面评价占比高达95%。这一数据其实也离不开俄罗斯在华留学生的支持和努力，他们一直积极借助新媒体渠道，向俄罗斯社会传达自己对中国的认知和体验。比如说，2018年，来自俄罗斯圣彼得堡的青年导演艾丽莎·帕什科娃(Alisa Pashkova)受邀参加“看中国”青年项目，以“贯通”为主题拍摄短片，从“桥隧之都”重庆的城市建设与发展中找到了中俄两国文化之间的共通之处，让更多俄罗斯人透过镜头看到了中国的新发展。俄罗斯小伙德米特里·多罗宁(Dmitry Doronin)2013年来到中国求学，至今已有十年时间。一开始，他主要是被中国快速发展的经济所创造的个人发展和职业成长机会所吸引。后来，他开始用视频记录自己在浙江农村朴实、真实的乡村生活，比如放牛、喂鸡、包饺子、榨菜籽油、做豆腐、做玉米糊、做梅干菜肉饼等。疫情期间，他在浙江丽水乡村用短视频记录了上百个中国乡村生活场景，以视频直播的方式向俄罗斯网友介绍当地的特色农产品，获赞超千万次，并通过直播带货的方式帮助当地村民出售橙子、蜂蜜、红薯和其他当地农产品，收获了超百万的粉丝。还有毕业于清华大学的俄罗斯青年罗维卫(David Kolosov)，他曾经获得过汉语桥冠军。作为中国观众圈子里的“名人”，他参与中国节目录制，用流利的汉语向直播间的中国粉丝分享学习心得，向俄罗斯青年一代介绍中国抗疫故事，让不少俄罗斯青年进一步关注中国当代发展。上述诸多案例都表明，网络舆论意见领袖作为国际新媒体传播中的重要角色，具有影响他人态度的能力，可以加快大众传播速度并扩大国际影响力。不过，我也有两个问题想和你交流一下，第一个问题是你刚才所提到的这些知名博主主要还是跟官媒合作，对于这种带上官方色彩的宣传途径，国外受众的接受度高吗？第二个问题是如果主要靠一些知名博主进行内容生产和传播，其粉丝数量毕竟有限，这种途径能够真正让国外受众对我们的国家或者国家的某一方面感兴趣吗？换句话说，根据你的观察，这种途径的传播效果到底怎么样呢？

安泽：您提到的这两个问题很有意义。确实存在这个情况，就是如果是和官方媒体合作的话，国外的受众若了解到这样一个合作背景，他就会产生警惕性，会贴上标签。但是，整体来说，传播效果如何主要还是要看对方自己怎样去解读。另外，看似分散状态的传播能够覆盖的受众数量有限，但是它的精准度也主要体现在这儿。想要去了解这个内容的受众群体自然会对博主讲述的内容感兴趣，会去主动关注。而且博主的主要表达方式是用事实去说话，讲述从自己的视角观察到的真实内容和感受。比如说，官方媒体中国国际电视台(CGTN)的两位主持人，一位是王冠老师，一位是刘欣老师，我都非常敬佩。王冠老师前段时间做了一个特别有意思的短视频节目叫《冠察天下》(Reality Check with Wang Guan)，其中有一期讲述了中国在欧洲黑山的一项基础设施建设。那是一条高速公路，当时外媒对它的报道都比较负面，比如说债务陷阱等，王冠老师在节目中和项目高管交流，相互之间进行激烈的辩论，并通过外媒连线等方式把这些内容向大众展示出来，内容非常有说服力。我觉得在表达中国故事的过程中，要对中国故事的历史背景有深入的了解和具备全方位的知识，这样才能形成稳定的输出，才能让大家觉得言之有物。我们现在缺乏的可能就是对历史的解读。

曾婷：你举的这个例子倒也让我想到了一个例子。2019 年 5 月 30 日，中国国际电视台主播刘欣应约与福克斯商业频道的主播翠西·里根(Trish Regan)就公平贸易、知识产权、华为、关税、中国的发展中国家地位等话题进行了长达十几分钟的公开辩论。这场前所未有的对话开启了中国向海外传播良好国际形象的先河，也为国内其他媒体向海外传播提供了参考，在当时被称为具有里程碑的意义。那么，在你的研究过程中，你有没有这样一种感觉，就是目前中国故事对外传播的最大阻力可能还是来自西方舆论的影响。无论是主流社交网站，还是大众传媒，都由西方少数发达国家控制，这导致新闻和信息的输出容易缺乏客观性和公正性，从而对国外受众的负面影响非常大。

安泽：这个问题确实存在，西方世界主导舆论倾向。不过我们也要看到，这种状况现在也是有所转变的。比如说，抖音的海外版已经成为国外受众获取信息的新平台。Facebook 的受众群体更多是 70 后和 80 后，而 90 后和 00 后更热衷于 TikTok，这就是一个传播的突破口。当然，社交平台也要受到各国法律的制约。不过这些平台现在面临的主要问题还是技术问题。因为这些平台都要依赖应用商店进行下载，如果一个国家下架了这款应用程序，那么这个平台就不存在了，在这个国家的人就没有办法下载。所以我觉得更大的突破口应该是在技术方面，如何突破其他国家的技术限制，从根本上解决技术瓶颈问题，这又涉及人才培养等方面。

曾婷：说到人才培养，我觉得这又涉及目前的一个新的问题，就是我们国内现在所谓的国际传播人才的培养机制还不够成熟和完善，培养出来的人才可能无法直接胜任国际传播这样的工作，传播人才的综合知识体系构架还比较单薄。你有这样的感觉吗？因为你正好在新闻与传播学院，在这方面应该更有体会。

安泽：您说得太准确了，这个问题确实存在。因此，我们学院今年开设了一个新的硕士培养方向，叫国际新闻传播方向，三年学制。因为我们确实也发现，如果涉及国际传播，我们必须要对区域国别知识有一个全面的了解和基础的认知，要做到跨学科的资源整合，在此基础上，再选择自己比较擅长的方向进行深度研究。这方面我的导师做得非常到位，他一直要求我们多读书，去拓宽我们的知识面，同时还要密切关注国际社会发生的各种事件。因为在这样一个媒体化时代，既是媒体政治化了，又是政治媒体化了，我们需要有能力去解读媒体的舆论导向，了解每一个事件的背景，包括国家关系和历史由来等。在这里分享一本书，它提供了一个很有意思的媒体政治化的视角，书名叫《传媒殖民政治》(*Media Democracy: How the Media Colonize Politics*)。另外，我们学院在国际新闻传播方向的硕士招生过程中也考虑到了上述问题，我们招收的一些硕士生之前就学过某一门或几门语言，比如说老挝语、朝鲜语等，他们本身就有语言优势。这是一个加分项，可以帮助他们形成更加全面和立体的国际传播画面。再比如说我自己，我的家乡说拉脱维亚语，我本身是俄罗斯族，会说俄语，而乌克兰语又和俄语非常相似。因此，我在研究过程中虽然更多搜集的是英文资料，但是为了不形成固定思维，我还会阅读一些俄文资料，来做到视角上的平衡。

曾婷：确实是这样的。因此，在传媒行业将持续出现传播新渠道、新终端、新手段的大背景之下，我们既要以数字思维和创新思维引领各项工作，着力强化技术研发和应用，提升技术整体水平和前沿技术应用，推动国际传播生态中技术要素的升级，同时也要加强人才队伍建设，开展国际传播业务能力培训，挑选和培养一批熟悉国际传播规律、有国际视野与政治担当、了解目标受众群体、精通外语和新技术的高素质国际传播人才投身到中国的国际传播事业当中，这样才能在国际传播中站稳脚跟，跟上时代潮流。另外，你之前提到，中国的官方主流媒体会和一些英语社交平台上的知名博主合作生产一些宣传内容。那你是否关注过俄语社交平台呢？在俄语社交平台上，也有这样的中国形象传播形式吗？

安泽：我想想，目前我确实还没有看到俄语社交平台上有类似的跨国和跨媒体合作形式。

曾婷：也就是说，目前我们国家的传播对象还是以英语世界的受众为主，对吗？我之前也提到过，在我对俄罗斯社交平台 VK 网上的国内官媒账号进行研究和追踪的过程中，我发现它们通常发布的内容都是一些官方新闻，关注数和评论数都比较有限。既然现在我们需要进行分区域的精准传播，之后可能还需要考虑如何开展面向俄语国家的国际传播。

安泽：是的。以我的家乡所属的波罗的海三国为例，由于国家层面和俄罗斯关系的紧张化，俄文信息的传播受到极大限制，国内民众获取信息的主要途径都是主流的英语报刊和社交平台。毕竟英语是一门强势语言，民众自然会受到西方舆论的很大影响。

曾婷：今年二月份，俄乌冲突爆发，这也间接导致波罗的海三国和俄罗斯的关系进一步恶化。在你的研究中，有没有关注到这样一个视角，就是波罗的海三国与俄罗斯的关系恶化是否影响到波罗的海三国与中国的关系以及民众对中国的认知呢？

安泽：我暂时还没有看到这方面的明显影响，毕竟对于波罗的海三国而言，发展经济是重中之重，它们与中国都有一些贸易联系，经济因素也会成为国家关系的重要考量。至于是否存在长远的影响，我们还需要进一步观察。

加强理解和沟通
——关于中国经济规划研究的一场对谈

刘海英[①]　达莉娅·勒贝德娃[②]

刘海英：下午好！我是刘海英，非常高兴在网络上与您相见！您能先简单介绍一下您自己吗？

达莉娅·勒贝德娃(以下简称达莉娅)：我叫达莉娅·勒贝德娃。我的专业是经济学，我参加了中外合作培养博士项目，我的研究领域是中国的经济政策和经济规划，特别是中国的经济政策。我已经获得了经济学硕士学位，目前在俄罗斯远东研究所攻读经济学博士学位。此外，我还在俄罗斯科学院经济研究所担任过研究员。在我最初从事经济研究的时候，我就对中国独特的经济政策模式产生了兴趣。我一共来中国留学过两次。2011 年，我第一次来到中国，在武汉理工大学学习中文。然后，在 2014 年，我作为"新汉学计划"项目的一名成员，再次来到中国，在北京师范大学经济和工商管理学院学习中国经济学。

刘海英：哦，您来过中国两次，说明您对与中国相关的研究课题非常有兴趣。那您的中文学习得相当好了吧？您用中文和中国导师进行交流，语言方面完全没有问题吧？请您简要介绍一下您的博士论文研究课题。

达莉娅：我对中文非常有兴趣，虽然我已经学习中文十几年了，但是我说得还不够好，我已经下定决心，一定要继续努力加强中文口语学习。我在中国学习期间，尽量都用中文与导师进行交流，我也大量阅读了中文书籍和资料，这使我对中国文化的兴趣变得更加浓厚了。我正在进行博士研究工作，研究重心有一些变化。起初，我研究中国经济政策规划的历史变迁，我的研究更侧重于

---

① 刘海英：中国农业大学，教师

② 达莉娅·勒贝德娃：Daria Lebedeva，俄罗斯远东研究所、北京师范大学，联合培养博士研究生

中国经济规划模式的历史发展过程以及中俄经济规划体系的比较分析。但是现在，我决定对我的研究视角做一些调整，更多地关注中国经济规划对市场经济的影响。在我的研究中，我重点关注在什么情况下经济规划能够带动经济发展，以及是否会对市场经济的发展构成限制。论文将探讨在什么情况下，经济规划可以成为市场经济中经济增长的驱动因素，而不是障碍性因素。我对研究中国经济规划政策方针在其他发展中国家经济体系中的可行性尤为感兴趣，比如，探索如何将中国经济规划用于金砖国家经济规划。我非常喜欢我的研究课题，因为我相信经济规划对于经济发展而言是一个有效因素，它应该能在所有国家的经济政策中起到关键作用，不论该国家的经济模式是市场经济还是计划经济，所以这个话题非常具有研究价值。中国的经济规划是个很好的范例，特别具有研究意义。我为能够研究这个话题感到非常荣幸。

刘海英：请问您在本科阶段就开始学习经济学了吗？保罗·萨缪尔森(Paul A. Samuelson)和威廉·诺德豪斯(William D. Nordhaus)在《经济学》一书中指出，经济学研究“一个社会如何利用稀缺的资源生产有价值的商品，并将它们在不同的个体之间进行分配”。经济学既有理论性，也有很强的实践性，包含很多具体的领域。您学习的是哪个专业方向？这个方向和您在硕士、博士阶段的学习内容能够顺利衔接吗？

达莉娅：是的，我从本科阶段就开始学习经济学，但我学习的不是普通的经济学，我的专业是政治经济学，那时我的学习与中国经济基本没有关系。在2008年发生全球经济危机的时候，我开始密切关注中国的经济发展，以及中国对付经济危机的措施和方法，从此我开始学习中文，开始转向研究中国经济，决定探讨中国经济政策。我在俄罗斯获得了经济学学士和硕士学位，这与我研究中国经济政策的博士研究密切相关。所以，我的本科阶段学习内容与现在的博士研究能够很好地衔接。

刘海英：2008年，世界经济遭遇了自20世纪30年代大萧条以来最严重的一次危机。经济危机反映了生产与消费、市场竞争之间存在着深层次的矛盾和失衡。2008年经济危机是一次全球性的重大事件，它对各国经济和社会发展都造成了巨大影响，并促使各方进行了反思和调整。在未来，世界各国都应该从这次危机中汲取经验和教训，在保持自身发展优势的同时，也要加强沟通与合作，在共同应对风险挑战中实现共赢和共享。使我惊讶的是，这场经济危机影响了您的博士论文研究方向，足可见每个人的命运都与世界的发展密切相关。那么您在北京师范大学所学的具体专业是什么?和您就读的俄罗斯远东研究所相比,北京师范大学的该专业有何特点?

达莉娅:我在北京师范大学学习的专业是经济学,我是经济和工商管理学院的学生。我在俄罗斯远东研究所学习的专业叫国际经济学,我在那里的研究更侧重于国际经济关系。在北京师范大学,我的研究工作重点是中国经济和中国当代经济政策。我在中国尽量会用中文与导师交谈,以便我提高中文水平,加强我对中国问题的理解和研究能力。

刘海英:您的研究属于宏观经济学范畴,对吧?据我所知,宏观经济学来源于法国魁奈的《经济表》和英国马尔萨斯的"马尔萨斯人口论"。1933 年,挪威经济学家弗瑞希提出"宏观经济学"的概念。宏观经济学在凯恩斯于 1936 年发表《就业、利息和货币通论》后迅速发展起来。20 世纪 30 年代以前,西方经济学界普遍主张实行自由放任政策的古典经济学。在这种自由放任的市场经济里,自由放任和国家不干预成为最好的经济政策,但这种经济政策最终导致了 1929 至 1933 年的经济危机,使得当时的经济学家不得不去努力寻求解决问题的新路径。凯恩斯主义经济思想的核心是政府的干预,最终提高社会的需求,达到充分就业的目的。所以您在 2008 年全球经济危机的背景之下,选择"中国宏观经济规划系统"这个研究课题,具有多重现实意义,对吧?

达莉娅:是的。首先,我认为经济发展规划在一定条件下可能会是一种有效的经济管理手段。一旦某个国家的政府确定了经济发展的目标,开始执行一定的经济政策,经济规划就能对一个国家的经济发展起到重要作用,因此有必要对此进行研究。其次,经济规划是中国独特经济模式的核心要素。如今,由于外部环境的不确定性,有些专家对资本主义和市场经济调控方法的效果产生了质疑。我认为,研究中国在经济政策领域的积极经验可以给全球经济学家带来一些新的观点。此外,我觉得,我的研究将对新兴市场经济体(例如"金砖国家")非常有益。中国经济政策模式的许多工具和方法可以尝试在其他国家使用。例如,在俄罗斯,经济规划的改进有很多可能的方向,因此研究中国在这一领域的经验会非常有帮助。

刘海英:我非常高兴地了解到您的研究课题非常具有价值,而且您喜欢这个课题。"金砖国家"的概念最早出现于 2001 年,当时只包括了四个国家:巴西、俄罗斯、印度和中国。在 2011 年,南非正式加入"金砖国家"。2024 年 1 月 1 日,沙特阿拉伯、埃及、阿拉伯联合酋长国、伊朗、埃塞俄比亚成为"金砖国家"

正式成员。这些国家是全球贸易和投资领域的重要代表之一，在政治、经济、军事、贸易、文化等领域都有着重要影响力，被认为是世界新兴市场，是其所在区域的最强力量，是世界未来经济发展的主要推动力量。希望确实如您所言，中国能够与其他“金砖国家”一起绘制经济发展蓝图。您说您的博士研究已经进行到第八年了，请问您目前的研究进展如何？一切都顺利吗？

达莉娅：我的课题“中国宏观经济规划系统”研究还在进行之中，目前进展还算顺利。由于这个课题尤为重要，难度极高，内容较为复杂，因此我需要更多的时间和数据来进行研究分析。

刘海英：您坚持不懈地进行经济规划研究，一定能够取得显著成绩。经济规划是国家调节经济的重要方式，是“国家计划—经济政策—调节手段”宏观调控体系的核心环节，是以经济性内容为主，以完成一定的国家经济调节任务为目的，宏观、长期、全面的发展计划。为了推动中国经济发展，提高经济发展水平，中国政府在国家宏观经济发展规划中出台了一系列政策。经济规划是个非常复杂的问题。那么，您打算如何加强研究？您是要在北京师范大学继续学习吗？

达莉娅：我已于 2015 年结束了北京师范大学的交换项目，暂时不打算继续在这里学习。我希望我能有机会再来中国做研究，跟中国的学者们一起交流探讨，加深我对中国经济政策的理解。

刘海英：非常欢迎您再次来到中国。希望您申请顺利，取得成功。我确实感觉到您的经济研究课题非常重要。您一定知道，自 2017 年起，“金砖国家”已经连续举办六届治国理政研讨会，对促进“金砖国家”交流治国理政经验，推动共同发展繁荣发挥了积极的作用。2023 年的“金砖国家”研讨会以“共商金砖合作新蓝图，共建全球发展新格局”为主题，旨在落实习近平主席和其他“金砖国家”领导人达成的共识，促进“金砖国家”共同发展和繁荣。我听说您参加了 2022 年复旦大学“金砖国家”暑期项目，这是在线学习项目吗？您参与这次活动，有哪些特别的体验？这对您的博士研究工作有哪些促进呢？

达莉娅：参加复旦大学“金砖国家”暑期学校对我来说非常有趣，非常有益，不仅增加了我的经济学知识和政治学知识，而且也扩大了我的研究视野。我主要通过网络的方式进行学习，学员们都是经济学者，他们来自不同的国家，为我的研究课题提供了不同视角，启发了我的思考，使我得到了一些新信息。我从来自南非的学者那里了解到，南非政府对中国的经济模式非常感兴趣，非常希望在经济规划方面向中国学习,但是他们面临许多困难,例如腐败现象严重、缺乏经济学领域的专业人才等,所以在研究和推广中国经济政策以及规划领域的经验方面面临许多障碍,因而无法模仿中国的模式。我听到这些新鲜的观点,非常受触动。巴西学者也提到了他们国家有着类似的情况。这次学习使我受益良多,能够促进我的研究。

项目持续 3 周,一共有 40 名成员。我们小组的研究论文还获得了奖励。但我们小组提交的研究话题不是我自己的课题,我们选择了另一个小组成员的课题,是关于新型货币的讨论,我们探讨尝试发行一种"金砖国家"通用的货币,讨论其对经济发展的效果。我们之间的合作交流非常愉快,我们一起探讨了多个国家的经济规划前景。这次交流活动加深了我对博士论文研究课题的思考。

我们在学习之余,还做了一些课外活动,我们按照国别分成小组进行才艺展示。我所在的俄罗斯小组配乐朗读亚历山大·普希金的诗歌《冬天的早晨》,我们用俄语、汉语和英语 3 种语言表演了节目。我们的小组展示很成功,很受欢迎。这次暑期学校项目真的很有趣,我非常高兴参加这个项目。

刘海英:非常高兴听您讲您的学习经历,您非常热爱探索新知识,我希望听到您的更多见解。我们知道,中国国民经济发展规划是处在中国的"五年计划"框架之内的。那么,根据您的研究,《中华人民共和国国民经济和社会发展第十四个五年规划和 2035 年远景目标纲要》(简称"十四五"规划)对国民经济发展规划有怎样的调整?"十四五"规划是开启全面建设社会主义现代化国家的开局规划。"十四五"时期是中国全面建成小康社会、实现第一个百年奋斗目标之后,乘势而上开启全面建设社会主义现代化国家新征程、向第二个百年奋斗目标进军的第一个五年。按照全面建设社会主义现代化国家的战略安排,"十四五"规划纲要对 2021—2025 年经济社会发展主要目标提出新的更高要求。您认为其中的经济政策调整对"金砖国家"经济政策制定能提供什么样的启示?

达莉娅:这是我最喜欢谈论的话题。我认为,"十四五"规划是中国国家经济规划发展的一个很有意义的步骤,经济规划将继续在中国经济发展中起重要作用,经济规划在其他国家的重要性也会持续增加。在第十四个五年计划中,我们可以看到几个将继续发展的重要趋势。首先,更多地关注战略定性目标,而不是定量任务。例如,规划文件中没有说明年度 GDP 增长率,但以往的五年规划总是谈到具体的经济增长率。其次,强调优先考虑高质量经济发展的新模式，重点是创新、技术和可持续发展。此外，该计划还强调了一个新的方向——国家安全。这可以被视为对日益增长的全球不确定性和地缘政治紧张局势的反应。我个人认为这是“十四五”规划中最重要的一个方面。

我认为，“十四五”规划中所有的变化和新方向都非常重要，这些变化对于其他国家尤其是“金砖国家”来说也非常重要，它们在其经济决策中应该对这些新趋势充分重视。

刘海英：新冠疫情导致“十四五”时期中国经济社会发展面临的国际国内形势和基本条件发生改变，“十四五”规划编制和目标设定都需要基于新情况、新问题进行适度调整。据您的研究，在新冠疫情期间，中国的宏观经济规划有无变化？

达莉娅：2020 年新冠疫情对国际格局、全球经济和各国的发展与稳定都产生了影响，引起了很多国家经济政策的变化，也引起了我们生活的变化，中国当然也不能例外。我们密切关注吧，中国肯定会在经济政策方面做出一些调整的。

刘海英：下面请您谈一谈中国国民经济规划的发展前景。您有没有设想过，在怎样的外交政策下，中国模式可以被运用到别国经济发展之中，并帮助其取得较好的成果？

达莉娅：外交政策和经济规划之间的联系是一个非常有趣且非常复杂的问题，值得深入探讨。我认为，未来中国的经济计划将继续在中国的经济政策中发挥关键性作用。国家经济计划在其他国家的重要性也将增加。外交政策可能可以帮助其他国家了解中国经济监管、国家计划经济模式的具体措施、教育计划，以及向其他国家的相关专家分享经验，使其他国家的人们能够了解中国的情况。但中国的经验不能直接应用于其他国家，其他国家应该进行一些调整，使中国经验适应于它们的实际情况。如果中国的经济规划能够根据每个国家的具体情况得到调整，就可以对其国民经济产生良好的影响。

刘海英：您今天谈论的问题涉及中国经济乃至世界经济发展问题，我们应站在世界正经历百年未有之大变局的认识高度，积极总结经验，开拓前进的道路。虽然世界发展环境具有复杂性和不确定性，但新时代的基本发展命题依然成立。您认为当代欧洲汉学家的中国研究有哪些特点、重点和前景？请谈谈您的看法。

达莉娅：我想，总体来说，欧洲汉学家，包括俄罗斯汉学家，仍然对中国及其具体情况缺乏了解。我希望欧洲汉学在未来得到快速发展，让我们可以更好地了解中国，加深我们的互识互助，为建立中国与欧洲国家的友好合作关系作出贡献。我也希望，我的研究能够促进欧洲对中国的了解，加强欧洲与中国的交流，增进各个国家之间的交流和学习。各个国家之间如果能够增进了解，就可以减少误解，加深友谊。比如，我参加了“新汉学计划”，我能够在中国进行实地学习和考察，这就增进了我对中国的了解，我的研究能够促进中俄两国友好关系的发展。我希望欧洲汉学家可以有更多机会在中国进行实地考察和参观，减少对中国的误解。

刘海英：谢谢您的祝愿和建议。也就是说，您认为欧洲汉学家对中国的了解还不够多，我们应该加强相互沟通和了解。既然您来自俄罗斯，那么您认为俄罗斯比较关注中国的哪些外交政策？他们研究中国问题时，分别有哪些研究视角和观点？

达莉娅：在我看来，中国的外交政策有几个方向在俄罗斯引起了极大的关注。俄罗斯学者更加关注中国的对外政治关系，但是在欧洲，特别是西欧的汉学家，可能更关注中国的文化以及中国的语言和经济。他们的关注点有很大区别。俄罗斯学者也非常关注中美关系、“一带一路”倡议进展，以及中国在国际合约中的作用，例如，区域全面经济伙伴关系（regional comprehensive economic partnership）等。

刘海英：您刚才说到，俄罗斯的汉学家与欧洲其他国家的汉学家之间，研究兴趣是有差异的。俄罗斯科学院远东研究所所长谢尔盖·卢贾宁指出，对中国国家主席习近平提出的中国梦的广泛讨论推动了中国和世界对中国命运和历史作用的讨论。中国梦既强调中华民族的复兴，同时也客观地提出要进行平等的文明对话，赢得了广泛的赞誉。俄中关系不是军事、政治、意识形态和共同反对第三方的结盟关系，两国共同发展，同时又有各自的价值观和优先方向。在全球层面，俄中关系对许多国家和人民来说是国际稳定的“安全岛”。同时，也有俄罗斯学者认为，很难预测中国崛起之后是否还能与俄罗斯保持友好关系，他们对此并不持有乐观态度。那么据您所知，俄罗斯学者或媒体对中国崛起的主流观点是哪一种呢？

达莉娅：我认为俄罗斯研究者、媒体和政府官员们基本都支持中国的发展，他们非常惊讶也非常高兴中国的迅速崛起，但是他们并不认为中国的崛起、“中国梦”等会对俄罗斯构成威胁。俄罗斯将与中国共同发展，协同发展，乐于与中国建立友好关系。虽然我不能代表所有俄罗斯人，但是我所说的这种观点应该是可以代表大多数俄罗斯人的观点。

刘海英：在过去百年的奋斗历史中，中国共产党带领中国人民实现了从站起来、富起来到强起来的伟大飞跃，取得了西方主流经济学和传统政治经济学都无法解释的发展奇迹。中华人民共和国70多年砥砺奋进，中国经济发展取得了举世瞩目的伟大成就，实现了社会生产力、综合国力的历史性跨越，使我国面貌发生了天翻地覆的变化。在俄罗斯，人们如何看待中国的经济发展现状？俄罗斯人认为中国确实实现了经济飞速发展吗？

达莉娅：是的，中国的经济发展实现了飞跃。不仅俄罗斯人，还有其他国家的一些人，都对中国经济发展取得的成绩表示高度赞赏。俄罗斯人对中国的经济发展模式尤为感兴趣。

刘海英：您刚才提到，“一带一路”倡议是俄罗斯学者的一个关注热点。2013年下半年，习近平主席在访问哈萨克斯坦和印度尼西亚时提出建设“丝绸之路经济带”和“21世纪海上丝绸之路”的倡议，引发全球强烈反响，俄罗斯对“一带一路”倡议也表现出高度关注。据您所知，当下的俄罗斯学者或媒体对中国的“一带一路”倡议是否还存在疑虑？主要持有哪些观点呢？

达莉娅：是的，“一带一路”倡议在俄罗斯引起了很多的探讨，吸引了俄罗斯学者的大量关注。俄罗斯学者普遍对“一带一路”倡议持积极态度，认为这一倡议是伙伴国家经济发展的动力。俄罗斯人一般会认为，俄罗斯经济与“一带一路”倡议存在着互利共赢和共同发展的可能，俄罗斯加入“一带一路”不仅能带来更多的投资，而且还可能增加与其他国家和地区集团之间经济合作的机会。俄罗斯主张协调欧亚地区不断加速一体化进程，进一步推进欧亚经济联盟与中国“一带一路”倡议的对接。

刘海英：孔子学院是中外合作建立的非营利性教育机构，旨在促进中文传播，加深世界人民对中国语言文化的了解，推动中外人文交流，增进中国与其他国家的互相了解。孔子学院目前已经成为世界认识中国的一个重要平台，在俄罗斯的孔子学院数量多吗？它们在传播中国文化方面的效果怎么样？据您所知，俄罗斯学者或媒体对孔子学院持有哪些主要观点呢？

达莉娅：相比之下，俄罗斯的孔子学院是比较多的，仅莫斯科一座城市就有三所孔子学院。俄罗斯远东国立大学孔子学院成立于2006年底，是俄罗斯第一所正式运作的孔子学院。2007年，莫斯科大学孔子学院成立，开设了商务汉语及社会政治汉语等课程，并举办了汉语和中国文化讨论会等活动。莫斯科国立语言大学孔子学院成立于2010年。这三家孔子学院做了大量的工作，举办了丰富多彩的活动，它们在文化研究和教育领域的影响力都很大，使俄罗斯学生既学到了中文知识，又感受到了中国文化的独特魅力。但是俄罗斯孔子学院的文化工作并没有被媒体深度报道。可能在其他国家，一些孔子学院遭到阻碍，但是在俄罗斯，情况很顺利。俄罗斯人对孔子学院普遍持有支持的态度。东欧各国相继开办孔子学院，为中国学的活跃发展起到了支撑和桥梁作用。

刘海英：欧洲部分国家认为，设立在本国的孔子学院无法带来它们想要的东西，因此建议关闭孔子学院，看来这种情况没有发生在俄罗斯。据我了解，您之前所在的俄罗斯科学院远东研究所是五个重要的俄罗斯中国学研究中心之一。俄罗斯一共有几个与中国相关的研究中心呢？

达莉娅：实际上，我认为俄罗斯科学院远东研究所是最重要的俄罗斯中国学研究中心。我之前做研究的中心是中国社会和经济研究中心，除此之外我们还有中国政治研究中心，中国文化和历史研究中心。俄罗斯科学院远东研究所的主要研究领域是中国学，同时也研究日本和韩国等亚洲国家。远东研究所新近选举了新一任主任，在他的带领之下，我们的研究方向正在进行调整，以后会有越来越多的研究工作聚焦于与中国相关的研究。

刘海英：非常高兴听您这么说，我大致了解了俄罗斯的对华研究情况以及俄罗斯汉学家的基本观点。那么，您可否再谈一谈白俄罗斯和乌克兰的对华外交政策研究情况？它们与俄罗斯的研究有何区别和联系？

达莉娅：好的，我其实不十分了解白俄罗斯和乌克兰的情况。我大体上知道，俄罗斯和白俄罗斯的中国学研究方法非常相近，这两个国家的研究体系非常接近，很多态度和观点也非常相似。近些年来，白俄罗斯在对华友好外交政策和对外经济关系多元化的背景之下，与中国在各领域的合作都有了飞速发展。白俄罗斯在"一带一路"倡议的实施中也发挥了特殊的作用，明斯克积极参与了中国"一带一路"倡议及其与欧亚经济联盟的互动。在国际关系发展的现阶段，白俄罗斯和中国将加强外交政策和经济领域的联合行动协调，采取新举措，深化双边合作。但是，关于乌克兰的对华外交政策研究情况，我不了解，非常抱歉。

刘海英：嗯，非常感谢！据我所知，乌克兰学者在译介中国文学方面也做了很多贡献，一些乌克兰作家非常喜欢中国文学。乌克兰汉学家、翻译家奇尔科(1922—2003),以及女诗人舍克拉致力于翻译和研究中国古代和现代诗歌。乌克兰和北马其顿对中国现当代文学翻译有一定的传统,研究成果不少。

达莉娅:哦,原来如此。我倒是可以谈一谈以色列的中国学研究情况。我认为在以色列,中国学研究者的水平都很高,研究非常深入,并且在中国文化、历史的研究方面取得了很多成就。

刘海英:据我了解,以色列与中国在农业和文学方面也有不少交流。以色列农业发展实现了由传统农业向现代农业的转型。在此过程中,以色列政府根据农业发展国情,适时制定农业发展规划,对农业发展方式作出了调整,这对中国农业发展有不少启示。

达莉娅:我之前没了解过这方面的内容,那很不错呢!虽然以色列国土面积不算大,但是在农业灌溉方面有几项重要的成就,也很擅长进行土地规划。

刘海英:世界各个民族文化的发展确实有很多交叉点,这是非常有趣的话题。另外,我想知道,在中欧关系方面,您是否有什么建议呢?

达莉娅:我建议中国学者采访欧洲中国学研究不同领域的专家,与他们进行直接的对话,他们将帮助你更好地了解欧洲中国学的情况。因为中国学研究的问题很多,学科理论和实际应用情况都很复杂,为了促使当今中国与世界联系更加紧密,让世界更好地认识中国和了解中国,需要更多中国学学者做出更多努力。外交政策属于跨学科问题,仅仅了解外交学领域学者的观点是不够的。我感觉你们有必要及时把握这方面的动态信息,加强跟踪最新态势,以便把握欧洲学者的主要观点。

刘海英:这个建议很好,非常感谢!直接对谈可能比阅读文献更能及时了解中国学者的最新观点,而且我们应该从多学科视角加强我们的研究。和您谈话非常愉快!我感到您非常好学上进,充满热情,对您的研究工作充满了信心!祝愿您的博士论文研究工作进展顺利!希望我们保持联系!再见!

达莉娅:再见!非常感谢您!希望我们保持联系,祝愿您的研究工作顺利!

冷战时期印尼华文文学研究

董悦心[①]　大　卫[②]

董悦心：请简单介绍一下您自己。

大卫：我叫大卫，是美国哥伦比亚大学东亚语言与文化专业的在读博士生。我目前正致力于一项关于冷战时期印尼华文文学的课题，非常高兴能受邀参加这个学术访谈，也期待能通过此项目结识更多的年轻学者。

董悦心：请问您是什么时候又是怎样开始对后冷战时期东亚区域，尤其是中国区域的研究产生兴趣的？

大卫：我对该领域产生兴趣最初是由于我在中国和西欧地区都有家人，因此我一直都对中国的移民历史很感兴趣，特别是中国移民历史和西方帝国主义及殖民主义之间的关系。而且我会讲荷兰语，所以我一直想在一个研究课题中同时使用汉语和荷兰语。唯一能使该设想成立的就是研究当代印尼的历史背景，因为此地曾系荷兰殖民地，兼为数百万海外华人聚居地。最初我只是略感兴趣。随着时间的推移，当我开始学习更多印尼语，也了解了更多关于南亚地区的历史和政治后，我对这个领域的兴趣也日渐加深，而且该研究领域能让我尽情地沿着我的思路潜心探究下去，即中国移民、种族观念及资本主义历史之间的关系。

现在已经有大量中国海外移民方面的研究，有许多对于海外华人（尤指工人）遭受剥削的批判性探究，也存在海外华人在新家园大展宏图的叙述。海外华侨会通过各种方式在不同领域大有作为，诸如建立华人社区、储备土地、积累财富、发行报刊、创办学校、捐资同盟会以及参与各类政治活动。有两种截然相反的论调，一种认为海外华人是西方帝国主义的受害者，另一种则认为海外华

① 董悦心：哥伦比亚大学种族与族裔研究中心，美国研究硕士研究生

② 大卫：David Borgonjon，哥伦比亚大学东亚语言与文化系，东亚研究博士研究生

人是全球化进程的成功者。在我看来，这两种论调之间存在某些环节的缺失。由此，我开始真正对各地区对于海外华人的看法萌发兴趣。在东南亚地区，人们普遍认为华人是一种中间群体，他们称其为“中间派”(middleman)或是“少数派”(minority)，非洲、北美洲、南美洲等其他地区也大都如此。事实上，其他群体在很多地方也面临着这样的身份考量。单就我个人的案例研究而言，中国人在外国社会的地位常常是低于欧洲和美洲的白人殖民统治者或是本土贵族，却高于当地的工农阶级和平民。这里尤指南亚地区和印度尼西亚，在美国或其他一些国家和地区也是如此。

商人一般是指穷困潦倒的街头商贩或是买卖大宗商品的富商。中文里对海外经商的华人群体有一个专门的称呼——华商。我认为，对华商群体与资本主义、帝国主义和殖民主义世界史之间的关系进行研究非常必要。过去，人们将研究重心更多地放在“华工”群体之上，因此，这一问题在过往的相关研究中并未得到妥善解决。

能够关注到华商这一鲜有人踏足的研究领域使我很振奋，这也是我最初对印尼华侨群体感兴趣的原因。此外，这一领域留下的待我深耕的留白也让我始终乐在其中。

董悦心：非常感谢你分享这些有关后冷战时期东亚地区，尤其是中国区域研究的洞见。你对华商和华工的讨论，以及他们在全球化进程中如何处于双重地位——既是帝国主义的受害者，也是全球化的成功者的观点，也很有意思。没错，华工群体与海外华人移民之间的精微差别研究早该出现了。

作为一个亚裔美国研究的学者，我也非常关注这些问题。不过，首先，我想引入一种美国视角。对于早期华人移民，他们在美国的“中间派”地位更为显著。在美国，我们有一个术语叫作“模范少数族裔”(model minority)，这是对华裔和其他亚裔群体经济成功的刻板印象。然而，这种观点常常掩盖了华裔社区内部的经济不平等和社会困境。同时，这一刻板印象也在种族间的比较关系中，对亚裔美国人造成了一种复杂的压力和限制。

我也想到美国政治学者克莱尔·吉恩·金(Claire Jean Kim)的“种族三角关系理论”(racial triangulation theory)。她通过“公民排斥”(civic ostracism)和“相对认可”(relative valorization)两个维度，把亚裔美国人所面对的种族问题放在相对于白人和黑人的三角关系模型中。亚裔虽然在经济社会地位上高于非裔，但低于白人，并承受着公民排斥，不被当作土生土长的本国人，政治参与的合法性也随之被削弱。而“模范少数族裔”这样的刻板印象让亚裔群体感到被认可，因此，愿意迎合主流社会的价值，不去挑战针对其他族群的种族问题；亚裔的“成就”也被用来训诫其他的“问题少数族裔”，把他们面对的社会问题转嫁给他们自身。根据她的理论，这样比较性的关系构成了亚裔在美国社会中种族化的身份。这对于理解华裔和其他亚裔美国人在美国社会中所承受的压力极为关键。

其次，我也对你提到的华商很感兴趣。更深入地研究华商的历史可能会有助于我们理解这种刻板印象是如何形成的，以及它对我们理解华裔美国人和其他亚裔美国人经济和社会地位的影响。我想知道，印度尼西亚是否也存在着类似的种族三角关系？印尼华人是否也同样承受着“公民排斥”和“相对认可”的双重压力，以及这对他们的社会经济地位产生了什么影响？

最后，我想说，我相信华裔流散是一个全球性的现象，任何地方的华人群体都应该被看作是全球华裔历史的一部分。比如在美国，华人群体的历史可以追溯到19世纪的淘金潮和铁路建设。在印尼，华人的历史同样与这个国家的发展密切相关。我们都应该关注各地的华人群体，因为他们的经历、他们的成功和失败、他们的挣扎和胜利，都揭示了全球华裔社区的复杂性和多样性，为我们理解全球化进程提供了宝贵的视角。

大卫：“种族三角关系理论”主要认为亚裔作为模范少数族裔虽能占有较为有利的经济地位，却是“永恒的异乡人”。黑人虽然被承认是“真正的”美国人，却在政治经济地位中居于社会最底层。事实上，我并不完全认可这一理论。不过在此之前我对该理论并未进行过深入的思考，所以我只谈谈我现在的个人想法。在我看来，在种族主义框架下研讨亚裔群体是做无用功。美国的种族结构原是典型的“黑白”二元结构，而这种三角结构更像是出于感性的对亚裔群体身份探询的结果，而非出于理性的对于种族观念的认同。

另外，我们需要认识到种族问题是全球的而非西方国家特有的历史问题。我在亚洲和欧洲都听过类似这样的论断，即种族问题仅仅在以美国为代表的西方世界存在。这其实是一种具有误导性的历史认知错误。纵观种族的历史，你会发现种族的确是西方现代性的核心概念和课题。有人因此断言，种族的问题是西方世界的特有建构，并不广泛存在于世界各地。于我而言，这好比在说电力、高石建筑、核武器是独属西方的建构。事实上，这些根植于西方传统的事物或观念遍及世界，影响深远，种族亦然。

种族、种族科学和种族思想曾一度是 20 世纪初期全世界的现代知识分子了解其所处世界的最主要的一种方式，我们必须要探究到底是什么将种族这一概念从认识世界这一环节中剥离出去了，又是为什么它特定在美国成为显性问题。换言之，为什么美国越来越着重聚焦于种族语言？而在我们亚洲范围里，种族语言却不断消匿淡化，无复孑遗？

我猜想这应该与二战后东亚、东南亚和世界其他地区民族国家的建立以及国家社会主义的官方话语密切相关，民族话语和文化话语由此取代了种族话语，但我尚不能证明此事。但是可以明确的是，种族话语因其与法西斯主义千丝万缕的联系，在社会主义时期备受压制，即便如此，种族化的语言和种族主义想象仍然存在。1978 年以后，有很多实例证明中国在改革开放阶段出现了种族话语和种族想象的强势复兴。我想强调一点，种族思想并非特指带有种族歧视色彩的种族主义，它也指代自我身份认同和群体身份认同问题。所以我个人认为，“寻根文学”恰恰就是种族思想的有力证明。面对中国前所未有的移民水平和空前崛起的政治经济力量，我提出的以上问题存在着政治紧迫性，亟待解决。这些问题至关重要，但是此前鲜少有人关注这些问题，答案至今也不甚明朗，所以我有心一一攻克。

董悦心：您对“种族三角关系理论”的批评非常引人深思，我对您指出种族问题并非仅限于西方世界的见解表示赞同。这无疑是一个重要的论述，因为它挑战了我们对种族问题的固有认知，即它只是一个西方的、地域性的问题。

霍利奥克山学院的伊科·戴（Iyko Day）在《异族资本：亚裔种族化与定居者殖民资本主义的逻辑》（*Alien Capital: Asian Racialization and the Logic of Settler Colonial Capitalism*）一书中将亚洲移民比作“异族资本”。在我看来，戴将亚洲移民作为“异族资本”的观念很好地解读了您所说的“永恒的异乡人”概念。她强调的是亚洲移民在西方社会中的异化地位，这种地位在一定程度上是由他们的经济地位和文化背景决定的。我想要问的是，这种“异族资本”的概念是否也适用于印尼华人的情况？

此外，哥伦比亚大学的艾明如（Mae Ngai）教授在《华人问题——淘金热与国际政治》（*The Chinese Question: The Gold Rushes and Global Politics*）一书中将“华人问题”看作全球性斗争的一部分。然而，我注意到她的研究似乎并未对这一群体产生的影响给予充分考虑。我想问的是，为什么同为亚洲的“异族资本”，中国的富人群体却在全球范围内产生了如此显著的影响力？他们的种族身份和经济地位又是如何交织在一起的？在全球化的进程中，这一群体又是如何定义他们的自我身份和群体身份的？

最后，我想听听您对艾明如教授的"华人问题"全球性解读的看法。您是否认同她的观点，即"华人问题"已经成为全球性现象，甚至已经成为这一研究领域的焦点？如果是的话，您对此有何深入的思考或观察？

大卫：很明显，绝大多数中国人并非富人。所以，如何从文化史、社会史和政治经济学的角度看待世界范围内华侨小资产阶级的涌现是一个相当有趣的问题。不过我对这一阶层的具体细节和具体数目并未深究，也不清楚在何种程度上算得上是一种全球性现象。单从华商群体来看，这种现象由来已久。这些商人，尤其是福建华商，已经长期活跃在太平洋海域和位于印度洋的东南亚区域。

另一个有趣的问题是，这些华侨小资产阶级为什么始终在印度尼西亚保留着中国身份。举例来说，印度尼西亚历史中会有这样的故事，即中国的海员到此成为宫廷权贵，最终迎娶公主，从而脱离原籍身份。然而，自 19 世纪末和 20 世纪上半叶出现大批华人移民，华人已经在世界各地定居并繁衍了五代。现如今这些后代即便祖辈上仅有一位中国人，他们也会自称且被公认为中国人。是什么导致了这样的不同？这同样与种族的内涵有关。这种现象开始是发生在西方帝国主义和西方种族观念的背景下，西方的种族观与生物学概念紧密相关，不同种族的人之间具有不可逾越的优劣之分。因此，无论是在荷兰帝国、法兰西帝国、大英帝国还是美利坚帝国，身份认同和国家认同在很多方面都属于一种反应过程。

这也有例可援，有很多中国人在来到美国或者其他亚裔属于少数族裔的地方之前，都从未意识到自己是"被种族化"的。然而，对于中国非汉族的少数民族群体而言，由于他们一直身为本国的少数族群，到了美国其实不会有太大的认同落差，反而是我的很多汉族朋友来到美国后才第一次有了自己作为显性少数种族的体验。这来自他们可能遭受的种族歧视，一旦他们不幸亲历类似事件，他们就会开始重新审视自己的亚裔和华人身份。如果是在中国，周围所有人都是同他们一样的在籍公民，这种身份审视就是没有意义的。

诸如上例，种族认同感、国家认同感以及群体认同感的建立是一种反应过程，这一观点在我所研究的印尼案例中同样适用。在印度尼西亚，荷印政府一度秉持着严苛的种族属地划分制度——华人只能定居在城市的特划区域，阿拉伯人必须居住在其他城市，日本人则仅能住在授权居住地。此外，不同族群分属不同法院管理，受辖于不同的通婚制度与税收制度。这种制度是法规和物质层面的现实问题，早已同当地的社会结构融为一体、不可分割，因此，当地居民必须判明自己所属的群体。绝大部分地区在西方帝国主义殖民统治之前，其社会都存在一定程度的群体间流动，而其引入的群体界定模式则造成了当地社会的群体阶层固化。以上观点或有以偏概全之嫌，但多数诚然如此。在我看来，这种见于多地的群体分类和群体固化其实对认同感的构建有重要意义。最初，少数族群作为种族分化的“受害者”会接收到一些外界释放的不善信号，然而随后他们就会掌握这些信号，修正偏误谬说，以正视听。

印尼华人的称呼流变就是个耐人寻味的例证。在印度尼西亚，荷兰殖民者最初沿用了日本人对中国的侮辱性字眼，称中国为“支那”。印尼与马来西亚当时普遍习用此称呼。到了20世纪20年代，印尼华人认识到“支那”一词实为日本侵略者对中国的讽刺，于是开始强烈反对这种歧视性称呼。印尼华人群体随后提请使用“中华”一词作为官方术语，他们将其音译为“Tiongkok”，以此代指中国。当下印度尼西亚对华人的称呼，不依凭“China”一词，也不存在任何词源联系，仅仅来源于地区方言且完全由印尼华人匡正民族身份的行动主义促成实现，这在世界范围内也是绝无仅有的。其中，印尼社会对中国人充满种族色彩的称呼催发了华人对于其族群术语的矫正、解构与嬗变。印尼华人行动主义者这一系列的意识觉醒乃至抵制行动恰恰是我一直谈及的种族意识的反应过程。

值得一提的是，这一系列行动中的华裔行动主义者并不讲汉语，日常多用马来语交流。自20世纪20年代起，这些华裔逐渐开始学习孔孟之道以重拾国粹传统。学术界称这种现象为“文化再合成”(resynthesization)。事实上，亚裔美国人乃至中国少数民族在历史上都有过类似的文化现象。跳出华人领域，世界上相似的历史现象也不胜枚举。希望以上回答能为你解惑一二。

董悦心：我赞同你所阐述的种族认知觉醒概念，尤其是华裔移民在融入西方社会后对自我种族身份认知的重塑。我想，这种觉醒可能并非瞬间产生，而是在一种长期的、复杂的互动过程中形成的。

首先，我同意你所强调的种族意识的反应性。在移民过程中，种族身份并非固定不变的属性，而是在外部压力和内在认知的作用下不断塑变的状态。这种反应性的影响力可能被忽视，然而我坚信其重要性。这一过程在亚裔美国人中的表现尤为显著。不论是早期的华裔移民，还是近期的新移民，他们对自身种族的认知觉醒都是在历史和社会压力下逐步形成的。

然而,这一过程并非被动地接受外界压力,而是积极地反应和互动。亚裔美国人在面临不公平待遇、排斥和歧视时,积极捍卫自身权益,挑战既有的种族框架,这展现了他们的政治觉醒。这种政治觉醒促使他们开始认识到种族的社会构造性,并积极参与到种族认知觉醒的过程中。此外,我认为文化传统在亚裔美国人的种族认知觉醒中也扮演了重要角色。这是一个充满挑战的过程,亚裔美国人需在维持自身文化传统的同时,寻找适应新社会环境的方式。我认为这并非是一种二选一的选择,而是一个复杂、综合的过程,是对个体身份认知的重新定义。尽管这个过程充满挑战,但也充满了可能性。

在此之前,我们刚讨论了华裔移民在进入西方社会后对自身种族身份认知的重新塑造,这是一个跨越文化、社会和地域的过程。这个讨论引领我们向另一主题转变:亚裔美国研究与区域研究之间的区别和联系。在我们深入探讨这一主题之前,我们应认识到这两个领域虽然有着不可忽视的联系,但它们的历史演变、研究范畴及目标均有显著的差异。在接下来的讨论中,我会进一步解释这些差异和联系。

回溯历史,正是长期以来的排外历史和亚裔种族身份建构衍生了"亚裔美国人"这一术语。我认为亚裔美国研究以及单纯的亚洲区域研究与我们所谈论的区域研究是两码事。美国的区域国别研究在很大程度上兴起于冷战政治环境。冷战时期,为在全球范围内对抗苏联形成军备优势,多所美国高校设立了区域研究课程,该课程最终成为一门常设的大学课程。然而,对亚裔美国人的族裔研究实际上兴起于 1960 年的民族解放运动。所以在我看来,区域研究和亚裔美国研究不存在可比较性,它们是完全平行的研究学科。那么,二者之间的学科交叉点究竟在哪里?

大卫:其实我也不太清楚它们之间的交叉领域何在。现在有很多人致力于跨太平洋研究,同时着手亚洲研究和亚裔美国研究。这种研究融合大有可为,因为人口存在国际间流动,这种领域融合就使得群体研究和历史研究不再囿于某一个特定的国家或区域。就像你说的,美国区域研究兴起于冷战政治环境,而亚裔美国研究则发源于 20 世纪 60 年代的少数族裔解放运动。前者是美国中情局一手缔造的学术成果,后者则是游行集会的街头文化的产物。

区域研究要求研究者首先要充分认识到世界上不同地区的人是千差万别的。要了解研究区域的人群,不仅要熟谙当地的历史、语言、思想体系乃至宗教信仰，还需要具备深度的跨学科知识整合能力。专业素养的缺乏会使得实际研究漏洞百出。举一个典型的例子，长期进行对外交涉的使馆人员如果缺乏对交涉国的文化储备，他们就很可能在不经意间言语冒犯到交涉对象，从而引发外交事故。人会受到所处地域方方面面的影响，因此对待同一件事情，不同地区人们的反应往往大相径庭。不难看出，区域研究其实并不认同自由主义所提出的“全人类都渴望自由和庇护”这一观点。

我通过研究发现，区域研究的目标和态度往往关乎深层的政治意蕴。譬如，20 世纪 50 年代，印度尼西亚出现激进主义抬头，社会动乱、罢工、学生抗议、军事政变、叛乱等事件层出不穷。美国人类学家会将印尼的这种社会状态定义为阶级斗争，因为这和农民反抗地主阶级的斗争很相似。然而这实质上是印尼社会中现代派穆斯林和保守派穆斯林之间的文化冲突。当我们把社会变革统归为阶级斗争时，这就不再是关乎是非对错的公平正义问题。假设印尼一系列的激进活动是一场农民反抗地主的阶级斗争，人们必须站队支持作为受压迫阶级的农民，原本的公正问题就被置之脑后。然而，如果将其理解为一场具有竞争性的两方利益冲突，人们就很难在这种复杂的情况中偏护某方利益。所以你会发现有很多早期的区域研究都在描述阶级斗争，深入其里却发现实为文化冲突。我不是说阶级斗争这种论述是错误的，只是大多情况下研究者应该从文化层面把握问题关键。但是，至少初期阶段的区域研究目标和结果的确不甚严谨。

区域研究是应国家战略需求而兴起的学科，美国在冷战期间大力引导资金支持建设。然而，随着现如今战略需求的转移以及对中国研究兴趣的减退，美国政府大量缩减对相关研究项目的资助，转而将主要的学术经费投入到科学、技术、工程和数学教育中。

过去人们十分崇信文化至上，它固然片面，但确实曾惠及很多人文社科领域的研究者。如今这种理念已然消匿，美国政府也不再为该领域学术项目提供资金补助。20 世纪 70、80 年代曾是区域研究的全盛时期，如今大势已去。区域研究正处在一个尴尬期，学科批判远远高估了当下的研究实力。政府也不再依据特定地区的相关文化制定决策，即便有几分考量，由于从中获得的真正有价值的信息有限，也无意继续投入。

董悦心：你的观点引发了我对于区域研究多元化和跨学科性的深思。我明白这是一种深度反思，试图解除冷战期间制定的固定模式，逐步将区域研究从政治权力的影响中解放出来。我对这种改革的尝试充满敬意。而我们在研究过程中，确实可以看到国际关系、全球化的重要影响，这使得区域研究不可避免地涉及各种全球性的议题。在这个过程中，全球范围内的权力角逐和科技竞争也日益凸显，特别是在东西方之间。近年来，中国在科技领域的迅速崛起引发了西方国家的一种新的恐慌，我们称之为科技东方主义。这是否可以看作是冷战政治在全球化时代的一种新形态？或者，我们能否在中西科技竞赛中看出一种新的地缘政治格局的形成？

大卫：确有其事。我们可以看到东方主义的表现已经从传统的文化领域扩展到科技领域，这其中既包含了一种对未知和变化的恐惧，也有对国家安全和经济利益的考虑。西方国家的确存在对科技东方主义的担忧，这种担忧常见于大众媒体。我们经常可以看到西方人在讨论中国的科技发展，包括在人工智能、5G 技术等领域的竞争地位时，表现出的紧张和忧虑。这种情况在美国尤为明显。一方面，美国政府对中国企业如华为、字节跳动等施加压力，试图限制其在美国市场的发展；另一方面，美国企业也在全球范围内寻求更多的技术和市场优势，例如尝试通过收购或投资中国的初创企业获得新的技术和商业模式。这种情况在一定程度上反映了科技东方主义的现实影响。另外，对于人工智能、大数据等领域，有人认为这是一场新的军备竞赛，而中国的崛起无疑给这场竞赛增加了不确定性和压力。事实上，这种东方主义的科技视角不仅仅反映在媒体的报道中，也影响了政策制定和投资决策。这种趋势在未来可能会加剧，特别是随着科技在全球政治、经济和社会生活中的地位日益提高。

董悦心：你的观点引起了我的思考，这确实是一种新的东方主义形式，它不再仅仅局限于文化或社会层面，而是扩展到了科技、经济等领域。我想，这可能也是全球化和信息化的一个副产品，因为科技让我们的世界更紧密地联系在一起，也使得地理和文化的界限变得更加模糊。那么，这种对抗和现在对后冷战时期的研究焦点有何不同？我在你的论文中看到，你将中国的民族纸质媒体视为一份历史的存档。我想，这些存档应该是中国科技发展的见证和记录。在这些存档中，有没有一些特别引人注目的例子可以证明或反驳你关于科技东方主义的论点呢？

大卫：说到这儿，我们应该再谈谈科技东方主义，这个话题很有意思。如果你看看 19 世纪晚期美国的一部叫作《黄祸》的政治动画，你会发现，那个时期很多事情都跟新冠疫情下的情况如出一辙。即便放眼 150 年后，对于种族排斥、病毒阻断以及疾病预防，也一样有“肃清异己，以绝后患”的声音存在。这真的说不过去，为什么这中间隔了那么久，相同的历史还在重复上演。我们又该如何理解这些历史复现？视之为历史进程连续的证据，还是卷土重来的尘封旧案，抑或仅仅是个实质不同的相似巧合？这些问题都让我百思不得其解。另外，很多研究者都进行了20世纪80年代中国文学史和20世纪30年代中国文学史之间的对比，我也琢磨了很多其中的文学历史复现。如果简单地认为这就是千古一律，事情又明显有别于从前。这样说来，这种复现又是怎样发生的呢？总而言之，我真的想不出该如何合理地解释这些复现。关于科技东方主义，我想说的就这些。

正如你所说，我正在撰写的论文主要研究华文的印刷文化。中国语言研究者大多是华裔，我则主要关注印度尼西亚地区的华文印刷文化。尤其强调印刷文化是因为我对文学和视觉艺术都很有兴趣。由于印度尼西亚是冷战时期典型的不结盟国家，且随时间推进越发亲近社会主义阵营，因此印度尼西亚的华文印刷文化发展极大区别于其他东南亚国家，如马来西亚、新加坡、菲律宾和泰国。当然也有其他一些中国人聚居的东南亚国家，其发展情况我就不得而知了。一般来说，对于马来西亚和新加坡的海外华人研究是最为充分的。原因就在于这两个国家海外华人最多，更为富庶，曾系英国殖民地且视英语为第一语言。最关键的是这两个国家是西方资本主义世界的“亚洲同盟”，这为西方学者就地研究提供了相当大的便利。这就是印度尼西亚的印刷文化发展与其不同的关键所在。首先，冷战时期全世界都执行审查制度。大多数的资本主义地区都不允许存在公开的亲共观念。反之，社会主义地区亦然。

海外的华人左翼文化发展是项非常有趣的研究，它的研究范围很小，却值得深挖。目前我对这个课题只进行了初步理解，现阶段我的疑惑在于，印尼华人主要由资产阶级和小资产阶级构成，他们如何看待“左翼”？其次，老一辈的印尼华人曾视店主和会计为成功的职业，而20世纪的新生代却很抵触这类具有资产阶级性质的职业。于他们而言，“左翼”又意味着什么？说穿了就是，人们有个根深蒂固的想法，即东南亚华人文化本身是一种经商文化，他们认为中国人下南洋就是为了赚钱谋生，他们只顾挣钱，不顾教育。这是陈旧之见，但的确言之有故。那么，在这样一个资本主义当道的社会背景下，我们又该如何理解印尼左翼印刷文化的兴起和左翼运动的开展？

依靠左翼运动摈弃印尼华人群体中的资本主义文化势在必行，因为仅为意识所排斥的东西并不会彻底消隐于世。举个例子来讲,作为学者,我研究的资料几乎都是左翼期刊。这些左翼刊物要盈利,就必须善于宣传,而且宣传范围要广,普及大众,不能只局限于亲朋好友和政治同仁。这些活生生的矛盾恰恰是我真正的兴趣所在。

董悦心:感谢你带来了如此精彩的洞见,让我们可以看到在冷战背景下的印尼华人社区是如何在政治压力下形成独特的左翼印刷文化的。你对这个领域的专业研究让我联想到我自己的研究对象,即亚裔美国研究中的不同族群,包括华裔美国人以及其他来自东南亚的移民群体。

在美国的华裔移民历史中,印刷文化同样扮演着重要的角色。19 世纪末至 20 世纪初的淘金潮,即大批华人移民前往美国淘金,华文报纸和刊物兴起,不仅在移民社区中保留了文化和语言,还作为政治讨论的平台,影响了华裔社区对他们在新社会的角色和地位的理解。值得一提的是,在我研究的亚裔美国历史中,对左翼运动的参与是一个重要的主题,尤其是在早期的亚裔民权运动中。许多亚裔美国人积极投身于劳工运动,支持平权、反歧视等诉求。就像你所研究的印尼华人左翼印刷文化一样,这些活动都是在特定的历史和政治背景下发生的。同时,我也注意到在美国的东南亚裔移民群体中,他们的移民经验、身份认同和社区发展也存在许多特点。比如越南战争后,大量的东南亚移民来到美国,他们的到来和整合过程对美国社会和亚裔美国人群体产生了深远影响。这些影响,和你提到的印尼华人社区在冷战时期面临的挑战一样,反映了全球政治变动对地方社区的影响。

访谈的最后,我还有几个问题。我拜读了您的一些专栏文章,比如《国际学生:一种特定术语》(*The International Students as a Term of Art*)和《亚洲艺术注记》(*Notes on Asian Art*)。首先,我要说,你的两篇文章给我带来了不少启示。一方面,你对国际留学生,尤其是在艺术院校中的国际留学生的理解,带有鲜明的个人视角,也显现出高超的理解力。你从国际学生的独特处境中挖掘出他们特有的创作动力和艺术表达,这实在让人印象深刻。另一方面,你的文章《亚洲艺术注记》则将目光转向了更为广泛的领域。你借由艺术的视角探讨和解读亚洲的多元文化,这种开拓性的研究取向无疑对亚洲艺术研究的深化和推动具有重要意义。

在我看来,你的研究领域不仅是一个尝试和探索,也体现了一种深度和广度并重的学术理想。因此,当我看到你在文章中对华语语系文学以及亚洲艺术的深入探讨时，我不禁想问，你的这种跨领域研究取向是否也反映了你对于亚洲研究的全新思考和设想？你是如何看待亚洲艺术在国际艺术领域中的地位和影响的？你对国际留学生的观察，是否能反映出他们对于自身文化身份的认同，以及对于东西方文化交融的独特理解？

此外，我还想请教你一个关于身份的问题。身为国际生，我自身经历了从本国文化到异国文化的转变，感受过文化冲突和融合，也体验过由此带来的创作灵感。在你的研究中，你是否也观察到国际留学生的身份经历和他们的艺术创作之间存在一种深刻的联系？这种经历是否会影响他们的艺术表达，甚至塑造他们独特的艺术风格和主题？

最后，我想询问你对艺术与学术研究之间关系的看法。作为一个研究者和艺术爱好者，我深感两者的交叉和融合带来的巨大潜力。你在文章中也多次提到艺术的力量和影响力，那么在你看来，学术研究和艺术创作之间的边界是否存在？抑或这两者之间的交互能否为我们提供一种新的、更为深入的理解方式？

大卫： 我非常感谢你对我过去文章的阅读和深思，你的问题也让我有了更深的思考。你提到我的跨领域研究取向和我对亚洲研究的看法，我必须说，我的立场可能有些非常规。这样说吧，我觉得其实不必继续延展亚洲研究的范围了。全世界约有 60 亿亚裔人口，占全球人口的 80%，这个数字令人惊叹。在这种情况下，大多数人可能会认为亚洲研究的价值应当无可估量，然而，我不这么认为。全天候观察亚洲动态或者让亚裔揣摩一下自身，这难道就是亚洲研究了吗？显然不是的。亚洲研究，作为一种学术领域，应该有着更深更宽的探索视野。美国学术界的确有人从事相关研究，但我觉得，过度深入的研究，往往容易陷入一种“盲人摸象”的窘境，每个人只关注自己所触摸到的部分，而忽视了整体。说实话，我对亚洲研究问题的琢磨并不深入，我也不清楚这个研究范畴是否真的存在实质意义。但是，我认为我们可能需要从一个全新的角度来看待亚洲研究，不仅要注重这个领域的广度，也要注重其深度。

在我看来，亚洲艺术作品中的种族政治因素确实是一个需要我们面对和解决的问题。而要想化解这种问题，对亚洲的深入研究是必不可少的。我们面临的是一种似乎无法回答的疑难问题，但这依然是我们无法回避的一个问题。所以，你的文章和你对亚洲研究范畴的思考无疑为我们提供了一个新的视角，引发了我们对亚洲艺术作品以及对亚洲研究的重新思考。你的文章不仅提出了问题，更为我们提供了一种理解和解读的方法。我非常高兴能看到你在文章中抛出这个问题，引发我们的思考。

董悦心：这确实是我未曾设想的一个出发点。你提到化解亚洲艺术作品中的种族政治因素，这个观点让我思考得更深。对于这个问题，我想说，艺术本身是没有边界的，是由创作者的观察、感悟和思考塑造出来的。艺术创作的过程就是一种表达，是一种对自我和外界的理解和表述。因此，种族政治因素或许是我们必须面对和考虑的一部分，但这并不是全部。亚洲艺术创作的力量，我认为，更在于它如何通过艺术的语言来表达亚洲的多元性和复杂性。感谢你提出如此有价值的问题和构想，这给了我新的思考方向，也让我看到了我们在亚洲研究上的无限可能性。

中国嘻哈文化

叶如兰① 狄西蒙②

叶如兰：您好，狄西蒙！您来中国多久了？

狄西蒙：很高兴有机会与您对谈。今年是我从法国来中国求学的第五年，也是我在厦门大学的第五个年头。在厦门大学获得硕士学位后，我成功申请到了"新汉学计划"博士生项目，继续在厦大攻读博士学位。

叶如兰：能否分享一下您在中国的求学经历？在这里开展科研活动是否顺利？

狄西蒙：我本科学的是国际经济和汉语，刚到厦门大学读社会学硕士那段时间，我感受到了极大的压力和挑战。主要原因之一是我转了专业，社会学研究涉及的话题非常广泛，不仅如此，我还得用中文这门外语去学习这个专业，所以第一个学期的挑战特别大，但是后来慢慢习惯了。在读研的第一个学期，我接触的文献大部分是英文材料，所以我向导师申请用英语来完成作业。随着学习的深入，我逐渐增加了中文的比重，这个挑战自我的过程到现在依然记忆犹新。我们的课程除了社会学理论等必修课，还有定性研究、定量研究等课程，这些课程在我看来非常有必要，老师也教得很好，另外还设有许多选修课，例如政治社会学、经济社会学、统计社会学等，我对这些也都非常感兴趣。很幸运的是，我现在的导师也是我硕士导师，这也是我决定继续攻读博士的原因之一。易林教授是一位非常出色的导师，在欧洲10多年的生活学习经历使他很了解西方文化，我与他交流完全没有障碍，我们能够互相理解，他在我的科研学习中给予了很大的帮助和支持。目前每周有一次研讨课，我会与导师交流我的研究进展，分享我对所阅读文献的一些思考。此外，我这个学期还承担了助教工作，

---

① 叶如兰：复旦大学外国语言文学学院，教师

② 狄西蒙：Simon Decker，厦门大学，博士研究生

负责批改本科生的作业,这项工作也给了我一个间接与中国学生交流的机会。

叶如兰:接下来想和您聊聊当下中国年轻群体中的一个热词——嘻哈。嘻哈文化传入中国至今已有三四十年了,但是始终处于一种亚文化的状态。近年来,中国嘻哈文化发展迅速,在《中国有嘻哈》等综艺节目的推动下,嘻哈文化不断涌入主流视线,受到中国民众的广泛关注,说唱、街舞、涂鸦已成为很多青少年热衷的潮流文化,《中国新说唱》《这!就是街舞》等综艺节目还为中国嘻哈音乐人和嘻哈舞者提供了与国外嘻哈艺术家交流合作的机会。对于一些年轻人来说,嘻哈文化已经成为他们表达自我、与世界对话的一条新路径。听说您目前正在进行相关课题的研究。

狄西蒙:没错,中国嘻哈文化是我的博士课题。其实,我在硕士阶段就选定了这个研究课题,当时我采访了一些说唱歌手,也很幸运地在上海与我最喜欢的一位中国说唱歌手进行了访谈,这或许就是我为什么热爱这项研究的原因之一。研究课题促成我与中国说唱群体相遇,与他们联系,跟他们沟通,我觉得这是一件很幸运的事。作为硕士阶段课题的延续,我的博士课题中会有更多涉及中法两国社会文化的比较研究,此外还将围绕说唱音乐的真实性和合法性这两个概念深入分析主流和地下之间的关系。除了与更多歌手进行深度访谈外,我还计划采访粉丝,因为我认为粉丝视角也是这项研究中非常重要的内容。

叶如兰:的确,随着移动社交媒体的迅猛发展,粉丝文化的社会影响力不容小觑,粉丝已从个体发展到社群再到"饭圈",在社会文化交流场域中成为非常重要的一部分,他们已不再仅仅是文化的被动接受者,而是主动参与者、消费者和生产者。因此,粉丝与嘻哈文化是相互作用的关系,一方面,粉丝在嘻哈文化的影响下建立起个人认同和群体认同,另一方面,嘻哈文化在粉丝的参与和驱动下不断发展;而嘻哈文化健康发展的前提是受众对这种文化的真正内涵有正确的认识。您怎么理解嘻哈文化的精神内核?

狄西蒙:嘻哈文化源自遭受种族歧视和压迫的美国黑人群体,嘻哈文化的形式是在大街上用语言或肢体动作去表达内心的困扰,来解放自己的精神。根据伯明翰学派的研究理论,作为一种亚文化,嘻哈文化具有抵抗性,而嘻哈文化中的说唱则更为特别,因为它的抵抗性不仅在于音乐形式,还在于促进了人们的批判性思考和表达能力。嘻哈文化的另一个特点是真实性,说唱歌手经常会强调"保持真实","真实"这个词对他们而言非常重要,尤其是在嘻哈文化从地下转变为流行音乐后,"保持真实"的呼声日益强烈。说唱音乐是否"真实"是嘻哈圈非常严肃认真对待的问题,因为它决定了亚文化的影响力。对于“真实”这个概念,不同的人或许会有不同的理解、不同的定义,所以它也可能会被乱用。比如,嘻哈文化商业化之后,说唱歌手一方面要迎合市场需求产出作品,另一方面又表示要保持真实,但如何能够在被资本左右的情况下依然保持真实,这是一个很值得研究的问题。

叶如兰:您刚才谈到了嘻哈文化的缘起。嘻哈文化发源于美国,是美国黑人反抗主流社会的歧视和隔离,表达真实生活状态和实现身份认同的载体,因此嘻哈文化在美国黑人群体中具有重要意义,但其产生的社会文化背景与中国的语境差别很大,它的文化核心也与中国传统思想并不契合,因此这个外来文化必然要经历本土化建构。20 世纪 80 年代嘻哈文化传入中国后,“摇滚之父”崔健就开始在他的摇滚乐创作中融入了嘻哈元素,他创作的《不是我不明白》被认为是中国内地第一首说唱歌曲,林子祥和庾澄庆也分别在 20 世纪 80 年代的中国香港和台湾地区尝试了说唱音乐的创作。经过几代音乐人的摸索,嘻哈文化在中国经历了模仿、改造、创新的本土化发展过程。这种源自西方的、非主流族裔追求自我身份的、具有强烈对抗性和叛逆性的文化内省运动在中国经历本土化演变和发展之后,是否还是您所理解的嘻哈文化?

狄西蒙:崔健是我听过的第一个中国歌手,我小时候特别喜欢崔健。嘻哈文化的本土化和在本土化过程中是否还能保持真实是个值得思考的问题。嘻哈文化最初传入中国是通过在北京求学的一些美国留学生。“隐藏”是中国大陆的第一个嘻哈乐队,这个乐队由四名成员组成,其中有两位美国人、一位加拿大人,还有一位土生土长的中国人。虽然嘻哈文化在中国的社会和历史中并没有根基,但是通过分析当时的北京说唱音乐形式,包括运用的语言、发音、语调、节奏,以及对中国传统乐器的使用,还有说唱音乐表达的情感和思想,我们可以发现北京的说唱歌手所创作的说唱音乐有很强的本土特色。当然,在融合本土元素的同时,他们也借鉴了美国说唱中的俚语和美国说唱音乐的旋律风格等。所以,我觉得北京说唱音乐的创作者在寻找一种平衡,也就是中国元素和原始西方风格之间的平衡。

那么,至于中国的嘻哈是不是真实的、正宗的嘻哈文化,我认为答案是肯定的,但中国的嘻哈文化当然也有自己的显著特征,这与保持真实的嘻哈精神并不矛盾。另外,与欧洲国家相比,中国的嘻哈有一个独特之处,那就是它从一开始就以“地下”的形式出现,并且很多年都保持“地下”的状态,直到 2017 年《中国有嘻哈》节目推出后,嘻哈文化突然走向了主流,被广大群众喜爱追捧。

叶如兰:这几年,嘻哈文化在中国的主流化改造和传播通过综艺节目取得了非常显著的成效。除了《中国有嘻哈》,还有我刚才提到的《中国新说唱》《这!就是街舞》等,这些都称得上是社会"现象级"的综艺。这类兼具专业性和娱乐性的综艺节目都以商业收编的形式对嘻哈文化进行中国的本土化建构。作为观众,我感到节目中呈现的说唱作品带有强烈的流行文化属性,抵抗性、颠覆性、战斗性的元素被自我彰显、自我认同的价值追求所取代,励志、挑战、超越的主题使嘻哈文化从边缘向主流靠近,积极价值观的传递也使说唱音乐具有了一定的价值引领的属性。嘻哈文化与社会主流文化的融合、嘻哈精神与主流价值观的合流使中国嘻哈文化本土化建构减少了原生嘻哈文化对中国主流文化价值的冲击性,有效避免了它对我国主流文化的撕裂,这使得嘻哈文化在中国观众中的接受度大大提高。

狄西蒙:是的,我认为这些综艺节目成功地将嘻哈文化推向大众,但中国主流文化与亚文化的对立关系使中国嘻哈文化的表现形式发生了转变。通常,亚文化通过另类反叛的风格对主流文化发起挑战,建立特殊的文化认同,而您提到的综艺节目均是在主流文化体系中策划制作的,这就破坏了地下说唱的多元化潜力。在 2017 年的《中国有嘻哈》里,嘻哈的玩法就变了,至少可以说嘻哈的形式变了,变化在于普通观众通过电视屏幕就能观看到演出,而在此之前,嘻哈在主流文化视域中几乎是看不到的;但如果你想看,你可以找到一些地下说唱,去现场观看。从 2017 年开始,我们不必再大费周折就能欣赏到说唱音乐了,但这些都是主流的、比较单一的嘻哈文化形式。

叶如兰:我从这些综艺节目中接触到的嘻哈文化的表现形式并不单一,我看到嘻哈与中国传统文化这两种有巨大鸿沟的语境文化相遇,相互靠近。在主流文化的引导下,嘻哈元素与中国元素多元互动共生,拓展了原生嘻哈文化的外延。例如,《中国新说唱》的舞台造景将暗黑色系改为红色,说唱歌手的服饰中融入了丝绸、旗袍、太极图、龙纹等中国传统元素,这样的本土化转化使嘻哈文化的内涵变得更为丰富。

狄西蒙:西方的嘻哈文化呈现出多元化特点的原因在于说唱作品的内容没有任何禁忌,包括不同政治、文化群体之间的矛盾冲突等敏感话题。比如,有的说唱歌手以资本主义价值观为导向,其作品中表达的是物欲追求和由此带来的满足感,但也有反抗资本主义的说唱歌手,所以西方的嘻哈文化构成是非常复杂、矛盾、多元化的。而中国的嘻哈文化被主流文化收编后，就趋于单一化了，这种单一化在于大家能看到的只有一种嘻哈，比如歌词的话题会受限，大多是关于爱情或者个人问题，而不会涉及嘻哈文化里的所有话题。我很想知道中国说唱歌手对此的看法，因为在我看来，创作者的观点很重要。我在采访中得到的答案有正面也有负面的，但是大部分说唱歌手觉得这是好的发展趋势，因为被主流文化收编后，综艺节目给说唱文化提供了一扇窗户、一个空间，为说唱歌手提供了一个广阔的展示舞台。当然，也有不愿意参加这类综艺节目的说唱歌手，他们主要是出于作品风格的考虑，另外还因为他们作品的内容也与这一空间相抵触。还有人认为这类综艺节目把嘻哈文化限制于最商业化的一种形式。关于商业化是好是坏，我觉得很难立刻做出判断，需要辩证地分析，还得看从什么角度去分析，如果评判标准是这类综艺节目有没有促进嘻哈文化的传播和推广，答案当然是肯定的；但如果更深入地探讨综艺节目对嘻哈文化产生了怎样的影响，我们会发现它不仅打造了一个综艺节目品牌，给街头文化一个空间、一个商机，同时也在塑造一种嘻哈文化——一种主流化、商业化的嘻哈文化。这对于嘻哈文化本身是不是一件好事？从文化的多元化角度而言，我觉得可能不是，毕竟嘻哈文化的生命力需要有多元化的发展。

叶如兰：那您认为主流化改造后的中国嘻哈文化的社会性是否也发生了变化？

狄西蒙：虽然中国嘻哈文化正在走向主流文化，但即便在中国主流说唱作品中，显著的嘻哈风格并没有被丢弃或取代，从地下走到地上的说唱音乐作品中的表达方式、服饰设计、穿搭方式等都依然具有抵抗性、独特性和仪式性。那么，嘻哈文化中具有批判性的东西会不会在中国的本土化过程中消失？答案是肯定的，但我认为嘻哈文化的一些社会功能依然存在。第一，它对社会结构中的矛盾进行象征性地积极解决，说唱歌手通过他们的音乐向外界表达“我们来自贫民区，我们想要生活得更好”。第二，它促进了一种批判性思考和表达，特别是在年轻人群体中。第三，它尝试解决一种认同危机，一方面我要跟别人不一样，要有自己的风格、自己的文化，而另一方面我又要跟别人一样，我要有一个群体，我需要一些有共同爱好的朋友。在这些社会功能中，有一些是更偏作品内容健康性的，另一些则更偏风格化。而对于综艺节目的投资公司而言，它们不需要这些社会功能，也不想从这些方面进行推广，因为它们始终是服务于主流文化的。就这样，嘻哈文化慢慢地变成了流行文化。事实上，亚文化被主流文化看作是一种具有威胁性的存在，所以主流文化会对亚文化进行限制，亦或者主流文化会利用风格性的功能对亚文化进行收编。我觉得《中国有嘻哈》这类文化综艺节目就是很好的例子，你可以看到说唱歌手穿的衣服、他们的说话方式都是非常嘻哈的，特点非常明显，明显到可以让观众形成一种刻板印象。不过，这种强烈符号化的嘻哈呈现也是带有选择性的，比如《中国有嘻哈》第一年录制的时候允许说唱歌手露纹身，但后来就不允许露纹身了。纹身在嘻哈文化中很特别，它是风格化的，就如同服饰风格，但它又具有抵抗性，导致不被主流文化所接受。总之，我始终认为被主流文化收编对于嘻哈文化的多元化发展显然是不利的。

叶如兰：与中国相比，嘻哈文化在法国扎根的时间早了十几年。最初的法国嘻哈艺术家将美国嘻哈作品译成法语演唱来表达自己。在不断涌现的嘻哈艺人的推动下，法国嘻哈已发展出独特的风格特点，作品融合了法国语言、文化、社会问题、政治观点等。据我了解，法国的嘻哈说唱已成为仅次于美国的第二大说唱产业。嘻哈文化在中法两国的发展路径有哪些差异？

狄西蒙：这是我正在做的一个研究，我的博士论文中会有更多的比较研究。比较的目的并不是研究法国的说唱文化，因为法国说唱已经被研究得非常全面透彻了，我希望通过中法两国的比较来更好地了解中国嘻哈文化的发展情况。

嘻哈传入法国和中国的轨迹有很大的不同。很幸运的是，嘻哈在传入法国后不久就得到了媒体的帮助。当时的情况很特别，巴黎城郊发生了一系列骚乱暴动和趁乱打劫等令人震惊的事件，法国媒体需要寻找某个群体和声音来代表这个暴乱的城郊，当它们发现城郊居民区出现了一种叫作说唱文化的新文化后，它们选择了与说唱歌手和地下艺术家进行交流，并决定给他们一个发声的机会。于是，说唱歌手上了电视，立刻有了一个很大的展示空间，所以法国媒体无意中助推了说唱文化的传播，这种情况在其他国家很少发生。

另外，法国在20世纪90年代推出了一项新的法案——杜蓬法案，该法案要求法国的广播电台播放的音乐中需要包含40%的法国音乐，这个法案的实施促进了说唱音乐在法国的传播和发展。此后，一个名叫"天空摇滚"(Skyrock)的大型广播电台利用杜蓬法案第一次给说唱音乐创造了一个专属的曝光平台。这个广播电台的出现，使得法国有超过300万的听众每天都可以听到说唱音乐节目。法国的嘻哈文化就是这样一步步发展为全球第二大嘻哈文化的。

另外，我们也可以从空间理论的角度来分析嘻哈文化在中、法两国发展的差异。空间理论最早是由法国社会学家亨利·列斐伏尔（Henri Lefebvre）提出的，他的理论比较复杂，简而言之就是人们之间的互相关系是被空间构建的，同时人们也构成了自己的空间。美国的贫民区生产了嘻哈文化，与此同时，嘻哈文化也在影响贫民区的生活，两者是相互关联的。法国也有类似的贫民区，我们称之为城郊，一般位于城市外围，也就是郊区的意思。虽然中国也存在贫富差异，但是我发现中国的城市格局和欧美国家有很大的不同，所以没有与欧美类似的、生产嘻哈文化的空间。

总结来说，首先，嘻哈文化在中国的传播和发展长期处于被压制的状态，在被主流文化收编前一直是原生态的“地下”说唱；其次，中国没有类似欧美的地理区域空间，所以嘻哈文化缺少一个稳定的文化生产和文化再生产的空间；此外，中国嘻哈文化的商业介入非常突然，影响也非常大，地下说唱的文化传统突然间受到了冲击。

叶如兰：您认为是什么引发了这种“突然”的商业介入？中国嘻哈文化为何会出现如此突然的变化？

狄西蒙：我觉得这是被排斥、被压制后的反作用力。我认为嘻哈文化已经是中国不可忽视的一种文化现象，因为它已经成为年轻人群体中最具影响力的亚文化之一了。2017 年综艺节目推广和商业介入的策划可能在 2014 至 2015 年就已经开始，各类文化公司看到说唱文化的影响潜力，意识到无法忽视这种亚文化，更何况还可以通过这种亚文化获得可观的商业收益。因此，受到排斥和压制的地下说唱一下子进入了主流媒体，商业利益是嘻哈文化能被主流文化收编的一个重要因素。

叶如兰：商业带来了主流说唱产业的繁荣，但也显露了文化层面上的弊端。在消费主义的驱动下，尝到利益甜头的地下说唱人转入主流文化产业，地下说唱人的坚持和信仰日益被商业套路冲击。作为被商业说唱排除在外的一个嘻哈分支，地下说唱这种非商业、非主流、没有公司赞助的独立艺术如何寻求发展？地下说唱被主流文化收编的范围是否会持续扩大？

狄西蒙：我认为，中国的地下说唱不会被主流文化完全收编，它会一直存在。其实，地下说唱在中国已经发展得非常庞大，它没有必要融入主流，地下和主流已经成为两股势均力敌的存在，不过我觉得中国地下说唱的生存和发展趋势还是很值得研究的。“地下”这个概念比较复杂，它不仅有“非主流”的意思，也是一种风格，一种状态。跟其他国家相比，中国地下说唱要面对的挑战更多。无论是在法国还是在美国，你可以一直保持“地下”，偶尔主流一下，比如跟一个主流歌手一起创作一首歌，但这不会改变地下说唱歌手的属性。但是我发现在中国的情况就完全不一样，你一旦进入主流了，就很难回到地下，与地下说唱歌手合作的可能性也变得微乎其微。

叶如兰：是什么导致进入主流音乐圈的中国说唱歌手难以再回到地下？

狄西蒙：主要是因为当你有了知名度，你就要承担各种社会责任，还要维系与公司的关系，遵守合同的条款，通常签约公司是不允许主流歌手做地下风格的作品的。比如周延(GAI)以前是很“地下”的，但现在已经转型为中国主流嘻哈中的知名人士，这意味着他不可能再跟地下说唱人合作地下说唱音乐了，只能朝着主流音乐的方向单向发展，而美国和法国的说唱歌手在主流和地下之间来回游走是没有任何障碍的。

叶如兰：在您的法国朋友中，接触和了解中国嘻哈文化和中国说唱音乐的人多吗？

狄西蒙：除了非常了解嘻哈的法国人，喜欢嘻哈的法国普通民众对中国嘻哈文化的了解几乎为零，他们没有听过中国说唱，也可能没有听过日本的说唱，虽然日本的说唱音乐也非常发达，比中国还要发达。更高兄弟（Higher Brothers)是在欧美最知名的中国内地的说唱组合，主要是因为他们创作了《中国制造》(*Made in China*)这首歌，这可能是在国外有人听过的唯一一首中国说唱。我觉得文化间的互相了解是需要时间的。在法国，我们特别喜欢听法国的说唱；在中国，大家就喜欢听中国的说唱，也很喜欢听美国的，因为影响中国说唱的还是以美国嘻哈文化为主。我问了很多中国说唱歌手，特别是25岁上下的新一代说唱歌手，他们都没有听过法国的说唱，有的连英国的说唱都没有听过，他们很少去接触别的国家的说唱；其实美国的说唱也存在类似的问题，这也是一个很值得研究的课题。

叶如兰：嘻哈文化传入中国后，已经逐渐从舶来品发展为本土青年文化，中国说唱歌手也进行了很多本土化创作实践，其中包括语言和内容的本土化，嘻哈音乐的中国市场由此被逐渐打开。中国嘻哈文化在国内蓬勃发展的同时，中国说唱歌手也希望他们的作品能跨出国门，走向世界，毕竟我们身处全球化时代，各国的文化疆界在不断拓展，我们需要多元文化的互动与交流。2017年中国内地的说唱组合更高兄弟将他们的说唱作品《中国制造》上传至 YouTube，在很短的时间内就获得了 400 多万的点击量，普通话、方言和英语在歌曲中的灵活运用和自由切换成功地将这首“中国制造”的说唱推向了国际舞台。您认为中国说唱歌手如何能拥有更大范围的影响力，使中国说唱音乐能够作为交流工具向世界传播中国声音，讲述中国故事？

狄西蒙：我觉得中国嘻哈文化的对外传播是一个很复杂、很困难的过程，因为要让别人了解你的文化，首先需要解决语言障碍的问题。更高兄弟的《中国制造》之所以能在国外出圈，是因为歌词中既有中文，又有英文，外国人会先听英文的部分，这样就能慢慢地了解歌的内容。另外，中国说唱既需要回应美国说唱文化或者西方说唱文化，又要有自己的特色，比如加入二胡等传统乐器。我希望中国创作出更加具有中国特色的说唱作品，因为如果你要学美国的说唱，你不可能做得比美国人好。中国的说唱歌手已经在这方面进行了很多探索，并且做得还是非常不错的。虽然中文对于外国人来说构成了理解障碍，但不可否认的是，它毕竟是中华文化和历史的独特符号；另外还有说唱歌手在穿搭上融入传统服饰，我觉得这是很不错的视觉呈现，我希望在中国嘻哈音乐中能出现更多中国特色的元素，换句话说，中国嘻哈文化还有进一步本土化的空间。

叶如兰：与更高兄弟强化“中国制造”的标签所不同的是，在 2017 年《中国有嘻哈》的舞台上，欧阳靖这位华裔说唱歌手将自己曾用的“中国说唱歌手”(Chinese Rapper)标签改成了“嘻哈侠”(Hip-hop Man)，他想以这种方式来模糊身份的疆界，撕去国家与种族的标签，强调无国界和共享同一种文化。您对此怎么看？

狄西蒙：欧阳靖试图强化嘻哈的全球性，但其实嘻哈的全球性与地域性并不是矛盾对立的。我认为嘻哈文化不应该是单一的，而应是多元化的。嘻哈文化对各种不同的文化都具有包容性，它既可以是具有强烈地域特点的，同时又可以是全球化的，因为它的发展并非扎根于某一个国家的文化，而是表达普遍存在的平民区生活的艰辛与不易。嘻哈文化之所以那么普及、受欢迎，是因为很多人对这样的表达都能产生共鸣和认同。总之，我觉得嘻哈文化既可以是一个全球性的文化，又可以带有某个地域文化的一些独特风格。

叶如兰：在《为嘻哈而战》(*Fight for Hip-Hop*)这首作品中，欧阳靖在歌词中表达道：“嘻哈是什么，什么是嘻哈，不管你主流或者你地下，只要你尊重这个文化,我们个个都在同一个家。"您是否认同他的观点?

狄西蒙:"我们个个都在同一个家"确实是大家所希望的,但是我觉得只有当一个说唱歌手进入主流并获得了粉丝和经济回报后,这句话才能更轻而易举地实现。我相信没有一个地下说唱歌手会这么说。中国地下说唱歌手都活得很辛苦,用说唱来赚钱的音乐人非常少,基本上没有一个地下说唱歌手可以把说唱当作能获取稳定收入的工作。另外,对于很多地下说唱歌手而言,即便他们已经很有名了,也不会去追求走向主流的发展路径。对于他们而言,保持地下是很重要的,因为这意味着保持真实。我赞同"为嘻哈而战"的倡议,但是我们首先要定义什么是嘻哈,"为嘻哈而战"的嘻哈应该是具体化的,而不应该是一个抽象的概念。

叶如兰:嘻哈文化进入不同文化语境后,在不同场域中与地域主流文化碰撞互动。在中国,我们看到了两种文化的相互促进,相互丰富,一个过于简单的抽象概念无法表达中国嘻哈文化的内涵。

狄西蒙:是的。嘻哈文化作为亚文化传入了世界各地,在各个国家都发生了不同的变化,这些变化背后的原因和机制涉及不同国家的政治、经济、社会文化等。我认为研究中国嘻哈文化是理解中国社会文化的一个独特视角。在说唱音乐里,我能了解到中国青年想要什么样的世界以及他们关注哪些社会问题等。

叶如兰:让我们共同期待更多具有中国特色的嘻哈艺术走向世界,我也期待您的研究成果!

狄西蒙:共同期待!谢谢!

晚清以来中国妇女教育史

邹　萍[①]　丁怡君[②]

邹萍：怡君你好，我是复旦大学外国语言文学学院西班牙语系的老师，我叫邹萍，非常高兴认识你。

丁怡君：老师您好，我叫丁怡君，是一名意大利和加拿大的混血儿，本科和硕士都就读于罗马大学东方学院，专业是中国语言文学。出于对中国和中国文化的喜爱，我决定来中国继续攻读博士学位，非常幸运的是，我入选了“新汉学计划”，目前我在北京师范大学跟随导师攻读博士学位。

邹萍：祝贺你！这真是太好了。我们的经历也有相似之处，你修读的专业是中国语言文学，我是西班牙语语言文学，我的本科和硕士是在中国的大学完成的，博士阶段选择了到西班牙继续深入自己的研究。

丁怡君：那太巧了！我当时是想要学好中文，更好地理解和融入中国的文化环境，增强跨文化沟通能力，所以我认为沉浸式学习是非常必要的。

邹萍：是的，这和我当时去西班牙读博时的想法不谋而合。这是你第一次来中国吗？

丁怡君：不是的。在攻读博士学位前，我一共有三段在中国交换和进修的经历，分别是在北京外国语大学、武汉大学和北京师范大学。我一般喜欢用三个关键词来介绍自己。第一个关键词是“庐山观察员”。古人云：“不识庐山真面目，只缘身在此山中。”我作为一个中国文化的旁观者，每次都试图用西方的思维方式和研究方法对它进行研究。第二个关键词是“文化传播者”。我希望通过自己的研究工作，为搭建意大利、中国这两个伟大的古老文明之间的桥梁做出自己的贡献，用自己掌握的不同语言，向西方讲好中国故事。第三个关键

① 邹萍：复旦大学外国语言文学学院，教师
② 丁怡君：Ilaria Sanviti，北京师范大学，博士研究生

词是"教育探索者"。我认为，要了解中国文化，则必须要了解中国教育，而要了解中国教育，则必须从古代开始研究，所以我选择了中国教育史作为自己的博士专业。

邹萍："庐山观察员""文化传播者"和"教育探索者"，怡君你的这三个关键词真的太准确了。你对中国文化的了解，以及对自己在这种跨文化语境中所扮演的角色的精准定位也令我感到惊叹。你的中文真是太好了，我想你的母校罗马大学的中文教育一定是非常出色的。

丁怡君：是的。在这一点上，我非常感谢我的母校。我的中文启蒙和学习之路都开始于那里。罗马大学东方学院开设的专业是东方语言与文明。中国语言和文学是一门主干综合课程，包括口语、汉字、语法。一、二、三年级分别有意大利教师用意大利语讲授汉字、语法、文学课，也有中国教师的听力课和口语课。学院非常注重学生汉字和语法的学习，所以培养出来的学生一般汉字写得比较标准，语法知识也掌握得比较扎实。

邹萍：确实如此，这一点从刚才我们之间简短的对话中我就已经发现了。你对中文词汇的掌握和对中国文化的了解远远超出了我的预期。因为大家都知道中文是世界上最难学的语言之一，你通过本科和硕士的学习就能达到这样的程度，这是非常不容易的。

丁怡君：老师您过奖了。您也有学习西班牙语的经历，所以会感同身受。我想罗马大学的中文专业可能和您所在大学的课程设置也有类似的地方。我们在修读这个专业的时候，除了基础的中文课程，还要学习中国语言文学、哲学、历史、艺术和政治。

邹萍：这真的是非常全面了。没错，我们在中国的大学学习西班牙语语言文学时，也要同时学习相关的文学、历史和政治方面的知识。比如我们必须要读西语经典作品，例如塞万提斯的《堂吉诃德》，又或者是马尔克斯的《百年孤独》，等等。通过文学作品，我们可以了解西班牙以及拉美西语国家的社会历史和人文思想，同时还能加强对语言的感受、理解和掌握。

丁怡君：是的，阅读经典是一种非常好的学习语言的方式。当时，我们使用的古汉语教材是《论语》；文学课主要选读中国古代和现代作家作品，如一些唐诗、陶渊明的《桃花源记》，以及鲁迅等人的作品。丰富多元的课程设置确实能有效地帮助我们全面了解中国语言文化的各个方面。

邹萍：看来我们虽然是在不同的国家、不同的大学，学习不同的外语，但是大学在外语人才的培养方面还是有很多相似之处的。

丁怡君：确实如此。您在大学期间是不是也会有到西语国家交流的机会？

邹萍：是的，我们那时可以选择去西班牙或者拉美西语国家进行交流。本科和硕士的时候都会有。我是在硕士阶段去了西班牙的格拉纳达进行交流学习。

丁怡君：我也是。罗马大学和北京外国语大学以及武汉大学签署了合作协议。本科三年级的学生可以有机会在第二学期前往北外学习汉语三个月。硕士二年级第二学期，学生能去北外或者武大学习汉语三或六个月。通过在中国的学习，学生能够提高汉语的听说能力，增加汉语知识，对中国的社会生活有真实的体验，从而加深对中国文化的热爱，提升学习汉语的信心。

邹萍：你的感受和我的一样。在西班牙的交流经历也极大地提高了我的学习兴趣和自信心。

丁怡君：是的。所以到了硕士阶段，我就决定继续学习中国语言文学，好好消化一下我在本科三年所学的知识。也正是这两年硕士研究生的学习，奠定了我现在从事汉学研究的基础，也为我来华攻读博士学位，继续研究汉学做了很好的准备。

邹萍：意大利的汉学研究有着悠久的传统，在欧洲国家里一直是处于比较领先的地位的。在中国，我们都知道马可·波罗，他从一个意大利商人的视角，讲述了中国经济、文化、民俗等各方面的情况，这可以算作意大利关注和探究中国的开始。明末清初，耶稣会传教士则成为中国和西方之间的桥梁，利玛窦作为西方汉学的创始人，对欧洲的汉学研究作出了巨大贡献，也为近代中西文化交流奠定了基础。

丁怡君：是的，到了20世纪70年代后，意大利汉学的研究方向逐渐发生位移：70年代之前偏重于“古典”，也就是中国古代史、古代哲学、古典文学和古代汉语等；70年代尤其是80年代后逐渐转向“现代”，例如现代政治、现代经济、现代汉语和中国现当代文学。根据2021年在意大利全国范围内进行的对汉学领域博士论文的调查，语言学占28.2%，文学占24.3%，历史占10.2%，当代政治、国际关系和地缘政治占6.4%。此外，近年来，随着女性研究成为一个热点研究领域，意大利学者也开始研究中国历史中不同时期的女性形象和与女性相关的问题。这些研究涵盖了古代社会中女子角色、中国近代时期女性解放和女权运动的开端，以及当代中国社会中女性地位和男女平等的问题。然而，尽管研究选题丰富，但我觉得很多研究视角相对单一，导致一些重要议题如中国女子教育的历程和演变等相关问题没有得到足够的关注。我发现，意大利汉学家在研究中国女性问题时，更倾向于从中国历史上的杰出女性作家等典型人物的视角出发。因此，我们常常看到研究者从班昭或者秋瑾的视角审视当时的中国女性问题，或者通过张爱玲的著作来描述当时的中国女性形象，以及通过女书（世界上唯一由女性创造的文字符号系统）去展示一种独特的中国女性文化遗存。因此，我觉得意大利汉学家的研究还是比较集中于语言学和文学。说到语言学和文学这两个领域，不知道您是否了解意大利著名的汉学家白佐良教授？

邹萍：我听说过他的名字，但是对他的了解并不算多。我知道他曾经在罗马大学任教多年。我还知道他最有名的学术著作是《中国文学史》。一位意大利的学者撰写出中国文学史，这一点真的令人钦佩。

丁怡君：是的，我们所有决定走汉学研究道路的人都至少听过一次白佐良教授的名字。他的《中国文学史》在意大利乃至欧洲都产生了广泛的影响，为他在国际汉学界赢得了声望，也为后来的汉学教学和研究准备了充足的条件。我们可以说，他一方面为 20 世纪 70 年代后意大利汉学的发展和繁荣奠定了基础；另一方面也完成了大量学术著作，其中涉及中国古代经典和白话文学、道家研究、17 至 18 世纪意大利传教士在中国的活动等诸多方面。所以，白佐良教授是最为重要的西方汉学家之一。

邹萍：而且听说白教授非常具有语言天分，所以连中文，尤其是文言文这么难的语言，他都能掌握得游刃有余。

丁怡君：是的，他精通多国语言，除了中文、日文、希腊文、拉丁文、法文、英文、德文外，他还懂俄文。而且，白教授的记忆力也非常惊人，他有随口背诵诗文的能力。因为这两个突出的能力，他学习汉语的方法很独特，主要是通过阅读和背诵中国古代诗歌和散文。

邹萍：听你这么一说，白佐良老师学习汉语的方法和中国古时候参加科举考试的考生们很像。

丁怡君：是的，他非常了不起。他首先是一名翻译家，将很多从未被译成西方语言的中文翻译成意大利语。在成为一名教师后，他一方面传播自己的个人所学，另一方面投身于更加繁忙的学术研究，从中国古典文学到白话文学，从道家思想到 17 至 18 世纪意大利传教士在中国的活动，他均有涉及。他竭尽全力地要求学生紧随他的脚步，要求他们背诵大量古典诗歌和散文，虽然结果并没有太理想，因为背诵中国的古诗文对于西方学生来说，还是非常难的。

邹萍：是的，这种难度可以想象。但是白教授的思想和方法还是非常具有前瞻性的，也是非常科学的。在今天的中国，小学生们在刚刚开始学习语文的时候，就被要求背诵唐诗宋词，加强对中国传统文化的感受，体会中文的美，而且对于文言文的学习也越来越重视，并没有因为时代的发展就忽略对经典的学习和继承。所以我觉得白教授的方法看似艰难严苛，但是的确是非常有效和有意义的。

丁怡君：是的，这种方法是很难，但是能坚持做下来的同学，在中文学习方面的进步都是很大的。白佐良教授对于意大利汉学在语言学、文学、翻译、历史和传教士研究方面的推动和贡献是毋庸置疑的，他是我们所有人的偶像和榜样。

邹萍：所以在建设白佐良图书馆的时候，你也参与了其中的一些工作，对吗？

丁怡君：没错，这个图书馆的藏书主要是白佐良老师个人收藏的文献，这在整个欧洲都十分罕见。他的儿子将其捐赠给了我们。罗马大学孔子学院和东方学院希望能够将这些书进行分类，使它们能够重新服务于学术研究与交流。因此，2019 年罗马大学颁发奖学金，招募一名青年学者协助工作，而我很荣幸地成为这个人。我工作的主要内容是归纳整理白佐良老师所收集的具有宝贵价值的汉语书籍文献，并列出书架清单。

邹萍：那你的工作同样是意义重大的。首先需要懂中文，其次还要对白教授的汉学研究非常熟悉。这段经历对你个人来说应该是非常难忘的。

丁怡君：是的，在整理的过程中，我切实感受到了白教授对 20 世纪的意大利乃至国际文化界和学术界的巨大贡献，感受到了汉学研究的重要性和价值。工作结束之后我还就这段经历写了一篇文章，主要是强调阅读经典对于学习一门外语以及进行跨文化研究的重要性。

邹萍：的确如此，我对这一点的感触也很深。无论是在我自己的学生时代，还是现在当老师的阶段，我都感受到阅读对于一个人的思想启发和成长非常重要。

丁怡君：是的。我在本科二年级的时候，就读了李汝珍的《镜花缘》。作者在这部作品中发挥想象力，虚构了一个理想国，展示了女子接受教育并参加科举考试的可能性，这与历史中的实际情况形成了鲜明对比。在这个地方，女子从小就开始接受教育，从而能够克服以科举考试为代表的诸多困难。我认为，作者通过这种设定，试图表达智力才是教育过程中的关键，性别不应该成为歧视的标志。李汝珍描述的女子和中国传统教育中通常会出现的软弱无能的女性形象区别较大。看到当时的一些文人已经有了这种观点，使我重新深入思考中国女子教育史。之后，我在本科三年级的时候又读了鲁迅先生的一些作品。通过阅读他的作品，我发现鲁迅对当时社会的观察非常敏锐，尤其在对女性形象的刻画上尤为写实。他描绘的女性生动展现了封建男权社会对女性的束缚，同时也抨击了社会中存在的男女不平等问题。鲁迅认为，要实现女性的解放，首先必须改变社会。同时他强调，想要真正解放女性，需要解放她们的思想，使她们能够自主追求自我，并意识到自己与男性平等。特别引起我注意的是鲁迅的一些作品中出现的另一类女性形象，即一些追求新知识的新女性。例如，在《伤逝》中，子君作为典型的青年知识分子女性代表，受到先进思想的影响，能够自主掌控自己的命运，并勇敢挑战封建陋俗。关于两位作者的作品的阅读体验深化了我对女子形象以及女子教育发展历程的理解。

邹萍：真没想到李汝珍和鲁迅先生的作品能够对你产生这么大的影响，可见经典不仅能够跨越时间，更能超越地域、语言和文化的局限。这也是“新汉学计划”一直希望推动的事情，让更多的来自世界各地的青年学者了解中国文化，让中国文化真正地走出去。所以当我看到你的博士论文选题是“晚清来华女传教士眼中的中国女子教育”时，真的感到非常惊喜。

丁怡君：因为我一直觉得教育对于个人思想的形成发挥着非常巨大的作用。如果我们以妇女教育为例，受教育水平较高的妇女往往拥有更多的资源和内在力量，在遇到消极的社会环境时，如遇到教育中明显的性别不平等时，能够保持平等的性别态度。教育能为个人就业和收入提供新的机会，扩大个人的能力范围，改变个人与外界的关系。因此，整体而言，受过高等教育的妇女要么对社群层面的负面性别压力有很强的抵抗力，要么相对不受其影响。此外，女性的命运与整个国家的命运密切相关，二者不可分割。这一观点使得清末时期的中国知识分子开始意识到中国女子教育现代化的重要性。晚清来华女传教士是这一重要拐点的亲历者，她们通过女性独特的视角留下了宝贵的记录。因此，我觉得，通过女传教士的书信和日记研究中国女子教育问题，可以更好地了解具有不同文化背景的观察者如何描述中国女子教育的问题。

邹萍：可能因为我自己是老师，又是女性，所以你的选题让我觉得非常具有新意，同时也很有亲切感。不过研究中国古代教育应该不是一件容易的事情。

丁怡君：确实不算轻松。不过好在我对于这个课题是有一定的研究基础的。我在本科和硕士阶段开始对中国教育史产生兴趣，特别是通过分析一些启蒙教材，如《三字经》和《千字文》，我理解到中国教育的最终目标是修身。因此，在我的硕士论文中，我以“学”和“修身”为关键词，尝试探究对我来说属于不同范畴的这两个词——前者属于教育学，后者属于哲学，是如何在中国的教育环境中互补融合在一起的。通过这个研究，我意识到中国女性从未完全脱离教育，但由于道德修养方面存在独特的性别特征，导致古代的男女教育模式存在差异。考虑到本科和硕士阶段的研究引用的原始资料都是中国的，即从“自我”视角分析中国教育史，到了博士阶段，经过与导师商议，我决定从“她者”视角分析中国女子教育相关问题。具体方法是，以晚清来华女传教士的独特视角作为我论文中的“她者”，然后通过她们留下的文献研究中国女子教育。因为，我觉得无论是女传教士还是中国古代的女子教育，一直以来都是被边缘化、被学界置于传教史及教育史研究附属地位的两个课题，所以它们尚有研究空间，也是值得探索的研究领域。

邹萍：这么看来，你真的是研究这个课题的最合适的人选了，也非常期待你的研究成果能早日和中国以及意大利的读者们见面。我们也一直认为，女性接受教育是一个国家通往兴盛的必经之路，一个国家的妇女受教育水平与它的经济发展水平密切相关。

丁怡君：同意这个观点。我觉得一个国家教育中的性别差距会影响其民众，特别是妇女的性别态度。当男女之间的教育差距很大时，年轻女性可以效仿的女性榜样就更少了。受教育程度低的妇女也不太可能与受过高等教育的妇女密切接触。因此，妇女在教育和劳动力市场的机会就会更少。由于她们在家庭之外的机会有限，这些妇女在家庭中也就失去了地位和权利。所以女性受教育的水平越低，她们的性别态度就越传统。这也阻碍一个国家的发展。我觉得，这一点在来华女传教士的一些书信中表现得很明显。她们记录了当时在中国一些小村庄的访问经历。当时，当地村民对于女子接受学校教育的怀疑以及对女子的学习能力缺乏信心的现象，一定程度上也反映了缺乏知识女性榜样的可能性。同时，必须提出的是，村庄的经济情况不佳，无法承担女性上学的费用。

邹萍：是的。从你三个阶段的论文来看，你一直都非常关注教育方面的问题。这次在“新汉学计划”的资助下来到北京师范大学学习，对于你的研究肯定大有裨益。

丁怡君：确实是这样。我在本科和硕士阶段的时候，就已经对中国教育史这个领域产生了兴趣，但是罗马大学没有这个专业，也没有这个领域的老师。所以我非常高兴这一次能够通过“新汉学计划”来到北师大修读中国教育史。同时，要感谢我的导师，他将我个人对女性议题的兴趣与赴华研究中国教育史的西方学生的身份结合起来，帮助我确定了我的研究方向。

邹萍：一直以来，我们读到的比较多的还是意大利汉学家对来华的意大利传教士的传教活动的研究。比如传教士撰写的文献里对中国不同方面的一些描述；又或者是在中国知识分子的文献中，他们对传教士或者传教士带来的意大利文化的评价。关于意大利传教士对中国教育评价的研究还是很少的。

丁怡君：是的，意大利汉学家比较关注的是语言方面的研究，还有文化比较的研究。我觉得关注中国教育史的意大利汉学家不多，但是这不意味着这个领域不值得研究。如果说中国教育史受到儒家文化的影响，我们可以说意大利教育史也受到天主教文化的影响，宗教在某种程度上一直影响着意大利的教育。我觉得受到宗教影响的一个国家和受到哲学影响的另一个国家在教育方面存在的差异恰恰是值得探讨的领域。由于在提倡“男女授受不亲”的男权文化下，男传教士难以与中国家庭的女性直接接触，而意大利传教士群体中缺乏女传教士，因此对中国女子教育的记录不足。与此不同的是，北美传教士既有男性也有女性。此外，如果我们去研究中国女子教育史，可以注意到，来华女传教士是最早创办女子学校的，所以她们与当时的中国女子的相处相当频繁。因此，从她们的记录出发分析中国女子教育的发展与演变是非常必要的。

邹萍：从这个角度来看的话，中国和意大利之间的文化交流，或者说意大利的汉学发展还是存在着很大的研究空间的。

丁怡君：确实如此。我们可以说意大利和中国是西方和东方文明的杰出代表。这两个伟大文明的友谊源远流长。在两千多年前，中国通过古老的丝绸之路和古罗马联系在一起。沿着古人友好交往的足迹，中意关系在当代不断焕发出新的生机。我觉得意大利和中国共建“一带一路”能促进意大利和中国在历史、文化、文学、经济等各个方面的关系发展。

邹萍：是的，就像“新汉学计划”，或者更具体地说，就像我们今天的对谈一样，都是一种思想碰撞和文化交流。从你身上我也看到，汉学研究在意大利已经成为一门热门学科，目前也是人才辈出。相信在不远的将来，我们就能看到更多和白佐良教授一样优秀的汉学家。

丁怡君：确实如此。白佐良教授和他一代又一代的学生们对意大利的汉学研究作出了非常大的贡献，现在学习这个专业的学生也越来越多，相信未来会有更多有价值以及多元性的研究工作。因此，我对意大利汉学的发展一直是非常有信心也非常乐观的。意大利的汉学家们也一直和中国的学者们保持很好的沟通，现在还有“新汉学计划”的支持和帮助，相信未来我们一定能够合作创造出更多以及更有价值的研究。同时，考虑到学术界近年来对女性议题的关注，我希望未来的意大利汉学家们能在女子教育史方面做出更多的贡献。通过挖掘新的材料和应用新的理论，我们能够更全面地理解女子教育的历史与演变。我个人希望我们能够将中国女子教育史中“女子无才便是德”的叙述与其他表述结合起来，以展现其多样性、复杂性。一些西方学者从 20 世纪末就已经开始从这个方向出发进行研究，但是有些方面未受到足够关注，仍待进一步探索。在未来的研究中，我们可以采用诸如考察日记或者书信的方法，结合当代女性主义理论，深入探讨女子教育史这一重要领域，为中国女子教育史提供一些新视角和新内容。

邹萍：这就是“新汉学计划”的意义所在，即希望培养出更多像你这样具有国际学术视野、通晓国际学术规则、参与国际学术交流与研究的青年学者。

丁怡君：关于“新汉学计划”这个项目，我想说，我非常荣幸能加入“新汉学计划”这个大家庭。在疫情的影响下，“新汉学计划”依旧在努力为我们提供各种各样的线上活动，努力为我们留学生博士之间创造交流的机会，提高我们的科研水平。相信我们一定能够在这项计划的帮助下，更好地推进各自的研究，做好帮助中国文化走向世界的使者。

邹萍：谢谢你，怡君！从你身上我感受到新时代年轻汉学研究者们的责任和热情，以及对中国文化发自内心的热爱，更看到“新汉学计划”的意义所在，那就是看向人类的未来，推动年轻人跨越文化和历史差异，促进理解和交流。相信有你们的参与，“新汉学计划”一定会继续蓬勃地发展下去。再次感谢你参加今天的对谈！

中国旧居住区保护与再利用

张　强[①]　法比安・瓦伦魏因[②]

张强：法比安博士您好，感谢您接受我们的邀请参加此次对谈。此次对谈旨在促进中西学者的跨文化交流，并希望在学术思想的交流中能擦出智慧的火花，促进东西文明的互鉴融通。首先，您可以简单介绍一下自己吗？

法比安・瓦伦魏因（以下简称法比安）：我叫法比安・瓦伦魏因。我来自德国，目前在海德堡大学的跨文化研究中心做博士后研究。在德国，我们大约 19 岁就会参加高中毕业考试。由于当时我对中国和中华文化很感兴趣，于是高中毕业之后我决定学中文。但那时候我对中国的了解并不是很多。我当时居住的小镇没有中文课，因为镇上没有中文老师，所以我决定去海德堡大学学习中文。海德堡大学有一门为期一年的语言课，学生参加完语言课程后，还有机会到中国留学。

本科二年级的时候，我申请了海德堡大学与北京外国语大学的交换生项目，得到了去北京学习中文的机会。到北京以后，我上了一个学期的中文课，同时也在德语系实习，为德语系本科生开设德语会话课。回到德国后，我决定继续深造，于是开始攻读汉学硕士。同时，由于我之前辅修过经济学课程，我决定继续完成该课程，拿到经济学本科学位。之后，我决定继续在海德堡大学发展，攻读博士学位。读博士的时候我参加了孔子学院开展的“新汉学计划”项目，到中国的复旦大学交流了两个学期。回到德国后，我完成了我的博士论文。在德国，我们通常是要把博士论文出版后才能毕业。准备发表论文期间，我在海德堡大学担任助理教授。

现在，我在海德堡大学跨文化研究中心进行博士后研究。我参加的课题由

① 张强：南开大学外国语学院，副教授
② 法比安・瓦伦魏因：Fabinne Wallenwein，海德堡大学跨文化研究中心，博士后

我和海德堡大学其他三位学者合作，其中有一位考古学教授和两位社会学学者。课题主要关注文化景观和文化景观保护，目的是把文化景观和社会创新的概念相结合，利用社会创新价值改善文化景观的保护。我注意到张老师您做的是文学方面的研究，您的研究内容主要是什么？

张强：好的，谢谢法比安博士分享您的求学经历及学术背景，您的教育背景具有很高的跨学科性与跨文化特征，您目前参与的课题也涉及汉学、文学、经济学、社会学，以及考古等多个学科，很有意思，也是当今人文科学的前沿话题。那么，我先简要地讲一下自己的求学经历。我本科和硕士阶段在北京语言大学读英语专业，主修英美文学，硕士论文是关于英国 20 世纪大诗人奥登诗歌中的人物志与地理志书写，由于学习成绩还算优异，我比较顺利地申请到了香港城市大学的比较文学专业，继续攻读博士学位。博士期间我研究的课题是关于 20 世纪中期中国和英国的现代主义诗歌之间的关系，以及中国诗歌的翻译现代性问题。我主要关注的对象是中国的九叶诗派。这个诗人群体活跃在抗日战争期间的国统区，他们创作了大量战争题材的诗歌，创作风格受到西方现代派诗人的影响，比如艾略特、奥登、里尔克、波德莱尔等。这些西方诗人影响了一批中国诗人，对中国诗歌的创作理念、写作技巧以及形式革新具有重要的影响作用。博士毕业以后，我来到了南开大学外国语学院翻译系工作，现在是南开大学外国语学院翻译系的副教授，做过一些英美文学与比较文学的相关课题，如奥登诗学观在中国的传播问题，以及晚清至民国期间来华英语作家的天津城市书写，都很有意思。目前的研究课题是西南联大诗人群的翻译活动及其中国新诗翻译理论建构，是一个很有意思当然也很复杂的问题。

我注意到您的课题内容主要是对中国文物古迹的调查和保护，请问您在课题中研究的具体案例有哪些？您认为中国在文物保护方面的工作做得怎么样？是否存在一些问题？

法比安：在我的博士研究中，我一直关注的是旧居住区保护与再利用。一共有三个具体案例：位于苏州和上海的两个历史街区，还有苏州的同里水乡古镇。提到古镇，大多数人对周庄古镇比较了解，特别是周庄的水道网和它在不同时期的桥梁。当然，周庄现在也是中国江南地区很有名的一个旅游景点。而相比之下，我认为同里古镇的桥梁同样值得关注。据我调查，由同里镇建造的最早的桥梁可以追溯到宋代。另外两个案例分别是苏州的平江路和上海的田子坊。平江路位于苏州市姑苏区，是苏州最古老的街区之一，保留了建造时的总体格局，比如一些水道网和旁边的小路都保留了当时的风貌。田子坊位于上海打浦桥街道，隶属于上海市黄浦区，其核心区被称为“三巷一区”，总面积约 2 公顷，营业面积有 3 万多平方米。与我之前提到的两个地方不同的是，田子坊是一个比较现代的街区，大约 20 世纪 30 年代才开始建造，由法租界行政区、石库门里弄区、里弄工厂区组合而成。它的建筑都是上海特有的里弄，与传统的中国水乡建筑在格局上有一定的相似之处，例如在弄堂口成立的牌坊和路边古井。同时田子坊还保留了一些木砖结构的单层平房，这些建筑的建造年代应该更早一些。但遗憾的是，我们现在还没有找到详细的记录，无法明确具体的建造日期。从某种程度上说，田子坊就是上海的一部现代史的缩影，它反映了从近代江南农村风貌，到华洋混住社区，再到后来的里弄工厂社区的发展脉络。

我认为至少从 2000 年开始，这些地方的文物保护工作有了很大的进步，具备城市规划与发展专业知识的大学老师积极参与到了这些城区、街区的保护工作中，向社区的居民宣传这些古建筑的价值。在此之前，一些古建筑的状况不是很好，因为一般居民无力承担保护、修缮这些古建筑的资金。为了加强对古建筑的保护，越来越多的地方政府开始提供资金支持。比如同里就有一个项目，在同里古镇居住的低收入家庭可以向地方政府申请资金来修缮房屋。同时，同里古镇引入市场力量加强对古建筑的保护，吸引一些资金开设咖啡店、书店等店铺，并借助同里文化气息浓厚的优势，吸引艺术家入驻，开设个人工作室和店铺。

张强：我曾经去过上海的田子坊，发现那里有许多咖啡馆、书店以及文创商店，文化气息十分浓郁。当然，其中不少是外来游客和年轻人，其中的一些店铺不一定收益很好，但在细节之处做得很到位，很精致。这在某种程度上，也打造了地区的文化品牌，吸引更多的游客及青年艺术家的到来。

法比安：是的，这样的街区文化气息十分浓郁。我曾经与上海一家文化公司的负责人交流过，他表示他们的目的不仅仅是单纯展示传统文化，更重要的是挖掘传统文化资源，将其作为新的文化产品的养料。比方说，上海曾经有一个风靡一时的香水品牌“双妹”(Shanghai VIVE)。后来因为种种原因，这一品牌渐渐被遗忘了，知道这个品牌的人寥寥无几。但是这一品牌一直坚持推陈出新，特别是借助“双妹”品牌的文化积累和历史底蕴，推出了一系列新产品。

至于在文物保护方面存在的问题，我认为我们需要更多关注“乡土建筑”。那些名人故居或者有重大历史意义的建筑能够得到政府部门的重视，被列为国家级、省级文物保护单位，但那些“普通”的建筑却难以得到关注和有效的保护。

张强：在北京、天津、广州这样的大城市有很多的历史建筑和名人故居，但是目前看来，这些建筑却没有过多的商用价值。如果要拆掉这些古建筑未免可惜，只单纯地把它们保留在原地的话又占据（甚至说浪费）了许多社会资源。不知道德国是否也存在这种情况？对于这种尴尬的情况，你们是怎样处理的？您所在的海德堡地区文物保护现状如何？

法比安：德国同样存在这样的问题。但是在德国，文物保护是由国家和各个州共同负责的。一般来说，每个州对于文物保护工作有相对独立性，可以自主决定相关政策。但对于历史文化价值较高的保护对象，则是由国家主导管理。

据我所知，在海德堡，州政府和市政府都参与文物保护工作。比方说一个建筑属于某个城市，该城市会投入资金对建筑进行保护，同时会监管相关的保护工作。

张强：也就是说这取决于该建筑的归属权。如果该建筑归属于某个州则由这个州负责保护，归属于某个市则由该市进行保护。

法比安：是的，建筑的产权归属决定了由谁来进行保护。在我印象中，中国应该也是如此。在德国，大部分的古建筑都归属于私人业主，所以业主需要投入资金，按照当地政府的要求对建筑进行修缮和保护。假如业主的建筑被列入了省级或者市级的保护名单，则业主可以申请相应的经济资助，但是保护的责任还是要由业主来承担。

在海德堡的某些区域，比如说海德堡老城，文物保护的相关政策更加严格。海德堡的老城坐落在内卡河畔，还有一座桥横跨内卡河两岸，我们称之为“老桥”。这一区域文物保护的相关政策比较严格，比如说不能在附近建设高楼，也不能更改道路的格局。

张强：我攻读博士期间曾到荷兰莱顿大学访学。其间我曾到柏林参观，发现柏林的城市规划十分有趣。柏林有一个“博物馆岛”，其中有各种各样的博物馆，还有一些文化社区，就像上海的田子坊一样，有一些创意产品商店。我发现在柏林，这样的文创商店不只是聚集在像勃兰登堡门这样的旅游景点附近，还散布在城市的各个角落。

您在上海生活期间，发现上海的文化产业分布有什么特点？中国和德国在城市格局方面是否存在可以相互借鉴的地方？

法比安：我认为中国和德国的居住区在格局方面有很大的差异。比方说在上海，许多居住区都是十分独立完整的，社区的内部和外部被隔开了。这些社区在规划阶段就是相对独立的，每个社区都有相对完整的功能，比如说社区内可能会有各种小店和学校。中德在城市格局方面当然可以相互借鉴，但我认为需要注意中德两国在社区规划、生活习惯以及文化背景等方面的不同。

张强：您在上海求学并进行研究期间，获得过怎样的帮助和支持？

法比安：当时，我的中国导师——复旦大学的于海老师非常热情地欢迎我加入他的研究组。我们经常就居住区等问题进行交流。于海老师的研究方向是社会学。作为一名社会学家，他曾对田子坊进行了很长时间的调研。从田子坊开始发展的时候，他就对田子坊进行关注，从不同角度展开了相关的调研。于海老师为我的研究提供了很大的帮助。我在上海只待了大约一年的时间，要想对我的研究对象有更深的了解，与其他的学者进行交流是十分重要的。

张强：我认为您的建议十分重要。我同样发现无论是在国内还是国外，留学生和本国学生之间的交流都不是很多。留学生和本国学生都有自己的交际圈，双方除了上课，平时的交流似乎不是很多。您在中国交流期间，导师会组织组会或者读书会之类的活动吗？

法比安：是的。在我们的研究组中，导师会组织一些活动，让我们可以认识组内其他的同学并进行交流。但是与同学院内其他的同学，或者同一个大学中其他学院研究方向相似的研究组的交流并不是很多。比方说我是从社会学角度对文化遗产保护进行研究，但是在艺术史、城市规划等领域都有针对这个话题的研究。如果能够与这些领域的学者交流的话，这对我的研究会非常有帮助。

张强：像这种跨学科、跨文化的研究是非常流行的研究方式。就我个人经验而言，在比较文学研究中，我们同样注重跨学科的研究方法。我们会结合学科史、文化研究、翻译等方面的内容进行研究。总体而言，比较文学研究是一种跨文化、跨学科的研究，涉及历史、文学、哲学，甚至经济学等学科的内容。所以我对您上述的建议十分认同，尤其是文科类专业，更需要这样一种交流互鉴的氛围。中国古典典籍《礼记·学记》当中就有记载："独学而无友，则孤陋而寡闻"。因此，与同行交流，既是拓宽自己学术视野的好机会，也能在学习中交到新的朋友，何乐而不为呢！

法比安：您曾有过非常丰富的国外交流和研究经历。在比较文学研究中，您认为是否存在需要不同国家的学者共同解决的问题和挑战?

张强:中国的著名学者钱钟书曾经说过这样一句话:“东海西海,心理攸同;南学北学,道术未裂。”意思就是说,在中国,南方的学问和北方的学问之间有内在一致的逻辑,并不是割裂的;东方的学问和西方的学问同样也不是割裂的,它们之间有相同的心理认知和文化关注。例如对于美好世界的向往,世界各地有各种版本的乌托邦,我们有桃花源、香格里拉、楼兰古国,西方有亚特兰蒂斯,南美有马丘比丘,这些既是对美好往昔生活的想象,也寄托着世界各地的人们对未来和谐社会的憧憬。当然,乌托邦在文学作品中也会有各种相应形式的体现。所以无论是在东方还是西方,对于一些问题的理解或者文化心理实际上都是有趋同的地方。这种趋同性也带来了交流的必然性。虽然语言不同、文化背景不同,但从古至今,我们一直渴望交流。无论中间相隔的是高山还是沙漠,都无法阻碍东方和西方对交流的渴望。我认为这种渴望的内生动力在于,我们都认为自己的文化不足以解释整个世界,所以我们需要其他文化中的内容加以补充。当然,这种交流的过程可能没有人们想象的那么美好,其间也造成了一些问题,如殖民主义、奴隶贸易,以及世界或区域性战争等。但交流的存在也使我们进入了全球化的时代,形成了一种共通性的文化语境。我们的思维也因此得到了极大的拓展,没有固化在某一特定的文化或语言场域之中。所以我认为交流是很有必要的,无论是在文学方面,还是在您所研究的建筑保护(或社会学)方面。比如,我目前研究的课题就聚焦于20世纪的30至40年代,这段时期是中国的新诗现代史中最为特殊的时期之一,其大历史背景就是第二次世界大战,中国在远东的反法西斯斗争中也发挥了重要的作用。这一时期的中国新诗创作,一方面要顺应救亡图存,寻求民族独立的大的历史语境,获得国际反法西斯势力的舆论支持;另一方面,也在寻求自身的定位和价值,即在一系列矛盾关系中寻求中国新诗在创作方式、形式革新、主题传达以及意象呈现等方面的独特性。虽然,在那个“非左即右”的年代,主流意识形态话语不断地挤压着诗人的私人话语空间,但是他们仍然在诗歌的政治性与文学性、宣教性与娱乐性、精英化与大众化、传统性与现代性、西方化与本土化等一系列复杂关系中努力寻求平衡。当时活跃于云南地区的西南联合大学,就是在那个战火纷飞的年代由清华大学、北京大学和南开大学一路南迁临时组建的。当中的诸多诗人在文学社团活动中,进行西学引介、诗歌翻译以及新诗创作。在教学过程中,在与同事交谈过程中,他们互相学习,互相切磋,既有课堂中对西方传统与现代文学严肃认真的文本细读，也有课堂外的诗歌仿作与创作交流，其作品通过读书会、壁报以及报刊文学的方式得以传播。保留下来的这些珍贵的历史材料非常有意思，可见他们对当时社会的一系列矛盾以及对中国新诗现代性路径的特殊看法，其中既有时代的烙印，也有个人的风格，更有基于人性的普世价值的关怀。所以，我们可以通过文字信息，试图去重绘与还原那个战火纷飞的年代中知识分子所独有的道德操守。这对于我们当代的中国青年，也很有学习和借鉴的意义和必要。那就是，现代化不是一味地"西化"，也不是一味地"古化"，而是要像卞之琳先生说的那样，去"化古"与"化欧"，即古典文学的现代化与西洋文学的本土化，这两者并行不悖，共同作用于中国新诗现代化本身。这也是我为什么对西南联大诗人群体的诗歌译介与创作活动特别感兴趣的原因。现在这个课题的书稿基本已经成型了，我觉得很有意思，希望能在不久的将来和你分享中国新诗在那个特殊年代的故事，因为我知道您中文非常好，所以读现代诗应该是不成问题的。当然，您的研究主要还是通过社会学的方法，会做很多的田野调查，走访中国的各个地区，体会不一样的风土人情，获得一手的资料，这对我来说完全是一个新的领域，我很感兴趣，也希望您能有更多的发现。

回到您的研究，我注意到您目前关注的案例主要集中在长三角一带，这是中国经济最发达的地区之一。我们知道中国幅员辽阔，在中国其他地区，比如东北、西北、西南、岭南等地区都有许多值得我们关注和保护的历史遗迹。请问您在未来的研究中是否会关注这些地区呢？

法比安：在我未来的研究中，我会关注更多的地区，研究更多的文化景观。目前在我的博士后研究中，我关注的是梯田这一农业遗产体系。我选取了世界文化遗产——云南的哈尼梯田进行研究。其他的案例也正在选择之中，目前，我考虑将贵州从江加榜梯田作为研究案例之一。我计划把哈尼梯田这样的世界文化遗产同其他没有被列入遗产保护名录、尚未受到过多关注、未被过多商业化的梯田进行对比。

张强：过度商业化确实是个问题，这个我们刚才也有提到过。我曾去过上海的周庄，发现那里的商业化程度很高，甚至已经被过度商业化了。您在论文中是否提及了这个问题？

法比安：一些地方，如果知名度上升，在社交媒体上被大量曝光，就会吸引很多游客。这些地方的商业结构必然会进行相应的调整，以适应游客的需要。而商业结构的变化最后也会影响到地方文化，所以您提到的过度商业化确实是一个严重的问题。

张强：中国历史上的很多建筑，比如亭子、佛塔等，都是木结构，而这些木结构建筑是很难保存的。一些在历史上很有名的建筑，我们现在已经看不到了，只能在一些文献记载中一窥其貌。而在欧洲，你们有许多砖石结构的建筑，这些建筑可以保留很长时间。建筑的材质是否是影响古建筑保留和保护的一大因素呢？

法比安：是的，建筑的材质对古建筑保护的影响很大。木制部件需要更早和更频繁地更换。所以在我看来，传统中国建筑的保护是一个更加动态的过程。因此，非物质文化遗产保护相对关键。比如，中国在非物质文化遗产保护方面关注怎么能保留并传承重要的建筑技艺。传承建筑技术的重要性不仅在于它能够修缮历史建筑，还在于建造具有地方特色的现代建筑。所以我觉得非物质文化遗产保护应该是中国城市遗产保护与发展的重点之一。

张强：是的，非物质文化遗产保护也是文物保护中非常重要的一部分，也感谢您对中国的建筑文化和文物保护事业的关注。确实如您所说，中国的建筑文化保护目前已经做出了一些成绩，在某些技术方面，甚至处于领先水平。但在这一过程中，也涉及一些问题，如地方监管政策会导致对不同文物的重视程度的差异，以及过度商业化的问题也会在一定程度上影响人们对文物的价值判断及其保护力度。当然，我觉得最根本的还是要在全社会宣传与普及文物及非物质文化遗产保护的重要性、必要性与紧迫性。这一方面可以让全民都参与到文物保护及宣传的活动中来，另一方面，也可以提高全民的环保意识，做到文明出游。

我们翻译系本科生在学习期间可以参加大学生创新研究项目，很多学生就喜欢从语言的角度来关注身边的文物保护及非物质文化遗产传承问题，在某种程度上，实现了跨学院、跨学科的协同研究现象。比如，我带的一个项目是由旅游学院的学生和我们外国语学院的本科生合作的，课题是关于天津城市的旅游文化品牌建设及中英文语言翻译服务，这是一个非常有意思且极具实践性的项目。旅游学院的几位同学主要横向对比中国其他旅游城市的文化推广策略、旅游产品版面设计与城市文化的内在关联性与呈现方式，并进行相应旅游景点及非物质文化遗产（如相声）的推广与宣传手册的制作。我们外国语学院翻译系的学生就充分发挥自身的语言优势，对汉语进行润色并翻译，并进行中英双语对照本的制作与校对。此外，他们还进行了广泛的田野调查，走访天津各个旅游景点，对相关指示牌的英文翻译中有问题的地方一一提出建议，并交予旅游景点相关部门。有些景点已经采用了我们的建议，并做了新的指示牌，这也算是我们的本科生为天津作为旅游城市的发展做出的小小贡献吧。当然，我们在调研过程中还发现很多问题，其中一些与您提到的类似，看来文物的保护与监管在世界范围内都是一个难题。

法比安：您说得非常对。文物的保护与管理在世界范围内都是一个难题。我很荣幸能有机会被中国的大学录取，到中国进行交流并进行相关的研究。希望未来能有更多的机会了解中国文化，与更多的中国学者展开交流。

张强：谢谢法比安博士受邀参加此次的对谈，我从中学习到了很多。很多人认为做文学研究的人长期待在象牙塔里，不食人间烟火，其实不然。通过这次与您的对谈，我加深了对文学研究的社会使命的认知。通过了解您的研究方向和课题，我也顿觉打开了人文学科研究新视野、新方法与新思维的大门。您深入田野调查，与中国学者合作开展研究，我觉得您的研究成果对两国文物保护与非物质文化遗产的传承和发展具有极大的建设性作用。期待您有更多的研究成果，也期待您在不久的将来继续来中国，多走走多看看，进一步了解中国文化，与同行进行更为深入与系统的合作和交流。

法比安：谢谢张老师，我也期望您以后有空来德国，来欧洲，进一步考察我们国家的汉学发展情况，希望这对您的比较文学研究也有很大帮助。

19世纪意大利汉学史

程弋洋[①]　范　狄[②]

程弋洋：范狄，你好！你在意大利攻读了哲学的学士和硕士学位，之后来到中国，分别在广州、重庆和武汉生活过，最后来到在上海的复旦大学攻读博士学位。你觉得在中国的生活和学习经历对你产生了什么样的影响？

范狄：来到中国后，我的学术关注点和生长点发生了很大变化。我在意大利学习哲学，重点关注德国唯心主义和康德哲学。所以来复旦大学攻读博士学位的时候，我选择了哲学系，并且是宗教学方向。后来，我开始对意大利的汉学研究产生了浓厚的兴趣，转而研究十九世纪意大利汉学史，这是意大利的大学中汉学研究的肇始，也是意大利汉学学术传统的开端。但是，在复旦哲学系，大多数教授都认为我做的研究是非主流的，和宗教或者哲学都没有太紧密的联系，更像是文化交流史研究，带有跨学科性质。

程弋洋：直到19世纪上半叶，意大利都只有一家机构提供汉语教学。它就是1724年由马国贤（Matteo Ripa，1692—1745）创建的中华书院（Complesso dei Cinesi）。中华书院主要将中国留学生培养成为牧师，让他们返回中国传教。汉语和汉学在真正意义上进入意大利高校的学术体系是什么时候呢？

范狄：真正意义上的意大利汉学发轫于19世纪。从1812年开始，中华书院与政府合作，为意大利人提供一些汉语课程，但时间相当短。这一时期的意大利与法国不同。法国早在19世纪初就开始在法兰西学院教授汉语，意大利则相当晚。1864年，意大利才在佛罗伦萨设立了第一个汉语的大学教席。也是自1864年开始，意大利开设了一门大学专业学科，即远东语言和文学。塞韦

① 程弋洋：复旦大学外国语言文学学院，教授
② 范狄：Dario Famularo，北京语言大学，博士后

里尼(Antelmo Severini, 1828—1909)开始教授汉语语言文学和日语语言文学，主要是汉语语言文学。塞韦里尼是意大利现代汉学之父，也是我研究的主要人物。他是在意大利开启汉学传统的先驱，他的学生后来陆续成为了佛罗伦萨、那不勒斯和罗马的教授。他是意大利中国研究的开启者。

程弋洋：中国的意大利汉学研究普遍认为那不勒斯东方大学是意大利最早的汉学研究中心，您在博士论文中提出了不同的看法，能否介绍一下您关于这个问题所掌握的信息和为什么提出了这个挑战传统认知的观点？

范狄：那不勒斯东方大学诞生自中华书院。中华书院不是一所真正的现代意义上的大学，而是一所培养牧师的神学院。它不是教授汉语的中心，更不是做中国研究的机构。中华书院招收一些中国的儿童或少年，让他们在那里长大，学习基督教。他们会学习拉丁语、汉语、基督教教义、神学，成为牧师，理想的状态是学成之后返回中国传教。

所谓的意大利历史上的东方大学是一个非常独特的存在。19 世纪末，1868 年至 1888 年间，中华书院演变成了东方大学，这是一所向所有意大利人开放的学习东方语言的学校。说东方大学是一个汉学研究中心并不是很恰当，因为尽管它有着悠久的历史，但它只是一个教授汉语的语言教学中心；同时，教授汉语的目的并不是为了进行面向中国的语言、文学、历史、哲学等研究工作，而是为了对华传播基督教教义。它是历史上中意文化交流的中心，但不是意大利第一个在大学里教授汉语的地方。在佛罗伦萨，我们才有了第一个高等教育层面上向意大利人教授汉语的学术机构。

程弋洋：意大利有着悠久的中国研究传统。在高校建制的学术汉学之前，意大利所有的中国研究都与教会有关。很多意大利传教士，如利玛窦、马国贤等，把关于中国的知识带到了意大利。所以，现在我们一般认为他们也是汉学家，是传教士汉学家。那意大利的学术汉学在 19 世纪又是如何生发的呢？源自这些传教士汉学家，还是另有源头？

范狄：意大利的学术汉学发源于法国。意大利第一代做学术汉学研究的所有汉学家都曾跟随儒莲(Stanislas Aignan Julien, 1797—1873)在巴黎学习。他们通过政府奖学金在法国待三到四年，跟随儒莲学习汉语和汉学研究。回到意大利后，他们成为了教授。也就是说，在 19 世纪，意大利有着两种汉学学术传统：一种来自在法国学习的汉学家；另一种来自生活在中国的传教士汉学家。在 19 世纪，学院传统和传教士传统是共存的。

程弋洋：为什么 19 世纪有志于学术汉学的意大利汉学家会选择去法国跟随儒莲学习呢？

范狄：这里面有两个原因。第一，当时法国巴黎的法兰西学院是欧洲大陆最重要的东方研究中心，它不仅进行汉学研究，同时也对阿拉伯国家、波斯等国进行研究，可谓是欧洲东方研究的摇篮。当时所有有志于东方研究的人都会前往巴黎。其次，意大利在 19 世纪上半叶政治局势十分不稳定，许多知识分子参与革命运动，致使他们与当时政府的关系十分糟糕。这部分知识分子不得不离开意大利前往法国，在那里继续学习，进而对东方研究产生兴趣，由此和法国知识分子建立了密切的联系。这就是为什么 1861 年意大利民族国家成立之后，政府向意大利学生提供了许多奖学金，将他们送往法兰西学院学习东方研究的原因。因此，意大利的学术汉学源自法国。

程弋洋：19 世纪下半叶，意大利的学术汉学中心在佛罗伦萨。从 19 世纪 60 年代到 90 年代，佛罗伦萨设立了许多关于东方研究的教授席位。这些东方研究包含远东研究，以汉学为主，主要是关于中国语言、历史、地理，同时也包含一些日语课程。1887 年，国际东方学家大会在佛罗伦萨举行。而到了 19 世纪末，随着佛罗伦萨的衰落，罗马成为了另一个东方研究中心，成立了新的东方研究学校。在你看来，意大利王国在 19 世纪下半叶成立后，那不勒斯的中华书院有哪些变化？

范狄：那不勒斯的中华书院原本是一所培养前往中国的牧师的学校。在意大利独立后，当局将这个机构转变成了一所东方语言学校，主要教授亚洲语言。当时有两位中国教师在这个现在被称为皇家亚洲学院的机构里教授中文。但是它主要是一个语言教学中心，并非真正的学术机构，那里的教授很少发表关于中国的学术文章，因此它更像是一所语言学校。

意大利的汉学研究内容比较复杂，由于学者众多且拥有不同的兴趣和研究方法，因此涉及范围极为广泛。同时，汉学在意大利的影响也比较深远，尤其在学术汉学建立以后，意大利人可以在本国学习中文和相关文学、文化、历史、地理等知识，并且许多学生后续发展为教授，成为致力于此的汉学研究者，期待将意大利汉学发展为一个独立于其他国家的研究传统。但是，不可否认的是，当时的东方研究是非常国际化的，意大利的汉学研究也是欧洲汉学的重要组成部分。

程弋洋：我们从资料中了解到，18 世纪至 19 世纪，意大利呈现出从神职人员从事汉学研究向世俗学院派人士从事汉学研究转型的特点。请问这样的说法有根据吗？我们猜想，是不是因为宗教失去了它的权力和影响力？

范狄：当时的情况的确如此。意大利王国成立于1861年，统一后的意大利是反对教会的。意大利与梵蒂冈交战，教皇与意大利政府的关系非常糟糕。

程弋洋：发展到今日的世俗汉学和传教士汉学一定存在某些关联，但是在漫长的发展过程中二者是相辅相成的还是出现过明显分歧？虽然传教士是西方第一批正式接触东方文化的主体，但是后世对他们的努力和工作似乎并无很高的认可度。若他们拒不承认传教士汉学的价值，再加上“科学”这一概念的出现，传教士汉学家的影响力也会受到影响，他们是否还在汉学界有一席之地？

范狄：二者的关系有些复杂。学术汉学家从传教士的文本中学习中文，但不局限于天主教传教士，也从新教传教士、英国和美国汉学家的书籍中学习。

其次，学术汉学家确实对传统传教士汉学抱有敌意。比如，佛罗伦萨的东方研究中心的学生、学者对那个时期的教会抱有明显的敌意。塞韦里尼甚至曾经写过：“过去200年的所有关于中国的著作都应该被排除，因为它们深受传教士的宗教影响。我们对中国的研究应该来源于中国本身的资料。”这样的敌意甚至发展成一种对传教士汉学家的不公正的批评，比如我们可以在学术汉学家的文本中看到对耶稣会士的指责，包括他们如何误解中国，并将无法了解真正中国的原因归咎到耶稣会士身上。

“科学”确实是学术汉学家的一个关键词，包括实证主义在当时的意大利是人文学科的主导思想。因此在意识形态上，他们对教会的言论非常敌视。但需要注意的是，一部分传教士也从事欧洲学术界的工作，比如英国的理雅各(James Lege)，他是一个苏格兰新教徒，在成为牛津大学教授之前在中国传教。

程弋洋：我个人很好奇，因梵蒂冈狭小的区域和特殊的地理位置，意大利语一定是常用语言，但该语言是梵蒂冈的官方语言吗？在那里工作的人们更倾向于住在当地还是意大利？成为梵蒂冈公民或者为教皇服务是否有更多优势？

范狄：确实由于梵蒂冈地域狭小，只有教皇和为教皇服务的人生活在那里，但因多元文化的环境，除意大利语外我们还可以听到法语、英语等其他语言。但官方语言是拉丁语，所有公共文件都用拉丁语和意大利语双语书写。成为梵蒂冈的公民很困难，所以在那里工作的大多数人住在意大利。

接续我对上一问题的回答。从传教士汉学到学术汉学的转变还有历史原因，即19世纪拿破仑对大学体制的改革。现在欧洲大学遵循的都是拿破仑的大学理念。大学从由教会控制变成由政府控制，这也是中国研究从宗教问题转变为世俗话题的原因。学术汉学研究从国家利益出发，为与中国政府建立更好的关系，加强商业交流，也为了获得战争中需要用到的地理知识等。所以，大学传统和教会传统是两个非常不同的存在。

程弋洋：我们了解到 19 世纪在意大利开设汉语、汉学研究相关的机构是佛罗伦萨皇家高等研究院。这一研究院的选拔标准和考核要求是否很高，具体是如何操作运转的？

范狄：19 世纪的佛罗伦萨皇家高等研究院不是一所大学，只有已经从大学毕业的人才可以进入。作为一个为想了解更多汉学和进行相关研究的人准备的研究院，学生不需要考试，也不需要从该机构毕业，奖学金由政府提供，一切费用全免。

程弋洋：19 世纪重要的汉学家有塞韦里尼，是意大利第一位汉学教授，还有安得罗齐（Alfonso Andreozzi, 1821—1894）、普依尼（Carlo Puini, 1839—1924）等。这些学者的主要成就体现在哪些方面？您之前提到过“科学”概念的出现和普及，他们作为学界的领头人，是否将实证主义切实运用到自己的具体研究中？

范狄：如果我们把他们的成就作为一个整体来考虑，那就是他们将汉学变成一门科学，并希望用科学的方法来研究中国。

科学在当时的环境下是与实证主义相关联的。在 19 世纪的欧洲，实证主义对各个学科都产生了重大影响，包括宗教学、语言学、区域研究等。比如从比较语言学的角度看，这些汉学家会尝试在世界语言中定位汉语，或反思单音节语言概念、多音节语言概念及不同语言之间的关系等。甚至在反思中国哲学/宗教时，他们也常采用比较的方法。

程弋洋：从我们接触的资料看，19 世纪的意大利汉学处在停滞和调整的阶段，在意大利之外也逐渐有了更多新兴的研究中心，如巴黎、柏林和伦敦等。这些机构开始逐渐承担欧洲汉学大部分的研究工作。但您的研究重点恰好落在这个特殊阶段，请问您研究的动机和意义在哪里？或者说 19 世纪的汉学发展是否并不像学界公认的那样在意大利陷入停滞？您的研究是否能为我们提供一些新的看法与认知？

范狄：首先是因为做这方面研究的人不多。与 16、17 世纪相比，19 世纪的意大利汉学发展确实有所停滞，甚至在欧洲语境中，其重要性降低。但简单地定义意大利汉学在19世纪处于停滞状态是错误的。恰恰相反,汉学在这一时期正发生根本性的变化,而这要归功于意大利汉学家。

当时欧洲的东方研究具有国际化特征,研究亚洲文化的意大利学者们与欧洲其他国家的汉学家一直保持密切联系与合作。如在留存的儒莲书信中,塞韦里尼离开巴黎后与儒莲的书信就超过50封。至于当时的意大利汉学,被称作欧洲汉学更合适。因为国际东方学家大会大概每年举办一次,第一次是在巴黎举行,曾有两次在意大利举行(佛罗伦萨和罗马)。

当时的意大利汉学家未得到像其法国或英国同行那样的认可,但他们也在努力做出改变,成绩斐然。当时的传教士汉学与世俗汉学非常不同。

程弋洋:我们知道传教士汉学的发展是有其目的性和实用主义的成分在。他们的出发点在宗教,最终也是为了回到宗教。这样的理解方式是正确的吗?从您的研究来看,传教士汉学和世俗汉学的根本区别在哪里?

范狄:确实,二者目的不同。传教士汉学家做汉学研究的目的性更强,如他们学汉语就是为了翻译《圣经》,在中国传教。而学院派则开展新的研究:学习汉语是为了更好地理解作为整体的语言,而不限于阅读或交流,它具有理论价值,就如塞韦里尼曾提出的将汉语语法推广为一般语法模式的想法。

程弋洋:您在研究中提到了汉学研究的实用性,这一定性与传教士汉学以传教为目的的实用导向的特点十分相似。但由于学术汉学者所处的时期为意大利的统一时期,他们的身份在学者之外,是否也有更多的政治标签?因此,其研究的实用性也侧重于政治抱负或国家利益层面?不知道您是否可以分别为我们详细分享一下这两种不同派别的汉学在实用性上的体现。

范狄:当时大多数学术汉学家确实有着明显的爱国属性。很多学者也是革命者,都想为自己的国家作出贡献,因而向中国学习所需要的内容。比如塞韦里尼等人就研究中国的伦理、政治、儒学以及中国哲学中的宽容思想,因为这些内容可能适用于意大利当时的国情,特别是在政府与教会的关系方面。安得罗齐则翻译了中国的法律词汇和农业书籍的摘要,特别是关于蚱蜢的。同时意大利也出现了关于医学作品的翻译,例如如何治疗天花。但传教士汉学的实用性体现则完全不同:他们学习中文并非为了得到什么,反而是为了反向传播宗教教义。中文即工具,通过它可以了解如何更好地传教。因此,学术汉学家和传教士汉学家所做汉学研究的实用性完全不同。

但无论如何,他们都在利用中国文化,以方便表达自己的政治见解。

程弋洋：学术汉学家对孔孟之道的研究是西方了解中国哲学的勇敢尝试。但是哲学不仅仅存在于中国，西方也有自己独立的哲学体系与概念。依据您的研究，他们对中国哲学感兴趣的原因在哪里？中国哲学在实用与形而上层面对他们有什么助益？

范狄：关于这个问题，我认为塞韦里尼是这方面非常有代表性的汉学家。在他看来，中国哲学没有教条主义和清晰的教义，因此在儒家传统中存在信仰的自由，这也是他推行孔子学说的原因。他的相关译作有《周礼》。同一时期，意大利学术界也开始对中国佛教感兴趣，因此塞韦里尼也曾将佛经译成意大利文。当然，这一方面的汉学研究也与他个人的宗教兴趣有关。总的来说，他的翻译不局限于儒家文化，但大多数作品还是和儒学传统有紧密的联系，比如其翻译的小说中都蕴含传统儒学价值。

程弋洋：一些学者认为，18 世纪之前汉学研究在意大利蓬勃发展，且当时的意大利是教会中心，因传教士在汉学方面的努力，意大利变成欧洲范围内的汉学信息源。但是从 18 世纪到 19 世纪初，欧洲的汉学中心由意大利转向法国，意大利汉学出现衰落迹象。从客观原因上分析，意大利汉学的衰落应该归因到何处？

范狄：我认为这样的说法过于简化。18 世纪前，意大利在亚洲研究方面确实发挥了重要作用。在中国的传教士把他们的信件和作品邮寄汇总到罗马；同时，罗马也开设了可以学中文的学校以便传教士提前了解中国情况。变化出现在清朝：首先，闭关锁国政策导致传教士无法再进入中国，以往的体系无法运作，原有传统也被打破，这可能是当时意大利汉学衰落的重要原因。其次，欧洲的学术汉学开始发展，且 19 世纪欧洲汉学家的研究模式出现转变，如意大利就出现了一批没有到过中国的汉学家，他们自行学习中文。在这种无法到达中国了解本土文化的情况下，保持对于研究的兴趣和热情极度困难。再次，从教育体制上分析，当时的意大利并非统一的国家，缺乏强大的中央大学教育系统，也无任何机构可以保持稳定的研究传统。相比法国在拿破仑改革后诞生了现代大学系统，意大利的汉学研究自然少了更多便利条件与支持。

程弋洋：19 世纪意大利汉学在欧洲汉学乃至世界汉学范畴内处于怎样的位置？

范狄：19 世纪末战争结束后，情况发生了变化：大多数情况下的汉学研究者可能一生都没见过中国人，因为他们没有交流的途径。

说起来,第一代意大利汉学家,比如塞韦里尼,也没有来过中国。18、19 世纪那个阶段,很少有学者来中国,即使有,也是来中国旅行的,只停留 1 年左右。

程弋洋:第一代汉学家基本没有到过中国,除了在书本上学习中文别无他法,因此他们的中文水平也比较有限,对中国和中文的了解停留在浅显的层面,尤其是和传教士汉学家相比。这是否极大地限制了他们对于汉学的研究?例如说,他们的研究是通过所拥有的有限文献进行的吗?这就是他们将研究重点放在语言学上的原因吗?

范狄:是这样的。但不能否认也有很好的翻译,比如儒莲。虽然他本人没到过中国,但不妨碍他成为优秀的翻译家。此外,学术汉学家们会更专注于欧洲此前未涉足的领域,如用理论化的方法研究中文语法。像塞韦里尼就对中文的内容和思想进行反思,以研究中文整体语法和语法本身到底是什么。从汉语语法研究的角度来看,这是一个全新的理论化研究。

因此,他们虽没到过中国,中文水平也仅限于书面语言,但这并不意味着他们的研究成果逊于传教士汉学家。相反,他们打开了更多学术领域的大门,提出了众多新的问题和新的研究中国的方法。与传教士汉学家相比,他们的研究更接近于当今的中国研究。所以在我看来,这一代学者真的是当代中国研究的鼻祖,比起资料丰富的人(传教士汉学家),他们发挥的作用更大。

程弋洋:上面提到的是语法研究。当时意大利汉学家众多,研究方向应该也各不相同。在您的研究中,除了语法方向的研究,是否也有对文学等其他方面的涉猎?可否详细举例说明?

范狄:文学研究也有。小说方面有安得罗齐翻译的《水浒传》的部分内容,它是欧洲最早的翻译文本之一;法国有儒莲等人翻译的戏剧,这是以前传教士汉学家们忽略的方面。此外,意大利汉学家也开始翻译与农业、技术和医学相关的书籍,这反映了意大利世俗社会从实际需求出发向中国学习。当然,也有一些传教士汉学家对中国的事物感兴趣。大学及机构鼓励教授们进行经济史方面的研究,这也让汉学家开始从中国文化中汲取养分,以便为意大利作出贡献。向中国学习有用之物便是当时机构化的一种现象。与此同时,这也是一个进行经典文本比较研究的时代,例如比较语言学和比较神话,还有部分学者采用比较学方法来研究中国宗教和中国历史。

程弋洋:19 世纪意大利和中国的关系发生了一些改变,比如 1869 年意大利向中国派遣了第一名驻华公使,但此次外交活动并没有促进中意两国的关系。您可以为我们简单介绍一下具体情况吗？在官方交流之外，是否有更多途径增进两国的联系和沟通？

范狄：实际上，中意确实在 19 世纪后半叶开始了外交关系，但是双方关系没有明显改变，原因在于中国向意大利派出的第一名大使是由一个美国人领导，且这个美国人中途死于俄罗斯，使大使团到达意大利时只剩下华人。虽然他们抵达佛罗伦萨进行交流时，意方也派出中文教授出席，但他们并没承担翻译工作，因为使团内部配有翻译。

值得注意的是，在该时期意大利民间商人曾提出前往中国以获得最纯净的蚕丝。他们创办了相关的私人组织、企业和协会，但这完全是民间性质的行为，非官方往来。

程弋洋：外交关系的建立没有对意大利的中国研究，或者中意之间的文化交流产生重大影响。意大利对中国的兴趣似乎在 20 世纪才进入一个相对高速的发展阶段。那外交关系建立之后，有什么值得提起或者纪念的历史事件或者历史人物吗？

范狄：如果一定要谈在这个历史阶段有什么值得一提的事件或人物，那可能就是洛多维科·诺森蒂尼（Lodovico Nocentini，1849—1910）。他是意大利政府派往中国的第一位翻译。他去往中国后，为那里的意大利议会工作。但是，这个人物没有对当时的意大利汉学发展产生什么直接的影响。

程弋洋：比起汉学研究，当下的学术界更注重中国研究。那么在你看来，我们今天对传统汉学研究的意义落脚点在哪里？我们对 19 世纪意大利汉学研究进行追述，回溯意大利的中国研究的开端，是为了理解当时的历史条件和汉学发展到今天这个状态的原因吗？

范狄：是的，我完全认同您的这个观点，我们回顾历史是为了理解今天。而且，进行汉学或者中国研究，对欧洲来说更重要的价值在于培养一种全球视野。当今欧洲还是抱有一种欧洲中心主义的思想。当我们谈论历史的时候，无论是在中学还是大学，我们对欧洲以外的事件一无所知：我们对中国、非洲都知之甚少，只有当它们和欧洲历史有联系时才能对其略知一二。因此，我认为在一个全球化的世界里，欧洲有必要更多地了解世界文学和世界历史。

程弋洋：目前来看，中国研究在意大利，在欧洲，乃至在整个西方世界，都是相对孤立的。我们在其他学科研究中，如哲学、文学、历史等学科研究中，读不到来自汉学或者中国研究体系中的知识。汉学或者中国研究孤独地存在着，不与相关学科产生交叉和互动。这在我看来是一种很深重的遗憾。

范狄：是的。我在意大利学了 8 年哲学，但从未上过中国哲学课。在音乐系、文学系，中国根本不是世界的一部分。这是我希望未来会改变的事情。汉学应该更多地融入任何课程，因为它是世界文化的重要组成部分。

我发现，早在 19 世纪，除了学术作品，汉学家还经常为大众写作。他们的一些著作显然不是为其他汉学家写的。在他们的一些著作中，他们讨论了中国哲学或中国历史的某些方面，这是出于对当时意大利政治争论的考虑。也就是说，他们已经试图让他们对中国的研究对他们所生活的社会产生作用。为了让人们对中国产生兴趣，或让中国和他们产生关联，将他们的写作与这些主题联系起来是很重要的。意大利的中国研究应当关照意大利文化与意大利社会，这样才能产生更多的传播与接受，以及产生更大的影响力。

程弋洋：在汉学研究中，除了在网络上查找信息，比如从谷歌图书获得文字档案，你还有特定的档案馆或者图书馆作为信息来源吗？

范狄：我的研究对意大利佛罗伦萨中央图书馆的依赖度很高，那里有很多 19 世纪第一手的档案材料，弥足珍贵，尚未被电子化，所以需要我本人去那里进行查档工作。

中国经典翻译中的若干问题

张　宁[①]　冯海城[②]

张宁：冯先生您好，非常高兴见到您！那我就占用您一点时间来进行今天的访谈，可以先请您简单介绍一下自己吗？

冯海城：好的，我也很高兴见到您！我来自马其顿，中文名字是冯海城。我是北京师范大学博士毕业，专业是文字学，研究方向是比较文字学，具体一点就是比较汉字结构学和其他文字系统的结构学，以及研究它们各自原理之间的关系。我同时也研究文学和比较文学。我在中国翻译过很多中文作品，将它们翻译为马其顿语、塞尔维亚语。我还关注一些中国古典的作品，例如《道德经》《大学》《中庸》《诗经》《尚书》等等。

张宁：我刚刚听说您很关注《道德经》，我想问问您把其中的核心概念"道"翻译为什么呢？

冯海城：我首先翻译为马其顿语，我将"道"用马其顿语翻译为"пат"，这个词具有"路、道路"的意思，和中文的"道"的本义有相同的地方。我没有音译"道"，而是根据汉语语意翻译的。

张宁：看得出来您对中国文化和文学有很浓的兴趣，还特别考据了"道"的字源。我可以再提供一点关于"道"的信息供您翻译时参考。"道"由最初的"道路"之意延伸出了"法则、规律"的意思。在老子的哲学思想体系中，"道"已经升格成一种本体论意义上的存在，是"天""地"所统摄的世界运行的终极规律。《老子》中有言："人法地，地法天，天法道，道法自然"。在中国哲学思想体系中，"自然"并非只是作为静观对象的自然物质世界，而是与"道"具有相同地位的"自然而然"，它是终极概念所存在和运行的一种恒常的状态，它也意味着"道"

---

① 张宁：复旦大学中国语言文学系，硕士研究生

② 冯海城：Igor Radev，马其顿科学与艺术学院汉学知识中心，教师

本身。所以在翻译"道"的概念时,也许您需要考虑到它可能具有某些与西方本体概念如"God""Being""Thing in itself""Absolute Idea"或者"Sein"(德语)相通的内涵。作为比较文学的学者,我们始终认为翻译并不是语言之间的简单转换,它更是两种文化系统、东西方不同思想体系之间的汇通与对话。您将《老子》翻译为马其顿语,介绍入东南欧学术界,我十分欣赏您的努力,这体现了您作为一名国际交流学者所具有的先驱精神。

冯海城:谢谢您的建议和夸奖,我会进一步关注"道"的含义。您也是文学研究者,这太好了!我对中国文学非常感兴趣,尤其喜欢中国古代的诗歌。

张宁:那您最喜欢哪个朝代的古典诗歌呢?

冯海城:我都很喜欢。我比较喜欢宋词,例如苏轼、李清照的词;也很喜欢六朝时期的诗歌,例如陶渊明、阮籍的诗歌。但我觉得最难翻译的还是屈原的作品。

张宁:确实如此。楚辞的翻译具有很高的技术难度,只是译为现代汉语就已经很难了。即便在中国学界,也认为楚辞是文学发展史中一个非常特别的存在,它并非源自中原王朝,具有浓厚的先秦历史时期南方社会的地域文化色彩。我们可以发现,在楚辞中存在着一些词汇,不仅它们的声韵与当时的中原官话有很大差异,在语义方面,也有着来自另一套宗教、文化、风俗系统的背景知识。因此,如果想要确切地翻译与注释,您还需要对先秦楚国地区的历史文明进行深入地了解。

冯海城:是的没错!我也在这方面做了许多工作。那请问您的研究方向是什么呢?

张宁:我当前在研究明代心学,您听说过王阳明吗?

冯海城:当然!我也在看王阳明的书,我觉得他的思想很有意思。我还听说过李贽。

张宁:是的,阳明心学发展到晚明,在王学右派继承者所开创的泰州学派一脉中出现了最具影响力的代表李贽。您对李贽的哪一方面很感兴趣呢?

冯海城:我觉得在他的知识体系中,融汇了多元的思维,比如儒家的、禅宗的,还有道家的思想。而且我还发现他和当时耶稣会的代表利玛窦很熟悉,他应该认识利玛窦。利玛窦在 16 世纪末来到中国,往返于南京与北京之间传教时认识了李贽,我相信他们在当时一定有交流。

张宁:没错,李贽是当时因反叛精神而著名的一位思想家。您注意到了他所具有的糅合多种思想传统的特点，这非常重要。正是他思想体系的多元性，使他得以超越一般儒家知识分子的视域，不受传统观念的束缚，在晚明这一个中国古代社会开始显露近代思想萌芽的特殊时期，敏锐地感知到了时代的裂隙与变革的可能。您所提到的他与利玛窦的交往也是我着重关注的一个方面，李贽在他的《续焚书》中有过明确的对利玛窦的评价："承公问及利西泰，西泰大西域人也……住南海肇庆几二十载，凡我国书籍无不读，请先辈与订音释，请明于《四书》性理者解其大义，又请明于《六经》疏义者通其解说，今尽能言我此间之言，作此间之文字，行此间之仪礼，是一极标致人也。"李贽评价中的利玛窦对儒家经典《四书》《六经》有极为细致的研究，且非常聪慧。利玛窦对儒家经典之所以如此重视，是因为他想要在透彻地了解这一思想体系之后寻找突破口，从而推动他的传教。也就是说，李贽并不认为利玛窦带来的教义可以在中国社会代替儒家思想，这一判断的背后必然有李贽对天主教耶稣会教义的理解和其对儒学思想的价值判断。

冯海城：的确如此。

张宁：您在北京师范大学学习的时候，主要修读过什么课程？它们对您的博士研究课题有什么样的启发与帮助呢？

冯海城：当然有帮助，我在北师大主要学习一些和文字学有关的课程，比如汉字结构学，还有一些关于训诂的课程。除此之外，我还学习了《春秋》《左传》《道德经》六朝文学。因为我也研究比较语言学，所以也选了一些语言学的课程。我同时还到北京大学上了一些梵文的课。

张宁：那您涉猎过中国音韵学方面的课程吗？

冯海城：也有。音韵学是一门非常复杂的学问，中国的音韵学尤其特别，它有一套非常完整的理论和术语，这和西方的语音学有联系又有区别。而且汉语的语音声调在漫长的历史时期经历过许多次变化。就像我们今天读到的《诗经》，其中有的字的读音已经和一开始的时候完全不同。考据、研究、推测它有可能的失落读音，对于今天的我们来说，是一种非常美妙的遗憾。

张宁：您的形容很贴切，我可以共鸣您所说的"美妙的遗憾"，这是作为站立在今天的我们，回望先辈所创造的瑰丽文明之一角，去构想它可能具有的全貌时所受到的一种深切的震撼。这种感情应该是普遍的，无论中西，作为传承者都是如此。那您觉得这些课程对您的研究有什么帮助？或者说您是为什么选择这个博士研究课题呢？

冯海城：我一直都很喜欢研究符号系统、文字系统，虽然有的人会觉得这很神秘、很抽象，但这是我一直以来的兴趣。

张宁：原来如此。谈到符号学，我很想和您分享一个来自我导师的观点。他认为在汉语系统中，是书写使意义出场，因为汉字系统是基于表意文字建立的；而印欧语系中的文字是拼音文字，是声音使意义出场，因而语音在印欧语系民族所创造的思想文化中具有核心位置。这便从符号学的角度指向了一条语言与哲学之间的通路，我觉得这是一个很有意思的界分和表达，能否听听您对这个观点的看法呢？

冯海城：好的。我想强调的是当我们在说“表意文字”时需要明确一点，那就是表什么“意”。举个例子，我们不认为数学符号是文字，这是为什么呢？因为数学符号不是能够表达语义的单位，表达语义的最小单位是语素，数学符号系统显然是不具有这个功能的，这是一个很大的区别。很多人认为汉字能表达语言单独的意义（冯海城这里所指的应该是“语义”），这其实是不对的。我们只能说汉字所表达的是语意，而非语言单独的意义（语义）。这是语言系统和文字系统之间容易混淆的一个地方。

张宁：好的，我会在您的回答里特别标注您的提醒，语素是一种语言中能够表达“语义”的最小单位，它与交流时所表达的“语意”相区别。汉字是“表意文字”，其中的“意”并非语言系统中的“语义”。这非常重要，是涉及语言学和文字学的讨论时我们必须厘清的。那我还想问问您最近的研究进展怎么样呢？未来还想关注什么方面？

冯海城：我今年出版了一本书，叫《文字类型学》（*Типологија на писмото*），也是关于文字学，是用马其顿语写的，内容主要基于我的博士论文，以提供文字和文字系统分类新模型为主要目标。书中运用了亚里士多德的四因说模型：质料因、形式因、动力因、目的因。其中，最重要的两个因素是形式因和目的因。大致地讲，一个对应字符的形状和结构，另一个对应字符的功能。

之后我还打算出一本关于中国诗的书，主要内容是中国诗的理论、中国诗的思维等。我非常喜欢诗歌，我认为诗歌是第一艺术。我为什么这么说呢，你可以想到，艺术需要两种要素的参与，一种是我们的心灵，另一种是用来制造艺术的材料，比如画画的颜料、演奏的乐器……，但诗歌不同，它的材料是语言，而语言是我们内心的一部分，所以我认为诗歌是唯一一种所使用的材料来自我们本身的艺术。

张宁：您这个观点真是太新颖独特了！如此说来，我们也就可以理解为什么在相隔万里的不同地理区域所孕育出的人类文明都不约而同地发展出了诗歌这一艺术形式，而且还被一代又一代相传继承。我们对诗歌的由衷喜爱可能恰恰就是因为您所说的，它是来自我们自身的艺术，或者说这是一种生命的画像。我想也许只有对诗歌的理解到了这样深刻的程度，才能够真正做到由研究另一种文明的诗歌进而平等地认识他者。您真是一位非常具有感悟力的学者，和您进行文学的交流对话很令人兴奋。

我注意到您最近有一系列翻译作品出版，是五洲传播出版社的“大中华文库系列”，分别是汉语和马其顿语对照的《老子》《大学》《中庸》和《诗经》，您能和我们分享一下翻译这几部中国传世经典时的一些思考吗？在具体的翻译中您有没有遇到特别值得注意的内容呢？

冯海城：现在我想谈一下关于在翻译过程中遇到的问题。从语言类别角度来说，汉语跟印欧语系的语言很不一样。汉语是一种孤立语，而印欧语系的语言都是屈折语。汉语的词和词素大部分都是单音节的，而印欧语系语言的词和词素一般都是多音节的。汉语有音调，印欧语系语言没有音调。此外，古汉语的意义跟印欧语系语言相比，更依赖上下文等。译者不得不面对以上问题。翻译诗歌是一种技术型工作。诗歌的美大致包含两个层面，一个是诗歌内容中的形象和意义，另外一个是诗歌语言的用典、修辞和韵律。相比于前者，语言层面的翻译对译者从事这项工作的经验和专业水平要求更高。我们可以比较一下：古希腊、罗马诗歌的韵律靠音节的长短和重音；中世纪和近代欧洲诗歌的韵律靠诗句中音节的数量、重音和尾韵；古典中国诗歌的韵律靠诗句中音节的数量、音调和尾韵；而欧洲的语言没有音调，所以翻译无法直接体现中国诗歌原来的平仄节奏。此外，欧洲语言是多音节的，这就导致翻译过来的音节无法完全对应汉语原文音节。我曾经仔细计算过汉语词的音节数量和马其顿语语言词中音节数量的比例，经过对照，我得出数量比大概为 1∶2.5。根据这个比例，我将汉语古典诗歌中的四言诗(例如《诗经》)变成马其顿语的 10 个音节左右的诗句，五言相应转变为 12 个音节的，七言则变成 15 音节的，以此类推。

与《诗经》相比，将《道德经》从古汉语翻译成马其顿语是一项更加艰巨的任务。其中的困难不仅源自古汉语表达的精练艰深，还在于老子自身思想的深刻晦涩。即便是同样一句话，在不同的文本中可能会延伸出不同的理解。《道德经》的语言非常简明，短短几个字就可能包含某个典故，这就要求译者不仅要翻译文本的表面含义，而且还要向外国读者解释所提及的典故和参考。因为对于没有背景知识的外国读者来说，如果译者不做出相应的介绍，他们将很难理解这些话语传达出来的意义。以儒家经典《论语》作为参照，我们很容易在这种对话体语录中分辨出人名或者地名，但是在《道德经》中，我们很难找到任何一个人名和地名（唯一可能的例外是在第 66 章中提及“河”，如果我们将这个理解为“黄河”的话），因此读者很难辨认出里面的典故或者隐含背景，也就容易忽视这些文化信息。一旦缺失了这些，读者就会发现自己很难理解这些语句的意义。但是对于译者来说，帮助读者有效地理解原文是有必要的，这是一个译者的工作职责。翻译工作中还有一个需要注意的问题就是文本的“本义”“源义”和其“历史中的意义”这三者的区别。特定文化中极具文化重要性的文本通常通过注解来帮助读者理解意思。实际上，也正是这一点在历史进程中产生最大影响。需要人们注意的是，被呈现出来的老子和《道德经》究竟是何种意义上的？是第一次成文时作者本来的意思，还是几千年以来影响到中国文人学士的意思？就后者而言，主要是指老子借由河上公和王弼的传承。就前者而言，重要的考古发现如马王堆帛书和郭店楚简与主流通行文本有很大区别。例如，《道德经》第 19 章在通行版中是“绝仁弃义”，而在郭店楚简版本中是“绝伪弃虑”。这促使人们去思考《道德经》对儒家思想的原初态度。对外国读者而言，由于他们缺乏相应的文化背景，所以他们不太容易理解古典书籍中包含典故的语句。简单地说有两种典故，文化典故和历史典故。《论语》里的两个例子就很好地说明了这一点。《论语》6.1 有这样一句话，“子曰：雍也可使南面。”如果一个外国读者看这句话，他可能只能看出“朝南”的意思，但实际上它背后的意义更加丰富。为了呈现更加丰富的意义，译者需要在脚注里解释“南面”的文化意义，即中国传统文化中的统治者在仪式空间里是需要朝南的，这是一种对统治者身份地位的确证和象征。在这个语境中，如果孔子对其弟子雍说“可使南面”，这是一种高度赞扬，意味着雍具有治理国家的才能。再来看另一个包含历史典故的例子。《论语》18.1 说的是“微子去之，箕子为之奴，比干谏而死。孔子曰：‘殷有三仁焉。’”如果译者不提供任何解释，直接对这句话进行翻译，那么外国读者在阅读时肯定会感到困惑，因为他们可能连商朝都没听过，也不知道纣王其人，更不用说微子和箕子是谁，比干其人其事等。译者是有责任将这些文化背景呈现在译本中的，这样读者才能理解孔子所说的“殷有三仁焉”。

张宁：是的，您所谈到的这些翻译问题也是目前翻译研究这一学科所着重探索的方面。我们的确认同，翻译研究不应该仅仅是语言符号之间的转码，还是源语与译入语背后的文化之间的汇通。好的，那我们现在再来聊聊和您的祖国马其顿相关的一些话题吧。就您所了解到的，马其顿有没有和中国开展过汉学方面的合作呢？

冯海城：我恐怕要说，在马其顿，汉学研究还开展得不多。马其顿是一个很小的国家，人口只有两百万左右。我们这里和中国进行文化交流的机会也比较少，很多马其顿人对中国的情况还没有很清晰的认知。对他们来说，中国是一个在亚欧大陆另一边的很遥远的东方国家。我们这里的大学目前还没有提供汉语的课程。全国懂得汉语的人也极少。我认为这也属于我的责任，以后我要致力于在马其顿营造出一个汉学的研究氛围。

张宁：那您是通过什么了解中国文化，继而对中国文化和文学感兴趣的呢？

冯海城：我是通过看书，我出生在当时还没有解体的南斯拉夫，那时的南斯拉夫有许多关于中国文学的书籍，我从小就看过这方面的书，我记得我中学的时候写过一篇关于老子《道德经》的文章。

张宁：那您认为如果今后两国要加强在学术方面的合作，需要在哪些方面发力呢？您有什么建议？

冯海城：我认为首先要建立一些汉学系、汉学研究中心，配备一些汉学研究方面的人员。这是一个基础，在这个基础上我们才能加强马其顿和中国在教育和文化上的交流。而且，经过多方努力，我们也有了实质性的成果。2023 年初，马其顿科学与艺术学院与北京语言大学世界汉学中心和中外语言交流合作中心合作，成立了马其顿汉学知识中心，我任中心讲席。2023 年 8 月 27—29 日，在我国美丽的奥赫里德古城成功召开了“中国—巴尔干汉学大会：文化语言及历史的交互”，来自中国及巴尔干地区的共三十多位学者参加了这次会议。这次会议是巴尔干地区首次召开的汉学大会，具有开创性，意义十分重大。

张宁：首先我对马其顿汉学知识中心的成立表示由衷的祝贺！这真是一个令人振奋的好消息。我同意您所说的，首先要有一些机构作为依托的平台。如果没有一些稳定的平台，那么交流就很难较大规模地展开。

冯海城：是的。从另一方面来讲，我认为还要增加马其顿人对中国当代流行文化的了解。有这样一种偏见，在西方许多国家，在我们这也是这样，许多人认为只有西方是现代的，非西方国家有历史、有传统，但不现代化。我认识的马其顿朋友第一次去中国旅游时，对中国的发展非常惊讶，感叹中国竟然已经这么发达。所以从这个角度来说，我希望在马其顿能够播放一些反映中国当代的影视作品。

张宁：您认为是要将一些能够体现中国现代化发展的文艺作品引入马其顿，这样可以更新马其顿人民心目中对于中国的传统印象？

冯海城：是的，我说的现代化发展不仅仅指建筑，还包括中国人的思想、生活方式等等。这样可以让马其顿人觉得中国没有那么遥不可及，两国人民一样共同处在现代社会的环境中。

张宁：好的，谢谢您的建议。中国与马其顿彼此之间的了解和交流还需要加强。在如今的时代，我们不是分别独自处于亚欧大陆两端的两个世界，而是人类命运共同体的一部分。建立起一个相对成熟的全球观，认识彼此，是中马两国人民都需要共同努力的方向。在您的建议之外，我还能够想到一点，那就是在当今世界，网络空间中的距离不过咫尺之间，现在有许多新兴的自媒体平台，尤其是以短视频为主要内容的平台能够最大限度地延展人们对于远在千里的世界的直观印象，例如中国的 Tik Tok 在世界范围内流行。我们也许可以从这里打开新的局面。

我还注意到您作为汉学家代表参加了今年七月的"第三届文明交流互鉴对话会暨首届世界汉学家大会"，并且受邀发言，您能否和我们分享一下您在大会中的发言，或者说您跟来自世界各国的其他与会学者有怎样难忘的交流吗？

冯海城：今年很荣幸能参加"第三届文明交流互鉴对话会暨首届世界汉学家大会"，我有机会跟来自不同文明、不同文化背景的人交流，从不同的角度来看世界。人是人的镜子，人面对人，人跟人交流，人跟人对话，通过这样的方法人才能真正做到自知之明。文化也一样。一国的文化只有通过跟其他国家的文化交流，才能够更好地认识自己的价值、自己的特点。对我来说，每一种语言、每一种文化，都可以被当作眼睛。人类用两只眼睛才能有三维视觉，一只眼睛不行。人文界也是一样的。如果只了解自己的文化，视野就会比较局限。研究过更多文化，学过更多语言，就仿佛多了一双眼睛，这样才看得到既复杂又美丽的多维世界。我发言的题目就是《文明的多元性及其对立面》。启蒙运动之后的欧洲发展出了"单一文明"的范式，将文明等同于西方，并将世界分成三部分：文明（即西方）、蛮荒（即中东、南亚和东亚）与野蛮（即南北美洲、大洋洲和非洲撒哈拉以南）。这样的区分最初也是根据种族肤色划分的，冷战体系中第一世界、第二世界和第三世界的划分也是对这种范式的响应。上述范式的极端形式是美国“只有自己的文明例外”这一观念，即拒绝将其他文明模式纳入多元化或渐进性的框架之中（甚至不区分优劣），只有绝对的“正”“邪”概念。这样的范式以及“美国例外论”本身都体现出基于双重预定论对加尔文主义宗教教条的世俗化解读，与美国政体的清教源流背道而驰。在这种范式中，文明表达的多样性（包括不同政治、社会与经济系统）直接被认定是不合理的，地缘政治的角度注定了单极化，多极化的可能性被看作是一种“异端邪说”。

张宁：这真是一篇十分有益的文章，我认为您对于“单一文明”思维范式与如今地缘政治格局之间关系的探索正是区域国别学所致力于开拓的目标领域之一，您的研究将给我们提供很大的启发。这篇报告发表在中国举办的“首届世界汉学家大会”真可谓意义深远。那么，在汉学之外的其他领域，中马两国显然还有一些沟通与互动。比如我们知道马其顿是东南欧的门户，具有非常显著的地理区位优势，也是中国“一带一路”倡议的重要合作伙伴。我想请您谈谈，就您所感受到的，“一带一路”倡议在马其顿的合作情况如何？

冯海城：我认为“一带一路”倡议与马其顿的合作非常有优势，它的路线包括了地中海沿岸一直到中欧，马其顿、塞尔维亚、匈牙利等国家都在其中。这是一条很重要的交通路线，中国在这条路线上提供了很多基础设施方面的帮助，例如中国帮助塞尔维亚建设了从首都贝尔格莱德到匈牙利首都布达佩斯的高速铁路，我们希望这条路可以一直到地中海东部马其顿。

张宁：好的，我了解了。中国一贯非常重视基础设施建设。在中国有一句俗语：“要想富，先修路”，其中蕴涵着劳动人民一种非常朴素的智慧，即友好的交流互通能够带来财富，因而当今中国政府在“一带一路”共建国家进行的交通路线建设是能够为相关国家带来互利共赢的良好局面的。我们和您一样，希望这条路通向您的祖国，带来两国人民的坚固友谊。我了解到您硕士是在华中师范大学就读的，华中师大是在武汉，在中国的中部，您对中国中部了解多吗，您去过哪些中国的地区呢？

冯海城：我去过中国的很多地方，去过山东省、四川省，还去过广州、北京、上海、杭州、厦门、西安、重庆等城市，我知道您肯定要问我最喜欢哪里了。

张宁：是的，您猜得很对。您最喜欢哪里呢？

冯海城：我最喜欢四川省，我觉得他们的生活状态很像我们东南欧的风格，非常悠闲惬意，生活节奏没有那么快。我第一次去成都看到他们打麻将、喝茶之类的活动觉得很有意思。

张宁：我之前也在成都学习生活过，可以理解您对它的喜爱。那我们今天的访谈就到这里，非常开心认识您！中国不同的地理区域有着不同的自然景观、人文风情，还有很多美丽有趣的地方等待您继续探索，欢迎您下次再来中国！

冯海城：好，也很开心认识您！我一定还会再去的，再见。

揣情·反听·中正
——鬼谷子说辩智慧

李　霞[①]　甘文图[②]

李霞：感谢你抽时间来参加这次对谈，你研究鬼谷子多久了？我应该称你为鬼谷子在当今时代的异域知音吧？

甘文图：谢谢李博士，这是我的荣幸。我大概在六年之前开始接触鬼谷思想，不过到现在鬼谷子"说话"我还是不太能听懂。不知道苏秦、张仪用了多长时间读懂鬼谷子，我可能需要一生的时间去理解鬼谷思想吧。遗憾地说，我还算不上鬼谷子的知音，我只能算是他一个成绩不怎么好的学生吧。

李霞：你为什么觉得读懂鬼谷子很难？

甘文图：可参考文献少、历史语境变迁大、诸家解读各异带来的不确定性，使《鬼谷子》的破解障碍重重。相对主流先秦文本，比如老子、孔子等人的著述，学术界对鬼谷子的研究可以说是少得可怜，这样一来，当代学者研究鬼谷思想可参考的文献资料就非常有限。从语言文字角度来看，战国时期使用的上古汉语距离我们已经太遥远了，比六朝以后的文言文更加古奥晦涩。难上加难的是，鬼谷先生发展出一套他自己独特的术语，比如"捭阖""抵巇"，这些术语在其他先秦文本中极少出现。对这些术语的解读很费时间和精力，要查阅大量古汉语字典和文献资料。另外，汉字又是如此古老的一种文字，经历漫长的历史演变后，古今汉字的语义内容、感情色彩等大相径庭。比如《鬼谷子》中出现的"道德""崇高""神明"等，按现代汉语解释就难免出现偏差和谬误。以上种种原因都给解读鬼谷文字增加了很多不确定性和讨论空间。尽管不少优秀的当代中国学者，如许富宏、陈蒲清、郑杰文、吴晖（Hui Wu）等已经把《鬼谷子》的原文翻

---

① 李霞：西南民族大学，博士
② 甘文图：Artur Jerzy Ganczarski，华沙大学东方学，博士

译成了现代汉语和英文，但是在很多细节处理上，各家解读存在大量分歧，而这些分歧并没有被深入讨论过。比如对“审定有无，与其实虚，随其嗜欲以见其志意”一句的注解和翻译，几位学者观点各异：

如果要弄清对方是有还是无，搞清对方的实际情况，一般情况下，是顺着他的爱好和欲望来推测出对方心里的真实意图。（许富宏）

周详地判断他是否有才能，为人是否虚假，根据他的嗜好发现他的志向和思想。（陈蒲清）

首先要摸清其品质如何，再摸清他真假，顺从他的意愿，去实现他的志向、意图。（郑杰文）

Carefully examine what people on the other side hold to know truths and untruths about them. Learn about their wishes and desires to understand their ambition and intent.（判定对方有无才能，为人真诚与否，根据他的嗜好进一步探其心志、用意。①）(Hui Wu)

我认为对“有无”和“实虚”的理解，应该追本溯源，在中国古典哲学语境中进行解读。从社会文化的层面来看，《鬼谷子》是写给特定历史时代的特定读者的，脱离了历史文化背景就不可能真正把握鬼谷思想主旨。以上各个现代版本的翻译皆按现代思维方式和行文习惯各执一词，没有给出翻译根据，学者之间也没有互相参照或评论。因此，对我的研究而言，其并不具备太高参考价值。参考《孙子兵法》中“兵之形避实而击虚”的解读，我认为这里的“实虚”在鬼谷子的历史文化语境中是“优点”和“缺点”。

李霞：我同意你的这个解读，它符合鬼谷子说辩发生的语境。用他的话术讲，“与其实虚”就是要先“揣情”，要了解对方的优缺点，进而揣度其“嗜欲”，方可从中见其“志意”，据此确定说辩之术，这是说服他人的第一步。

甘文图：对，是这样。另外，对鬼谷子的不同解读和翻译会导致后世对其评价的褒贬不一。刘向在《说苑·善说》中将鬼谷子奉为修辞大师。《史记·苏秦张仪列传》中记载鬼谷子是促进古代中国大一统的战略家。但也有人认为他不过是“蛇鼠之智”（宋濂）、“诈人”（扬雄《法言》）。我们再来看各家对“捭而阖之，以求其利”的解读：

利，利益。此指暗自斟酌怎样使用对方才对我们有利。（郑杰文）

① 括号里的中文由李霞译自甘文图对谈中提供的英语注解。

如果对方不说话,要用捭的方式让他开口,以了解他追求什么利益。(陈蒲清)

实情得悉之后,停止发问,开始采取行动,这样就能收获到利益。(许富宏)

Subtly critique their statements to make them open up with disagreement and seek the true meaning behind it to benefit from their point of view.(巧妙批评对方的论断,以使他们发表异见,从而勘察其言辞背后的真正含义,进而从他们的观点中获益。)(Hui Wu)

李霞:我们之前的理解确实偏于一隅,认为鬼谷子中的“利”就是利用彼方的不足,趁虚而入,为我方谋利。这在现在看来不够允当。

甘文图:鬼谷子在讨论什么?到底是谋求自己的利益,还是了解对方追求的利益?这就需要结合时代背景,借助史实资料和其他先秦相关文本资料,理解《鬼谷子》的主旨和意图,据此再进行细节上的推敲。所以,我认为必须将《鬼谷子》放回当时的政治文化和社会背景中去解读其修辞和哲学思想,这样才能使之从历史的迷雾中显现出来,让我们看到一个历史上真实的鬼谷子。我们既不需过分崇拜他,也不应对他污名化。

李霞:在历史语境中进行研究,客观公允地建构鬼谷子的形象是学者的使命和责任。我研究美国汉学家宇文所安(Stephen Owen)的杜诗翻译,深深钦佩于他愿意花八年时间翻译《杜甫全集》。接下来请你谈谈作为波兰汉学家的你为什么会喜欢鬼谷子,并愿意花六年时间研究他的思想?

甘文图:我总是喜欢对有争议的问题或人物一探究竟,我想这是人的天性吧。之前提过,鬼谷子的历代评价呈两极分化之势,到了近现代,我们又似乎看到一些“鬼谷热”。但是如果你去图书馆和书店找《鬼谷子》相关书籍,大部分都是“鬼谷思想的现代应用”,比如如何学习鬼谷子的说话或者谈判艺术,以在商战或企业管理中取得有利地位等。这些解读很有意思,但未免太过通俗化,导致大众对鬼谷子的印象就是一个“谋略大师”。即便是学术界,对鬼谷思想的哲学价值也挖掘得不够,有些甚至把鬼谷思想和传统儒家思想对立起来,以解释鬼谷思想研究在学术史上的凋零状态,以为如此便可逻辑自洽。我之前也看过《邓析子》《鹖冠子》等,觉得黄老一派和传统儒家、道家之间联系非常紧密,它们虽然有诸多不同的主张,但不妨碍它们可以和谐共存,共同反映中国传统文化的核心价值。这也是先秦哲学的一大特色和优越之处。当然,最开始的时候,这只是我的一个设想，我想通过系统研究来验证一下自己的观点。

从历史的角度来看，鬼谷子可以说是先秦时期最神秘、最具争议的流派。众所周知，在政治上，春秋战国是中国历史上的大混乱时期，但同时也是中国哲学和文化高度繁荣的一个黄金时期，后世把这一时期各个学派竞相发展的状态称为“百家争鸣”。班固在《汉书·艺文志》中说：“凡诸子百家，……蜂出并作，各引一端，崇其所善，以此驰说，联合诸侯。”据《史记》记载，从师于鬼谷先生的苏秦和张仪，先秦最负盛名的两位政治顾问和军事家，皆出身于微末寒门，但其个人成就超过了同时代的儒家士大夫们。苏秦力劝齐、楚、燕、韩、赵、魏联合抗秦，“使秦十五年不敢出函谷关”；张仪则瓦解了这种联合，为秦统一中国铺平了道路。简言之，回到那个战乱的历史时期来看，纵横家（这个叫法是有些争议的，为了方便我们暂时按中国的学术传统称呼）是战国时期诸子百家中最活跃、最有影响力的一个群体，他们操控着各封建国家间的政治权力架构，推进了中国古代历史发展的进程。苏、张二人成了永垂史册的千古名人，那我们可以想象一下他们的师父——鬼谷子，这位神秘的“幕后工作者”是怎样的一位人物。用他自己的话形容：“所谓主事日成者，积德也，而民安之，不知其所以利；积善也，民道之，不知其所以然，而天下比之神明也”。所以说，从中国历史的进程来看，这位鬼谷先生可谓“功成身退”。从历史回到现实来看，我们当今的世界又陷入一种错综复杂、动荡不安的多边关系中，我想以史为鉴，也许可以从古老的鬼谷智慧中得到一些启发。

李霞：你曾说过，相比于老子的“道”，鬼谷子更喜欢用“理”，那么这二者如何区分而后来又如何联系在一起？

甘文图：确实，鬼谷子不怎么谈“道”，他更关注“理”。我们先从“道”和“理”的关系说起。天地日复一日地存在而没有崩溃，似乎有种超然力量把天、地、人聚拢在一起，我们把这种力量叫作“道”。我们不知道它为何存在、何以如此，但“道”就像呼吸、说话一样自然地维持着日常生活正常运行。“道”看不见，摸不着，无法用语言表达，隐匿不显，只能通过直觉感知。这就好像我们看到两颗星星在天空占着某个位置，长期观察和研究使人们慢慢开始明白有种“理”可以解释为什么这两颗星星位置在此，但这种“理”永远无法告知我们也无法有效解释这两颗星星在最初是怎么出现的，为何如此之“道”。我们只是知道它的运行规则。我们从自然现象中抽象出的“理”告诉我们：有一种“道”存在于天地间。这种“道”对鬼谷子而言就像是一个平台，一个源头，我们从中推演生发出“理”。

李霞：“道”和“理”之间原来是这样的关系，这也许能为后来生成的“道理”一词中“道”在先而“理”在后提供一种合理解释。“道”是形而上的、超越“理”之外的终极无限法则，没有逻辑可言，无法通过感官获取；而“理”是形而下的，从“道”中生发的具体有限“表现”，遵循逻辑，具体可感。那么鬼谷子的“理”如何从老子的“道”中生发而出？

甘文图：如果只有玄秘的“道”，没有具象的“理”，人们就没有办法用具体的语言、逻辑讨论天下。老子并不想改变世界的现存实体，他告诉人们不要去干预自然，鼓励“无为”而治。鬼谷子第一个核心概念是“阴阳”，其次是“名”，再次是“理”。他认为“达人心之理，见变化之朕焉”，那为什么能从“理”探测到“人心”？因为“理”可以类比为客观世界自我显现的方式（从这一点来讲，鬼谷子的“理”类似于赫拉克利特的“逻各斯”）。鬼谷子自认其角色是“圣人”，其使命是帮助天下太平，通过阴阳互转的过程，保持自然平衡。阴阳怎么互转呢？主要是通过影响人，尤其是影响人君。因为在古人眼中，人君决定着天下的命运。

李霞：阴阳互转就是老子“道”的痕迹，再往前走一步就能从“道”转到“理”，通过语言的说服力，帮助人君治理天下，实现阴阳平衡。“理”使“道”更接近实践，把“道”带回到实际现实中来。这么说来，老子的“道”似乎被高悬起来，不可企及，那它如何跟我们的现实世界发生关联，又如何指导我们的人生呢？

甘文图：老子的“道”绝圣弃智，反对推理，更相信直觉本能。老子的“道”后来被庄子继承，他们认为人和宇宙世界互动的方式多种多样，远远超出了“理”和“逻辑”的有限范围。从来没有一个明确的定义告诉我们“道”是什么，我们不妨把它比作一个平台，在这个平台上人和世界互动为“一”。庄子《齐物论》中的“天地与我并生，而万物与我为一”的思想与老子的“一”高度一致。达到“一”性，即物我同一，就达到圣人的境界了。这种境界魅力在于一种“无我”的状态。如果我们完全依赖“逻各斯”分辨是非二分法去辨别万物、理解万物，那我们就无法把握不断运动、变化中的宇宙万事万物的总体全貌，只能看到表面某个片段。老子、庄子认为最高级的“了解”是超越区分事物的“类”，是与万物连接的幸福感。古希腊语有个词叫 eudaimonia，可大致理解为“因理性而积极生活所产生的一种幸福感”。这个前缀“eu”就是“good”（善）；“diamonia”表示“feeling coming from a deity”（神或圣人的感受）。这种幸福感不是兴奋的状态，而是一种因忘我而更加开阔、平和与满足的状态，和哲学上讲的超越

(transcendence)相关。

李霞:你这样从希腊语根源上分析,我理解得更好一些。老庄哲学之“道”中的“一”可以追溯到早期人类文明对幸福“无我”的追求,其中潜藏着圣人“共同幸福”的美好愿景。这种幸福感是外向型的,也是共构型的,是习近平主席倡导的“人类命运共同体”的早期萌芽,也是他“我将无我,不负人民”的幸福实践;是鲁迅先生“无穷的远方,无数的人都和我有关”的向外关注;也是“诗圣”杜甫笔下的“一重一掩吾肺腑,山鸟山花吾友于”(《岳麓山道林二寺行》)和“白鱼困密网,黄鸟喧嘉音。物微限通塞,恻隐仁者心”(《过津口》)。他们的爱心触须伸向那些相识或不相识的物或人,对其平等相待、与其融洽共处。这就是跨越时空值得永恒歌颂的人和人之间,人和物之间的温情共振。借此,人因类而聚,成了“人类”。我在宇文所安的杜诗英译研究中,对此深有同感。被称为“唐诗异乡人”的宇文所安喜欢中国古诗,因为他看到了中国古诗中与山水天地“合一”的幸福的“人”,而西方的史诗只是呈现一个占据高台的英雄面对台下一群听众喊话的场景。2020 年播出的 BBC 纪录片《杜甫:中国最伟大的诗人》导演迈克尔·伍德(Michael Wood)在《新京报》采访中提到:“伟大的诗歌有超越文化和语言的力量,它之所以伟大,在于它探讨的是永恒的人之本性”(Great poetry has the power to transcend culture and language because it deals with eternal human truths)。这就是“道”,中国哲学跨越“无我”之“道”,是“众乐乐”的幸福之“道”,是“中华统绪不绝如线”的终极之“道”,是连接你我他以及世间万物的幸福之“道”,可见“道”之为用大矣。接下来我们谈谈中国哲学之“道”跟西方哲学之“逻各斯”有什么区别与联系?

甘文图:我认为中国哲学的“道”是“一”,“天人合一”的“一”,它是一种超验思维,是事物自然运行的隐形法则,是现实世界对我们感觉官能(senses)的自然显现。如果没有“道”,我们就没法理解这个世界。作为现实世界的观察者、亲历者,我们相信世界上有一种秩序,我们无法具体称呼它,就把它叫作“道”。这是一种感觉,好像有一种规则掌控着客观世界的自然运转,但我们不能把“道”翻译为“规则”(rules)或“原则”(principles)。“道”不同于“逻各斯”,固然二者之间存在某些巧合(coincidence)及表面相似性,但它们的核心概念无法兼容。“道”可以说是一系列概念的集大成,但这种说法又不完全正确,因为希腊哲学家认为要想从逻辑层面去描述一个事物,我们需要一些概念,这些概念是可以被定义的,可我们该怎样来定义“道”呢?“逻各斯”一词的希腊词根是

“词语”,来源于动词“说”和“选择”,后来在哲学文本中演变成了“思想”之意。我们用语词来思考,用语词来解释世界,或通过实际语言表达,或通过概念——思想之音思考。因此“逻各斯”之意暗示着宇宙起源的秘密可以通过口头表达或者概念思维加以探索。换言之,我们可以谈论或者思考宇宙起源。赫拉克利特(Heraclitus)说到“逻各斯”时,他把宇宙运行的某种逻辑比作语词在思想中运作从而形成句子表达的逻辑过程。他认为大脑可以理解某种宇宙秩序是因为这种秩序结构和哲学家的思想结构运作原理相同。我们把这种秩序叫作“逻辑”,这一词语也是从“逻各斯”派生而来。赫拉克利特还认为“逻各斯”可以被听到,即世界真理的内在声音可以被听到。

中国哲学之“道”却恰恰相反,它无名,因此无法用语词表达,它不能被思想者言说,只能被直觉感知。即便思考者努力用语言表达“道”,但还是无力解释“道”为何物,他们只能像老子那样运用各种各样的比喻、寓言来解释含混、不可解的意象,但仍然无法给出一个清晰、富有逻辑的解释。打个比方,我们可以对一个物体之美进行深刻思索、深度体验,但我们无法通过语言把这种体验传递到另一个人的大脑中,使他能在不见其物的情形下和我们一样深刻体验到事物的美。没有什么词,也没有什么逻辑可以把它说透,直接体验成为必需,这就是“道”。思想者可以直接体验它,但不能通过语言和逻辑把这种体验传于他人理解。

李霞:感谢你如此深刻地解读,这样会帮助学界正确理解“道”与“逻各斯”的根本差异。我们可以把“道”通俗理解为“可意会而不可言传”之玄妙特有体验;“逻各斯”是“可意会亦可言传”的秩序结构,通过大脑中的逻辑思维结构与他人共享并解释世界秩序。明白了这些中西古典哲学核心概念及其区别后,我们进入鬼谷子思想探索之旅吧。你认为鬼谷子说辩的核心是什么?

甘文图:鬼谷子认为“不见其类而为之者,见逆;不得其情而说之者,见非。得其情,乃制其术”,由此可见“得其情”的重要性,那怎么“得其情”呢?鬼谷子告诉我们联通“心”“神”的是“情”,因此他格外重视“揣情”并教我们如何“揣情”。“揣情者,必以其甚喜之时,往而极其欲也,其有欲也,不能隐其情;必以其甚惧之时,往而极其恶也,其有恶也,不能隐其情,情欲必出其变。”因此,“揣情”对研究鬼谷子说辩至关重要。除此之外,鬼谷子在《本经阴符七术》里谈到如何通过养神、养气、去欲来静心修己,以便能够“反听”,从而“变鬼神以得其情”。通俗地讲,懂人心比会说话更重要。实际上,鬼谷子极力反对能言善辩,他认为不是你很会说话就能说服他人，雄辩不足以服人，“反听”才行。

李霞：其实你现在扮演的角色就是一个“说客”，你通过“揣情”和“反听”已成功把握我的内心所需，让我觉得继续听下去一定会有更惊喜的发现。广而推之，鬼谷子的说辩术不仅仅是战乱年代的生存术，对我们今天面临的现状也有指导作用。作为共同生活在这个地球上的人类，我们如何在更深层次上紧密相连，携手构筑人类命运共同体？我们需要深层“揣情”，静心“反听”，这对上至建立良好的国际关系，下至有益的课堂互动都大有裨益。

甘文图：您说得很对，鬼谷子的“揣情”可帮助我们在相互理解的基础上，尊重不同文化的特殊性，从而建构和谐的双边或多边关系。“揣情”的同时，鬼谷子还强调“同其情”，这里的“同”并不是说我们想的是同一个东西，而是我们所想的东西基于共同价值彼此“联结”，成为同属于一个整体的生生不息的生命体。

李霞：这有点儿类似于我们今天讲的同理心，即站在对方的需求上思他所思，想他所想，仿佛有一个磁场把说辩双方吸引到一起。

甘文图：完全正确。鬼谷子认为沟通的最终目的是不用语言也能说服对方。换句话说，鬼谷子教学生说辩之术，就是为了最终达到不需要说辩之术这样一个高级目的。

李霞：这让我想起了《世说新语》里王徽之的故事。“王在船中，客有识之者云：‘是恒子野。’王便令人与相闻，云：‘闻君善吹笛，试为我一奏。’恒时已贵显，素闻王名，即便回下车，踞胡床，为作三调。弄毕，便上车去。客主不交一言。”你看，这就是最高级的默契——一言不发，却完成了最好的沟通。

甘文图：是的。鬼谷子告诉学生要根据不同的说辩对象，采用不同的说辩策略。他教学生说话的目的不是说服，而是通过发现二者之间的契合点达到“同其情”和“相亲”的目的。

李霞：这确实是一个至高境界。假如我们掌握了鬼谷子的说辩技巧，实现人心“相亲”，那么这个世界会不会一片太平，没有战争？

甘文图：李老师提的这个问题太好了。除了“人心”相亲，鬼谷子还告诉我们要“识细微”，在“世可以治”时，“抵而塞之”，这样就可以避免大的战争及人为灾难的降临。鬼谷子的修辞哲学基于阴阳之道，有点偏道家思想。根据阴阳消长的规律，物极必反，月盈则亏。因此，道家在政治上主张清静无为，“为者败之，执者失之”。从宏观层面来看，鬼谷子认为“自天地之合离终始，必有巇隙，不可不察也”。由此可见，他认为天下纷争、王朝更迭是事物发展的必然。但与老庄道家的“无为”不同的是，他对圣人在天地间的作用给予更积极的期盼，他更注重从细节处观察，从细微处化解。正如他所言，“当事之危也，圣人知之”“因化说事，通达计谋，以识细微”。他认为圣人作为天地间的使者和守护神，应做到万事“为众生之先”，在事情分崩离析初露端倪时就能发现“小缝隙”，这时候如果进行策略性沟通，就可以做到力挽狂澜，尽早避免天下大乱。

李霞：再一次感受到圣人的先知先觉和以“匡正天下为己任”的伟大。希望我们在学习先贤智慧的基础上，能够有意识地察微知著，敏锐抓住修补时机，对一切不好的事情防患于未然。

甘文图：是的。如果圣人生活的时代已经发生了大分裂，那么任他一己之力也难以改变事物发展变化的必然趋势。

李霞：除了“揣情”“反听”，你还提到“中正”。这也是鬼谷子说辩的核心概念吗？“中正”与“中庸”有何区别？

甘文图：这正好也是我想对鬼谷说辩艺术加以补充的一点。在圣人用“道”的规则上，鬼谷子说道：“圣人之制道，在隐于匿。非独忠信仁义也，中正而已矣。”“中正”这个词不太好翻译，我认为应该理解为“最有效的、最合适的、最符合整体利益的、最合乎大道的”。这不是“忠信仁义”二分法的政治伦理学可以规范的。这也是鬼谷思想和儒家思想的一个区别。但是，儒家的修身、齐家、治国、平天下的士大夫情怀和鬼谷子的“圣人观”可以说是具有一致性的。亦或许，儒家多了一些“明知不可为而为之”的济世气概，而鬼谷则多了一份对“亡，不可以为存；而危，不可以为安”的清醒认识，在乱世中可能更倾向于遁世，“深隐以待时”。“中正”和“中庸”很像，但又不尽相同。一般来讲，“中庸”是儒家的一个道德标准，指待人接物保持中正平和，不走极端，因时制宜、因物制宜、因事制宜、因地制宜，儒家的理论根源源于人性。而“中正”指“正道”，其理论根源源于事物的客观发展规律，即“大道”，它没有伦理色彩。如您之前所说，鬼谷思想是实用主义的，它是讲求效能的。可能对鬼谷先生来说，事物的整体效能即为“正道”的第一指标。①

李霞：“中庸”和“中正”的生成语境不同，因而二者所指内涵差异很大。前

① “中庸”可能出现于汉代末年，它是一个道德概念，主要指人的品格修养，强调适度、正直、客观、真诚、诚实和适宜，其核心指导原则是一个人的行为不能走极端。鬼谷子的“中正”思想强调行动效能，没有伦理色彩，旨在战国时期的历史语境下培养高效的外交人才和政治家。

者解决了普通关系的平衡，诸如君臣、父子关系的平衡。鬼谷子的“中正”解决的是更大范围的问题，是着眼于宇宙问题以及天地人之间和谐的大平衡。接下来请你谈谈孔子重“木讷”而鬼谷子重“说辩”的问题。孔子认为“刚、毅、木、讷近仁”，而鬼谷子认为“口者，心之门户也。心之志意、喜欲、思虑、智谋，皆由此门户出入。故关之以捭阖，制之以出入”。请问古代这两位先贤对“言”的认知和阐释为何有如此差异？

甘文图：孔子也曾周游列国，游说、推举其治国之道，但孔子更重“仁”，他认为“仁”不是嘴上可以讨论的东西，只能通过以身垂范来引发他人效仿，所谓“见贤思齐”。孔子的使命在于教育人君如何成为恪守“仁义礼智信”的君子，而这种教育不是说出来的，而是做给他们看。

李霞：明白了，二者不是绝对的黑白两分，只是根据“说辩”的情形呈现出不同比例而已。在完成使命这一方面，孔子的“行”多一点而鬼谷子的“言”多一点。我们再来谈谈鬼谷子的说辩术跟亚里士多德的修辞术有何联系与区别？

甘文图：首先是时代不同，亚里士多德的时代跟中国战国时代不同。面对纷争，前者也有“游说”这一角色，但它不是重要角色，只有辩论才能治国；而在鬼谷子生活的战国时代，“说辩”是能让一个国家免于灭亡的救国之术。再是说服对象不同，鬼谷子的说辩主要针对贵族，旨在了解他们的个人需求，进而量权揣情以帮助他实现自己的利益；但古希腊的说辩者面对的是一个群体，解决的是一个社会问题，说服的关键是找到这个群体的共同问题，这比解决个人问题更难。这是一个很重要的区别。

李霞：感谢你的无私分享，真可谓“听君一席话，胜读十年书”。作为汉学家，你热爱中国古代文化并长期钻研其中，通过翻译将其传播海外，推进中西文明互鉴共进，此种精神令我感动，对此我再一次深表谢意。

全球史视域下的郑和下西洋

赵文慧[①]　洪思明[②]

赵文慧：非常高兴和你云端相聚。

洪思明：我也很高兴。我看过你给我发的那些问题，我也提出了自己的一些问题。我现在在写我的博士论文，是关于郑和下西洋的。

赵文慧：好，那我们就开始我们的议题吧！

洪思明：我的第一个问题是我们如何在全球史视野下看待郑和下西洋？

赵文慧：郑和有七次下西洋，永乐三年是第一次，即公元1405年，明成祖朱棣任命郑和为钦差正使，率领二万七千多人员下西洋。宣德八年(1433)，这是最后一次。毋庸置疑，郑和下西洋这一壮举在世界航海史上具有不可替代的地位。郑和下西洋航线之遥远、船队之庞大、航海技术之精湛、组织水平之出色，后勤保障之完善，表明中国当时的航海水平位列世界前列。《明代军事史》的作者范中义这样评价："其规模之大，组织之完备和严密，在我国古代水军史上是前所未有的，也是当时的世界之最。"他还认为郑和下西洋"发展了同西洋各国人民的友好往来，铲除了一些危害西洋诸国的祸害，提高了明朝的国际声誉，招抚了逃亡海岛的流民，袭剿了盘踞海中的寇盗，拓清了海疆，巩固和发展了沿海地区的安定。因此，可以说郑和远洋舰队的组建，是永乐至宣德时期沿海防御体系从陆上推至海上的重要标志之一"。郑和下西洋途经南海、印度洋、红海，直达非洲东海岸，是中国人第一次直接与非洲进行联系，未经过阿拉伯人中转。郑和下西洋途经南亚、东非、波斯湾、太平洋和印度洋，一路进行平等贸易(主要商品为瓷器、丝绸和茶叶)，同时将异域的动植物、药物、生产原料带回中土。历史上有"麒麟外交"，麒麟是指非洲的长颈鹿。郑和将长颈鹿带回来，

① 赵文慧：阜阳师范大学，教师

② 洪思明：Hompot Sebestyen，维亚纳大学、厦门大学，联合培养博士研究生

因为当时中国没有这种动物，人们称之为麒麟，一种瑞兽。郑和下西洋不仅将中华文明播撒到“西洋”各国，促进了它们的社会经济发展，同时也开阔了中国人的眼界，促进了中外经济文化交流。无论是在中国历史上，还是在郑和途经的各国史上，郑和都是一个友好与和平的形象。但是非常可惜，郑和之后中国再没有伟大的航海家。那么我就想请思明谈一谈，全球史背景下郑和下西洋中断的深层原因与影响。

洪思明：嗯，好。第一个问题是为什么中断。对这个问题，不同的人有不同的看法。大部分学者的看法是郑和下西洋是非常贵的，所以对中国明朝的经济影响不太好。因为有很多很大的船，特别多的人参加下西洋的活动。明朝时期有好多人都不满意郑和下西洋在经济上的影响。比如说夏元吉，他对郑和下西洋是特别反对的。明成祖死后，明仁宗受到了夏元吉等人的影响，也不愿意再开展这样的活动。

赵文慧：是的，郑和下西洋很贵。郑和出使的目的主要是为了昭示明王朝的力量和气派，而非为明朝海上力量的发展和海上影响的扩展。所以即使郑和远航到非洲也没有像之后的哥伦布等西欧航海家那样以获得丰厚的财富为目的，为其背后支持的政府带来丰厚的财富，为其国家的未来发展储备足够的资本。无可置疑，郑和的外交出使具有一定的军事威慑，这种大规模的外交活动可以营造“万国来朝，四夷宾服”的天朝气势，打击东南沿海民间贸易和海上流民。在永乐年间，中央集权政府加强了海防方面的建设，并与日本幕府对倭寇进行了一定程度的围剿。因此永乐年间，倭寇入侵次数有所减缓，海疆环境较为宁和。简言之，郑和下西洋的政治宣威因素远远超过经济获利。但这种“倾国力”进行的下西洋活动，正像思明所说的，太贵了。明朝国库也无力长期支撑如此庞大的费用，因此中断了兴起于宋元时期的海外拓展，此后明朝政府执行海禁政策，一直背向海洋。

洪思明：当时明朝推行了一种政策，就是“朝贡政策”。

赵文慧：对，朝贡政策“薄来厚往”，就是别国来中国朝拜的时候中国皇帝为了昭显中国的富足，给予特别多的赏赐。你的第二个问题：郑和下西洋和欧洲的“地理大发现”有什么不同？关于这个问题，我简单谈一谈我的浅见。

郑和下西洋与哥伦布等人的“地理大发现”是在人类航海史和人类历史上产生巨大且深远影响的两件大事，两者在动机、目的与手段这三方面都截然不同。

(1) 动机差异：西方“地理大发现”的航海者主要受个人名利驱动，而非对航海事业的热爱和对科学的追求。出身卑微的哥伦布之所以航海是想取得贵族封号挤进上流社会。哥伦布航海主要追求的不是发现“新大陆”，而是能给他带来财富名利的地方。而郑和下西洋是受命于皇权，因为是明成祖朱棣命令他去的。其动机是政治宣威，一方面是推行朝贡制度，即基于“王者无外”和“怀远以德”的传统理念，在东南亚地区推行明朝的“华夷秩序”；另一方面是执行明朝的海禁政策，对倭寇进行围剿，安定海疆环境。

(2) 目的差异：西方“地理大发现”的航海家为了出人头地，为贵族统治者掠夺财宝、拓展殖民地与市场而进行航海冒险。他们也受国内贵族资助，有投入就要有产出。这是一种投入有限的暴利生意，大大地推动了资本主义的扩张和发展。而郑和下西洋不是发展海军力量，扩张国家海上影响力，而是为了大一统帝国扬威于域外，有“家天下”与长治久安的理念，其投入巨大，可以说是倾全国之力，却没有获得丰厚的财富。“薄来厚往”的贡赐形式不仅消耗了明朝国力，也重创了中国海上私人贸易的活动。据明朝王世贞记载，永乐皇帝仅给“日本国王”源道义的赏赐就如下：“赏钞五千锭，钱一百五十万，织金文绮、纱罗、绢三百七十八匹。次年，又赏赐白金千两，钱一千五百万，锦、纺丝、纱罗、绢四百一十二匹等。赐王妃白金二百五十两，钱五百万拧丝，纱罗、绢八十四匹。同年，赏赐占城国王黄金百两，白金五百两。六年，又赏赐黄金百两，白金五百两，锦绮纱罗五十匹，彩绢百匹。”众多朝贡国赏赐总数之巨就可推想而知了。所以为什么他们愿意来明朝朝拜，形成这种朝贡制度？因为他们来了之后可以满载而归。严从简的《殊域周咨录》中记有当时朝中官员言论：“三保下西洋，费钱粮数十万，军民死且万计，纵得奇宝而回，于国家何益。”就像你所说的，有官员不同意郑和下西洋，因为它带来不了实际的利益。郑和下西洋与明朝的海禁政策也息息相关。在郑和下西洋时期，明朝禁止私人出海行为，海上贸易完全由政府垄断，而官方的海上贸易又为了海防巩固与国威宣扬服务。所以根据以上两点我们可以说：郑和下西洋的朝贡外交，带有政治和经济的双重性质与目的。政治上，明成祖依靠海路向外邦昭告改朝换代，宣扬大明帝国威德。经济上，明朝将贸易作为“怀柔远人”的策略，通过贸易来建立以自身为中心的国际关系体系。

(3) 手段差异：郑和下西洋是为了昭示王朝的力量和气派，主要以安抚为主，“以示中国富强”。而西方的“地理大发现”是血腥的殖民拓展，一路伴随着掠夺与杀戮。

从历史角度来看，“地理大发现”是全球500年历史中最重大的变化，直接衍生的一个结果是欧洲人占领了美洲，欧美两个大陆紧密联系在一起，殖民掠夺大大刺激了资本主义的快速发展与扩张，欧美称霸世界。郑和下西洋虽然辉煌但只是昙花一现，中国后来实行闭关锁国政策，错过了通过航海打开世界贸易大门的大好时机，丧失了冲刺现代化的机遇。梁启超在《祖国大航海家郑和传》一书中感慨：“及观郑君，则全世界历史上所号称航海伟人，能与并肩者，何其寡也。郑君之初航海，当哥伦布发现亚美利加前六十余年，当维哥达嘉马发现印度新航路以前七十余年……而我郑和之后，竟无第二之郑和。”

“地理大发现”无疑具有划时代的意义，但也造成了欧洲政治经济霸权、全球生态恶化、战争不断、病毒传播等问题。郑和与西方航海探险家都处于15世纪大航海时代。面对共同的历史机遇，其结果却完全相反，这值得我们深思！郑和的远航虽然也具有时代的局限性，但其政治宣威与文化传播的效果深远且悠久。郑和赢得了海外广泛的尊敬，树立了明朝亲善的国际形象。郑和的神化形象至今仍以神龛、文物、神话和口头传说等形式遍布于东南亚地区。所以未来全球发展、航海发展中，郑和的文明与智慧可能会是一种有益参考，让我们拭目以待。

虽然郑和下西洋取得了一些成果，其政治宣威远甚于经济效益。那我想请思明同学谈一谈，郑和下西洋没能带动中国发展的原因。

洪思明：最重要的原因是中国后来实行闭关锁国政策。但是我在国外看过很多“薄来厚往”的朝贡品。大部分从经济历史角度出发的学者认为这种朝贡体系实际上是一种贸易体系。这种朝贡交流包括了很多贸易交流，其中有由政府垄断的贸易，但也有很多私人的贸易。郑和以后，在明清时期，中国的朝廷是不对外开放的，但是在中国的南方地区，和外国的私人贸易是存在的。尽管政府进行了海禁，但是大部分经济历史学家认为，不正式的私人贸易还是比较多的。中国的沿海地区有很多与外国的私人贸易。

赵文慧：你的意思是说郑和下西洋在一定程度上带动了中国经济的发展，尤其是沿海地区。

洪思明：对。在经济历史视野下，大部分学者认为中国的沿海地区在后明代和清代是比较开放的，与外国有很多贸易的联系。

赵文慧：对。你说的那是民间资本。我们假设没有郑和，中国的航海技术也是存在的，中国的私人贸易也存在。在郑和之后，中国实施了闭关锁国海禁的政策，沿海地区仅仅存在有限的私人贸易。如果政府持开放的国策，那么整个中国的经济就不可同日而语了。中国沿海的私人民间贸易活动没有从根本上改变中国的经济发展。中国整体上还是农业经济。即使南方经济比较发达，出现了资本主义的萌芽，但是整个中国大体上还是农业经济，资本主义没有像在欧美那样蓬勃发展起来。这就导致了中国近现代落后。

洪思明：对，我也是这样想的。我觉得这是中国和欧洲大国的不同。因为中国是一个国土面积很大的农业国家，对中国来说，海洋不是最重要的，但是对荷兰、葡萄牙这些欧洲国家来说，它们的国土面积是比较小的，所以它们需要去别的地方去开拓殖民地。因此，我想请你谈一谈农业和郑和下西洋的关系。

赵文慧：思明，你是想让我谈一谈农耕文明与郑和下西洋吗？

洪思明：是的。

赵文慧：郑和下西洋的结果与农耕文明有着必然的联系。研究者都清楚郑和与欧洲的航海探险家几乎同处 15 世纪大航海时代，他们都面临着共同的历史机遇。但是他们航海的结果为什么却全然相反呢？轰轰烈烈的郑和下西洋活动为什么突然中断呢？究其根本原因还是中华农耕民族属性使然。中国农耕文化在东亚地区一直以来都是一枝独秀的存在，这种长期的优势造成的文化优越感无形中阻碍了中国人对海洋的探险与开拓。另一个农耕文明的特点是：故土难离，喜安定，保守。因此，中国人不会积极主动地迈出走向未知危险海洋的步伐。这其中牵涉到以下几对矛盾：开海与禁海、海权实践和海权观念、官营航海和民间航海、政治外交目的和经济目的。

洪思明：郑和下西洋是开海政策还是禁海政策呢？

赵文慧：明代前期，中国东南沿海出现资本主义萌芽，一方面该地区商品经济迅速发展，另一方面，东南亚各国对中国产品需求量比较大。按照经济发展趋势，中国需要发展外贸，实行开海政策。但是由于东南沿海深受倭寇之患，且害怕沿海居民与倭寇狼狈为奸，明太祖实行了严厉的海禁政策。郑和下西洋是明朝中央集权政府想以一种官方的方式发展与海外的联系，但是这种活动由于多种因素未能长久维持。

洪思明：郑和下西洋与西方的航海有什么主要差别？

赵文慧：西方的航海推崇马汉的海权思想，是“地中海模式”，将海外贸易和海上力量相互结合。郑和下西洋的海权实践带有浓厚的农耕文明的属性，是与西方海权思想迥然不同的文明模式。我们称之为“郑和模式”。这种文明模式不会以暴力手段掠夺他国财富、侵占他国领土，不会以“剑与火”谋取利益与资本扩张。郑和下西洋的文明海权模式是为了传播中华文明，扩大中华文化的影响力，加强与海外国家的沟通与交流，进而能够形成一种友好和平的国际秩序。郑和下西洋的海权模式文明不代表着非军事化，郑和远航的军事行动是目标明确的：主要是进行军事威慑以达到“耀武以慑之”以及不战而屈人之兵的目的，也是对海盗和侵犯者的打击行动。正如罗荣渠总结的那样，郑和下西洋与西方航海的方式差别从其主要成员中也能窥见一二。郑和的航海队主要成员为：奉差的官吏、卫所官兵、招募的水手；而西方航海主要成员为：航海冒险家、投机商人、牧师、招募水手、士兵、工匠等。关于官营航海和民间航海、政治外交目的和经济目的的矛盾，你有什么看法？

洪思明：郑和下西洋是官方的，不是民间的，而且禁止商人参加，这样不好。这样无法推动自由贸易的发展，而且政府得不到很多的利润。郑和下西洋的主要目的不是为了钱，而是为了宣扬国威，正如你刚才说的。西方的航海是受到资助的，主要是商人或者皇族。他们肯定要获得土地、宝石、黄金、奴隶等有价值的东西。为了获得更多的财富，他们肯定会不断地出海，去更远的地方，获得更多，这是他们的动力。郑和下西洋主要是政治目的，西方主要为了财富。此外，西方航海都带着牧师，郑和下西洋没有带任何宗教人员。

赵文慧：是的，思明，你的观察很仔细。西方航海除了获取财富和土地殖民，还有一个重要的使命就是布道。无论是16世纪的葡萄牙人还是后来来自荷兰、西班牙、英国等国的西方航海者，都将宗教与贸易和殖民结合在一起。郑和下西洋没有带专门的神职人员，但是秉承了“天下一家，协和万邦”的思想。郑和七次下西洋，历时近三十年，从明永乐三年到宣德八年，所到国家和地区近为南海周边各国，远至印度洋沿岸，与沿线的东南亚文化、阿拉伯文化、波斯文化、印度文化、东非文化都有交流，涉及不同宗教，包括东南亚原始自然神灵、佛教、伊斯兰教、印度教等。郑和下西洋所持有的宗教态度是“天下一家”，其显著特征是对不同宗教的尊重和包容。可以说，郑和下西洋是将天命皇权和宗教神权相融合，以“天下一家”为治理秩序的一种实践。

洪思明：是的。“天下一家”是中国的一个重要思想。一部分历史学家认为古代中国的“天下观”和欧洲殖民大国的“帝国世界观”不一样。郑和下西洋研究和这种“文明史”史学思潮有什么样的关系？

赵文慧：你说的古代中国的“天下观”也可以用另外一个学术术语来表达，就是“大一统”。“大一统”在中华文明中是一个传承、发展和不断丰富的概念。“大一统”这一概念最早可见于《公羊传·隐公元年》：“何言乎王正月？大一统也。”徐彦疏：“王者受命，制正月以统天下，令万物无不一一皆奉之以为始，故言大一统也。”“大一统”之“大”非形容词“大”，而是作为动词，意为“尊重、重视”。在中华文化中，“一”是元，“统”是始，“一统”就是原始，即万物（包括政治社会）的本体，其核心为王权的一统，强调国家统一，天下一家。这种思想是中国统治者追求的最高目标。纵观中国五千年历史，你会发现各个朝代的统治者的最高理想就是统一全中国。所以中国一直是统一的，当然中间也有分裂，但总体上一直是一个统一的国家。“大一统”是中国统治者追求的最高目标，是最理想的政治治理模式。正是在这种思想指引下，明成祖派遣郑和下西洋。可以说，郑和下西洋是“大一统”观的具体体现与实践。“大一统”内容包含众多，包括江山一统、治权一统、政令一统、天道一统、文化一统、天下一家以及华夷之辨等。郑和下西洋主要凸显了天道王道一统、天下一家和文化一统的思想。中国君王受命于天，明成祖以盛世之姿命郑和远航。每到一处，郑和均颁布诏书，封山立碑，予以地方统治者官职、官府、官印以及大量赏赐。通过这些方法，明王朝将王道运行天下，实现天下一家的局面。华夷之辨是以华夏文明为共同文化取向的大一统。郑和下西洋所实践的“宣德化而柔远人”则是文化和华夷之辨的融合，只不过“夷”的内涵不再局限于域内的少数民族，而是扩大到海外的番国。概括来说，郑和下西洋充分体现了中华文化的“大一统”观，是其具体的实践与应用。

关于“强调一种中国特色的‘文明史’的重要性”这一议题，我的观点很明确。中华文明源远流长、博大精深，在五千多年漫长文明发展史中，中国人民创造了璀璨夺目的中华文明，为人类文明进步作出了重大贡献。强调中国特色的“文明史”之所以重要是因为其“是中华民族独特的精神标识，是当代中国文化的根基，是维系全世界华人的精神纽带，也是中国文化创新的宝藏”。只有把中华文明起源研究同中华文明特质和形态等重大问题研究紧密结合起来，才能深入阐释中华文明起源所昭示的中华民族共同体发展路向和中华民族多元一体演进格局，才能为人类文明新形态建设提供理论支撑。

如果能用“大一统”观或者“天下观”来看待问题，我认为我们会少很多的冲突，少很多的战争。我觉得思明你研究的课题特别有学术价值，以后如果说你有机会再来中国的话，我们可以继续探讨。

洪思明：对，我也希望我以后有机会再去中国。我以前在中国厦门住了三年，但是最近几年由于新冠疫情，我没办法再去中国，我希望以后我有机会再去。

赵文慧：好，希望你以后有机会再来，我们到时再聚。

墓葬冥器、唐代丧俑与女性角色

张晓雯[①] 努莉亚·里瓦斯·瓦尔斯[②]

张晓雯：你好，努莉亚，很高兴我们能在线上见面对谈，可以请你做个简短的个人介绍吗？谈谈你的国籍、学术背景和职业经历等。

努莉亚·里瓦斯·瓦尔斯（以下简称努莉亚）：你好，我来自西班牙巴塞罗那。我的本科和硕士专业都是艺术史，硕士研究方向与亚洲及东方文化有关，目前我在巴塞罗那自治大学攻读博士学位，重点研究的是中国唐朝时期的墓葬冥器、丧俑与女性角色。在西班牙汉学研究领域，巴塞罗那自治大学是最悠久、最权威的学术机构之一，我也在那里任副教授，主要的教学工作是向大学一年级的学生教授肖像学和与艺术相关的其他课程。此外，我还曾留学法国、中国和意大利，近期我在伦敦大学进修亚洲艺术课程。

张晓雯：你的学术经历十分丰富。如你所言，当前你的研究聚焦于中国唐代器物史，也就是物质文化研究所关注的内容。那么，你选择这个课题是出于什么原因？

努莉亚：首先是出于我个人的学术研究兴趣。一直以来，我都对东方文明与中国古代艺术史抱有极大的热情。当我开始思考我的博士研究方向时，我在考虑是否可以把艺术和东方这两个关键词结合起来，开展有关中国古代艺术史的研究。对我而言，这项工作极富挑战又不失趣味，从某种角度看，它既是中国的历史，也是世界的历史，也是我的个人历史。事实上，2022 年夏天我在做博士论文的田野调查时就已经开始思考这一研究课题。当时我在意大利北部城市都灵的东方艺术博物馆进修，在考察文化的汇集与融合时，我发现这一现象不单单出现在全球化、现代化高度发展的今天，也不单单局限于世界上的某个

---

① 张晓雯：复旦大学外国语言文学学院，博士研究生

② 努莉亚·里瓦斯·瓦尔斯：Nuria Ribas Valls，西班牙巴塞罗那大学、北京大学，研究员

特定区域，而是经历了数个世纪之久，发生在全球范围内。拿唐朝为例，长安就是这一时期不同宗教和文化的汇集地，从公元618年到907年，长安城内不同宗教的寺庙堂宇竟然多达16种左右，由此可见唐朝文化的开放程度，而这种情况在西班牙的历史上几乎从未有过。

张晓雯：确实如此，唐朝时期中国的文化包容性有目共睹，因为唐朝是中国历史上非常繁荣和开放的一个时期，被誉为中国古代文化的黄金时代之一。唐朝时期，中国经济繁荣，社会稳定，文化文学发展达到了前所未有的高度，涌现出了大量优秀的诗歌、绘画和书法作品，出现了诗人李白、杜甫，画家吴道子、顾恺之等等。对外交往方面，随着丝绸之路的繁荣勃兴，唐朝时期的中国与中亚、西亚、印度等地交流频繁，吸收了大量新鲜的艺术、科学、哲学和宗教思想，外国文化和唐朝本土文化相互吸收融合，形成了兼容并蓄的文化局面和特点。

努莉亚：你说得很对。据我所知，唐朝时期的中央政府积极推行对外开放政策，并通过陆上丝绸之路和海上丝绸之路等贸易途径，与欧亚等地区的外国商人进行经济和文化交流。拿宗教来说，一方面有鉴真等唐代僧人赴日本弘法，开创了日本佛教的历史；另一方面也有突厥、波斯、拜占庭等地的摩尼教、景教、伊斯兰教、东正教等外来宗教文化传入中国。与此同时，中国四大发明、波斯诗歌、阿拉伯医学、突厥舞蹈等也在丝绸之路沿线传播开来，对中国和世界的社会经济和文化发展产生了深远影响。因此，无论从政治、经济还是文化层面上看，唐朝都是非常强大的。

张晓雯：除了丝绸之路外，河西走廊同样在唐朝时期的对外商业、文化发展上起到了十分关键的作用，是吗？

努莉亚：是的。河西走廊的历史角色十分多元，它地理位置独特，是古代丝绸之路的重要组成部分，不仅促进了东方和西方之间的经济、文化和人员交流，也使得中国与中亚、西亚、欧洲等地区的贸易和文化交往成为可能。河西走廊也是多民族文化交汇之处，在那里，汉族、回族、藏族、塔塔尔族等多民族处于聚居状态，各民族相互影响、相互融合，形成了杂糅且独特的文化景观。公元7世纪，也就是630年初，河西走廊和丝绸之路进一步发挥了区域性和世界性的经贸文化影响。在丝绸之路沿线，大量商人和旅行者们展开贸易的多边往来，波斯的纺织品、日用品和各种美味佳肴，中亚和印度的特色产品源源不断地流入中国；中国的陶瓷、丝绸、香料、木制品也被运往西亚和欧洲。我注意到，当一些来自异域的器具物品传入中国后，中国的手工匠人们会研究、模仿和再造这些充满异域色彩的物品，以满足国内的市场需求和猎奇式的消费心理。这也在一定程度上印证了，从长安到欧洲，丝绸之路和河西走廊上的经济、文化形式颇具多样性和趣味性。我们不难发现中国在对待来自世界不同国家和地区的文化时所采取的开放姿态，这种姿态和格局不仅造就了经济的良性循环与互动，也让文化在这里相互碰撞。

张晓雯：你说得对。唐朝时期的物质文化高度繁荣，小到文房四宝，大到宫廷园林，无不彰显出唐朝国力的强盛。唐朝的丝绸和服饰、唐三彩陶器，还有音乐、舞蹈等文艺活动都展现了唐代社会的富裕与开放、唐朝的文化风貌和审美趣味。我相信，这些文化元素一定会在你所研究的中国唐代墓葬冥器中有所体现，甚至在其他西亚、东北亚或欧洲国家的相关资料中有所记载，是吗？

努莉亚：是的。陶俑就是中国古代墓葬中常见的冥器之一，它通常是用陶土制成的人形或动物形象的雕像，被用来当作古代贵族或皇帝墓穴的陪葬品，起到辅助和保护亡灵的功能。此外，还有食物、酒水、香炉、蜡烛、花束等物品，以及供奉和纪念逝者的灵位或牌位等，同样是用来祭祀和缅怀亡灵，使其在来世得到安抚和保佑的冥器物品。

张晓雯：那么就你所知，唐代的墓葬冥器有何特点？它与中国历史上的其他朝代有何差异？

努莉亚：中国墓葬冥器的规格类型相当繁复，而且不是唐朝时期才出现的，唐朝以前就已出现丰富多元的墓葬文化。坟墓被视为来世的居所，早在秦朝，皇室的墓地面积就相当惊人，侧面反映出君王的财富力量。贵族们的墓地稍次一个等级。不同阶级的墓葬规格有所区别，但都遵循一定的规律。比如，王室贵族们的墓室中往往会有丝制品等精贵陪葬物，也会有人俑作为陪葬品。皇室的墓葬规格最高，墓室中陪葬的人俑甚至多达几百个。那些未被盗取的墓室在被考古人员发现时保持着高度的完整性，里面的人俑在姿势、衣着、饰品、布局等方面十分精细。以唐朝之前的贵族墓葬为例，如果墓室的主人是位乐师，墓室里就会有乐器和乐师人俑作为陪葬物品。到了唐朝，乐师人俑的形象更加生动，它们以乐队演奏的姿势和造型示人，旁边摆放着演奏乐器。很多时候，墓室的墙壁上凿有尺寸较大的壁龛，人俑一个挨着一个被放置在壁龛里面。目前，我的研究工作主要围绕唐代乐师的形象及其文化意义展开。在丝绸之路一带，墓葬遗迹中的民族肖像和面孔相当多样，我甚至在一些博物馆里看到过黑人形象的舞者人俑。

张晓雯：我猜你指的是"昆仑奴"吧，这是唐朝时期称呼西域边塞民族人种的一种叫法。昆仑奴住在中国西部的著名山脉昆仑山，那里是古代丝绸之路的重要组成部分。昆仑奴与中原地区的汉族有着明显的区别。根据历史记载，昆仑奴主要以游牧、狩猎和采集为生；他们的社会结构比较简单，没有建立大规模的中央政权，以家族、部落为单位进行组织管理；昆仑奴善于奔跑、跳跃和舞蹈。据说，一些甘肃官员会用昆仑奴人俑来陪葬。总的来说，有关昆仑奴的记载较为零散，不同历史文献对昆仑奴的描述也有一定差异。但我认为，你的考证信息对于进一步丰富和完善昆仑奴的文化细节和历史背景十分有用，并且这一历史人物也见证了丝绸之路昔日的繁华光景。

努莉亚：你说得有道理。但目前我还不确定这个黑人俑或者说"昆仑奴"到底来自东南亚、西亚、非洲还是其他什么地方。有学者正在考查黑人俑的身份、地域、民族等具体信息。一些学者认为，唐代的黑人俑要么是东南亚人，要么是埃及人，他们沿着丝绸之路万里迢迢来到东方。在我看来，这种异域文化元素构成唐代艺术史研究的一个重要部分，它不仅涉及艺术，更涉及政治、经济、文化等方面。对异域文化元素的深入挖掘意味着当前的中国学研究、丝绸之路研究等仍具有相当可观的发展空间，并能够发现不同国家、城市、文化、民族、种族等极富价值的文化内容，就像这个黑人俑背后所蕴含的东西一样。在这里我想强调的是，当我们谈论墓葬冥器及其文化时必须十分谨慎，原因是我们是通过过去来谈论现实世界，这是两个既相异又有联系的时空领域，而科学研究追求的是一种客观、理性的结论。这种研究在处理具体问题，尤其在处理过去与现在、逝者与生者的关系上，更需要一种除严肃审慎的科学态度以外的人文情怀和超越性的视野和情感。我认为艺术史学家有责任也有义务对此展开深入的思考。

张晓雯：我很敬佩你的观察、思考和严谨的学术态度。在研究丧葬习俗时，艺术史学家的确需要理解并掌握对象国丧葬文化涉及的仪式规范、行为方式及思想信仰，因为丧葬文化是一个国家或文明的重要组成部分，它反映了一个社会的价值观念、道德标准、宗教信仰等方面。中国的丧葬文化源远流长，与尊敬祖先、尊重逝者、祭奠先人的思想信仰相关，是一个古老而又丰富多彩的文化遗产，它反映了中华民族对死亡、亲情、家庭、社会的认知和思考，也体现了中国传统文化中的伦理、道德与美学理念。就我的理解而言，包括西班牙在内的欧洲国家，对于死后世界的看法是完全不同于中国的，你能具体谈谈吗？

努莉亚：是的，中国和西班牙在这方面存在巨大的差异。仅就欧洲内部来说，各国对于死后世界的观念也是不同的。比如基督教信徒相信人死后灵魂会进入天堂、地狱或炼狱。天堂被描述为永恒的幸福和与上帝同在的地方；地狱则是罪恶和痛苦的处所；炼狱是一种准天堂状态，灵魂在此清除罪孽，最终进入天堂。西班牙人信奉天主教的居多，但对于死后世界的认知和基督教徒区别不大。天主教认为，一个人死后的归宿取决于他们在世间对上帝的忠诚与信仰，以及他们的行为和态度。信徒相信，进入天堂的条件是保持与上帝的亲密关系、秉持正义和仁爱，并经过上帝的怜悯和赦免。因此，在为缅怀死者而准备的墓葬冥器方面，西班牙是远远不及中国丰富的。

张晓雯：我相信西班牙和欧洲其他国家对基督教和天主教信仰中有关往生世界的研究材料和成果一定相当多。我很想知道，目前西班牙对中国古代墓葬冥器的艺术研究，尤其是你所从事的唐代墓葬冥器史研究的整体开展程度和研究深度如何？

努莉亚：事实上，这方面的研究成果数量非常有限。如果我们在欧洲寻找有关亚洲历史的研究会发现，早在19世纪，欧洲的一些大学就曾开展过面向中国的研究，比如英国、意大利的一些大学。而直到2003年，西班牙才在该领域有所推进，无论是汉学研究、中国研究还是中国学研究，西班牙现有的研究成果还有待进一步发掘和深化。西班牙南部安达卢西亚的格拉纳达有一个颇具实力的研究中心，它以语言学为依托所开展的中国研究十分出色。我所在的巴塞罗那自治大学的翻译学院也有一个研究小组，但它的研究重点是当代语境下西班牙与中国的政治、外交关系。在我看来，可供西班牙和中国交流、对话的议题十分广泛，也极富文化价值。总的来说，西班牙的中国学研究已经度过了几十年前缺专家、学者、研究中心的时代，取得了卓有成效的空间提升；另一方面，西班牙的中国学研究仍然是个问题和挑战，既需要人力，也需要财力。目前，西班牙有相当一部分教学机构向大学生教授汉语，但在中国古代文化、文学、艺术等领域，教学和研究的开展仍显得乏力，而这种情况往往会接连引起文化理解障碍、文化冲突等诸多难题。比如，在我教授的班级，学生们对中国和整个亚洲的艺术史和文化脉络并不是十分了解，我的课程在一定程度上唤醒了他们的好奇心。他们开始思考这些异于欧洲思维与观念，异于天主教文化的东方思想文化，重新审视自我和他者的关系并试图寻求答案，这点让我感到十分欣慰和自豪。

张晓雯：这真的很有意义。中国、日本等亚洲国家的东方文化和欧美国家的西方文化在价值观、社会习俗、思维方式等方面存在很大差异。价值观上：东方文化强调尊重和谦逊，注重家庭、社区和集体的利益，追求和谐与平衡；西方文化注重个人权利和自由，鼓励个人的独立性和自我实现。社会关系上：东方文化注重人际关系和长幼有序；西方文化更注重合作与平等。沟通方式上：东方文化倾向于间接沟通、含蓄表达；西方文化注重言辞的明确和直接。时间观念上：东方文化表现出循环和自然的时间观；西方文化则更注重线性和计划性的时间观念，追求准时和高效。这些都构成东西方相互理解的文化前提。只有彼此通达，打破文化间的壁垒，才能实现更深层次、更广维度的文化互鉴与文明互鉴。

努莉亚：这正是我的研究初衷和落脚点。我发现，物质文化研究不仅能够打破物的沉默，激活物的声音，还能够帮助研究者发现隐藏在物中的历史文化和人文内涵，调和东西方文化思维中的固定认知态势，这是我认为最有价值的地方。

张晓雯：我很同意你的说法。在你的研究中，你给予了物很多的关注，这和我的研究十分相似。我也是通过物来介入文学研究，具体来说，是以物质文化研究和“物转向”来分析美国西语裔文学。

努莉亚：美国西语裔文学包括奇卡诺/奇卡纳文学，以及美国墨西哥裔文学，对不对？我曾经阅读过奇卡纳文学作品，其语言形式非常丰富，有的作家是用西班牙语写作，当然更多的是用英语写作。奇卡诺文学算不算美国主流文学？研究奇卡诺文学的学者和成果多吗？

张晓雯：严格来说，奇卡诺文学属于美国墨西哥裔文学，是美国拉美/西语裔文学的重要分支，属于美国族裔文学的范畴，而美国族裔文学又是美国文学的重要组成部分。就像美国这个国家一样，它是由盎格鲁-撒克逊白人和不同种族、不同肤色、不同民族的人民共同构成的国家，所以“主流”和“边缘”这样带有二元色彩的概念是相对的。目前研究奇卡诺文学的学者和成果十分丰富，不仅有美国本土的学者，也有来自拉美国家、西班牙和其他国家的学者和学术研究团体。你所说的语言形式的问题，我认为是很有意思的研究课题，这关联到作家本人的语言归化和文化认同程度。就研究而言，1960 年以前，美国文学界认为奇卡诺文学的文学性不高。随着 1960 年代“奇卡诺运动”热情的不断高涨，作家们纷纷尝试用英语和西班牙语两种语言创作，并逐渐取得了更为广泛的文学声望。当时的研究是在英语学者当中展开。然而，在毗连美国并且还是奇卡诺人精神故乡的墨西哥，奇卡诺文学却尚未引起学者们的关注。也就是说，奇卡诺作家似乎对美国市场更感兴趣，墨西哥还不是他们当时最想开拓的文学市场。20 世纪 90 年代，这种状况发生了明显的转变，其中一个重要的推动因素就是西班牙语译作的出现。目前，在美国、西班牙、法国和德国，以及亚洲的中国、韩国等国的一些大学，都有学者正在研究这种文学。中国的研究更加特殊，因为我们的学者大多是来自英语系英语语言文学专业的教授和专家，西班牙语语言文学学者较少，所以有些时候，我会因为身边缺少学术伙伴而感到某种“学术孤独”。

努莉亚：我能体会到你说的那种“孤独”。不过听你这样说，西语裔作家是个庞大的作家群体，也受到越来越多人的关注，我相信你的孤独感很快就会消失的。在我的印象中，奇卡诺文学涉及种族歧视、边境、移民、身份、语言等主题，反映出美国少数族裔群体在多元文化背景下的政治、经济和文化诉求，反对白人主流文化压制，追求族裔群体的自我肯定和自我解放。那么，你为什么会想到用物的角度去阐释它呢？你的研究出发点是什么？

张晓雯：正如你所言，文化遗产是彰显拉美/西语裔族群身份的重要象征，物质文化遗产涉及确证其身份的具体的物。在我看来，物的文化内涵能够折射出隐藏在物背后的政治、经济、文化、意识形态的逻辑运作。比如，奇卡诺文学中的音乐、食物、植物、动物、手工物品等等，都承载着该族群的文化记忆与身份信息，我的工作就是要挖掘出这些物中蕴含的文化元素，以物观人。我的另一个出发点是，目前国内外学界对该文学展开了多种角度的探查，有些议题被一而再、再而三地讨论，所以我试图将我的研究定位在一个较少被关注的领域，考察拉美/西语裔的传统身份建构和它们是如何在全球化、商业化和物质化的世界中被重新建构的。

努莉亚：这样看来，我们的研究的确存在很多相似之处。就像我研究的墓葬冥器，它们看似是不会言说的物，但实际上，这些物身上潜藏着巨大的话语能量，能将它们身上蕴含的文化意义述说出来，这是我认为最有意义也是最有价值的地方。

张晓雯：确实如此。我注意到你的研究中有一个关键词是“女性角色”。也就是说，除了墓葬冥器，你也将人作为研究的焦点之一，能谈谈你为什么将女性设置为研究对象吗？

努莉亚：好的。我注意到唐代墓室里的乐师人俑绝大多数都是女性，因此我开始思考陪葬意义上的音乐表演的性别角色和社会文化等一系列问题。在中国古代，正式场合的儒家礼乐一般是由男性负责演奏，比如在宫廷和其他官方活动中，男性乐师的演奏必不可少；相反，由女性乐师演奏的音乐往往带有非正式意味。然而，一些考古史料显示，女性乐师的演奏实际上具有很大的灵活性，她们不仅可以在宫廷演奏，也可以在酒肆等世俗场合演奏。我认为，唐朝时期女性乐师的音乐表演经历了某种文化换位和秩序开放。就艺术表现形式来看，在唐代墓葬中，女性乐师的形象经常被绘制在壁画和器物上，以表达生者对逝者的情感和追思。一般来说，墓葬冥器中的女性乐师形象鲜活生动，她们手持竹箫或吹奏竹笛，表现出积极的精神面貌和高雅的艺术气质，由此能够看出唐代社会对于音乐艺术和文化素养的重视，也体现了唐代女性在文化艺术方面的突出成绩。

张晓雯：是的。唐代的女性乐师有很高的地位，她们才华出众、技艺精湛，通过演奏和歌唱展现自己的音乐才能。宫廷乐师的技艺非常高超，常常在皇室宴会和重要场合中演奏；民间乐师则通过演唱和演奏为老百姓带来欢乐。那么，你是如何看待唐代以前和唐代以后女性乐师在身份和职业角色上的文化演变呢？

努莉亚：女性乐师是一种特定的职业或角色，通常被认为是女性从事的工作。历史上，由于社会性别角色分工的限制以及对女性的歧视，女性在很多领域都面临诸多的挑战。不过，在某些历史时期及其文化中，比如唐朝时期的中国，女性乐师的存在并不代表她们是性别歧视的受害者，反而证明了她们由于在音乐方面的天赋和技能，得到了职业认可和身份地位的提升。在唐朝文化中，尤其在宫廷宴会和大型祭祀场合，音乐是使这些活动变得神圣高尚的艺术形式。为了维护这种文化认知，只有最出类拔萃的人才有资格成为乐师，这也在某种程度上证明了唐朝时期的女性在文化和艺术熏陶上具有和男性平等的权利，获得了被认可和尊重的机会，从而成为乐师。当然，也不能完全否认个别女性乐师有可能遇到性别歧视和不公平待遇等现象的存在。

张晓雯：确实如此，女性的身份解放和职业解放是一个漫长的历史进程。与之前和之后的许多朝代相比，唐朝时期女性的地位相对来说是比较高的，女性在社会、文化和政治领域都享有更多的自由和权益。就拿家庭和婚姻来说，婚姻制度在当时仍然是以父权制为核心，女性在婚嫁事务中通常要遵循父母或兄长的意愿;家庭中,女性主要负责家务劳动、照顾子女和管理家庭事务,但女性也有权利离婚,并且在某些情况下可以拥有财产和子女的抚养权。教育方面,富裕家庭的女孩可以接受基础教育,学习诗文、音乐和舞蹈等艺术技能,通过私人导师来获得更高层次的教育,但这样的机会局限于上流社会的女性,并且女性在政治决策方面的实际权力是比较有限的。

努莉亚:对的,这和当时欧洲女性的境况比较相似。中国唐朝相当于欧洲中世纪,那个时期,欧洲女性的社会地位同样受到许多限制和约束,因为中世纪的社会结构是基于封建制度和基督教传统的,这导致了女性在政治、教育和劳动等方面受到不平等待遇。中世纪的婚姻被视为家庭联合的一个工具,女性通常在婚姻中失去了自主权,她们被认为是男性的附属物,并且在婚姻中要服从丈夫及婆家的意愿,离婚对女性来说几乎是不可能的,而男性则有更大的自由选择是否继续婚姻。教育方面,中世纪的欧洲女性受到很多限制,大多数女性只接受基本的家庭教育,目的是成为好妻子和好母亲;她们很少有机会接受正规的教育或参与学术活动,没有选举权和财产权,缺乏法律保护,还常常被排挤在大多数行业和职业以外。但有一点比较特殊,那就是女性可以在修道院中找到一种相对独立自主的生活方式。作为修女,她们可以接受教育,并在宗教事务、医疗和慈善工作中扮演重要角色,但即使在修道院内,女性也会受到男性修道士的支配和限制。和中国唐朝一样的是,一些贵族妇女拥有一定程度的社会权利和财产继承权,少数女性在文学、音乐和艺术等领域也曾获得一定声誉。然而,这些例外情况并不代表大多数女性的真实经历。整体而言,中世纪女性的社会地位相对较低,受到许多限制。

张晓雯:直到今天,尽管世界历史上已经发生了多次女性解放运动,但女性整体地位的提高和权利的实现依然任重而道远。拿我关注的西语裔女性来说,她们的身上就扛着三重压迫。因而我认为,文学应该肩负起唤醒女性身份、性别、阶级、种族觉醒意识的义务。

努莉亚:那么,在你关注的作家里,承担起这些义务的作家多不多?如果我没记错,奇卡纳文学就是美国墨西哥裔女作家创作的文学吧。

张晓雯:你说得对。奇卡纳作家当中有一位就是我正在研究的对象,她是桑德拉·希斯内罗丝(Sandra Cisneros),是奇卡纳文学的代表作家之一。在我看来,没有哪位奇卡纳作家像希斯内罗丝一样获得过评论界如此多的赞誉和读者们如此大的热情,她曾获得美国图书奖等众多大奖。她的作品被选入《诺顿美国文学选集》,成为美国文学的经典作品,之后又被编入美国中学英语和文学教材中,在课堂上被学生们广泛阅读。最关键的是,她为奇卡纳女性生存状况振臂疾呼的激情和坚持很让人敬佩。

努莉亚:我听说过这位作家。因为语言、历史和文化因素,西班牙一些大学的语文学系也有学者研究美国奇卡纳文学,关注其中的性别身份塑造、父权制文化的压迫等等。这种研究很有必要,也很有意义。我认为奇卡纳文学所反映的问题在当前的西班牙依然存在,我相信中国目前也会有同样的现象。换句话说,重构女性身份仍具有全球性的意义。

张晓雯:的确如此。重构女性身份是一个非常重要的议题,它涉及社会对女性的看法、价值观和道德观念的转变。在过去,女性被认为是柔弱的、需要男性保护的群体,很多方面都受到限制和歧视。随着社会的进步和女性意识的觉醒,我们正在见证女性形象的改头换面。从奇卡纳文学的角度来看,其所发挥的社会功效就是关注奇卡纳的生存状况、奇卡纳对压迫性父权以及来自白人社会的刻板印象的抵抗。为此,作家们着手改写墨西哥神话传说,打破奇卡纳母亲、妻子、女儿必须是忠诚的、柔弱的、依赖的既定形象,视她们为独立个体,帮助她们重新获得自由、选择和尊严,创造一个属于她们的新身份。在此意义上看,奇卡纳文学具有强烈的社会政治性功能,谴责以男性为中心的墨西哥传统社会文化,颠覆性别刻板印象,反对物化女性等陈旧观念,意欲重构奇卡纳女性新的身份形象,这也正如你所研究的唐代女性乐师形象一样。

努莉亚:这样看来,我们的研究对象竟然有异曲同工之处。

张晓雯:我还有一个问题,除了器物史、文化史、国别区域史,我发现你的研究还涉及中国唐代的音乐、诗歌、词曲、表演等文艺创作活动。研究这些内容对你来说最大的挑战在哪里?语言文字是否是其中的一项?

努莉亚:从语言的角度来看,开展这方面研究确实存在一定困难。当我刚从台湾回到西班牙时,我的汉语水平还算不错,但快速流畅地阅读文献对我来说依然较为困难。事实上,由于缺乏汉语语境,我的汉语水平慢慢下降。当然,我现在还在坚持学习,比如经常运用网络资源、词典,或与来自中国的同学、朋友聊天,尽量保持自己的汉语水平。但我认为,今天的外语学习和过去有了很大不同,比如 15 年前甚至 10 年前,外语学习主要借助于纸质媒介。而现在,电子资源全面改变了学习的面貌和途径,无论是资源获取还是语言翻译都变得比以前容易得多。

张晓雯：嗯，谢谢你。那么我们这次的对谈就先进行到这里，十分感谢你！希望之后我们还有机会一起交流合作，祝愿你的中国学研究一切顺利。

努莉亚：谢谢你！再会！

关于海洋国家、海洋意识以及中荷关系展望等问题的讨论

陈琰璟[①] 卢思波[②]

陈琰璟：你好，思波。我来自上海外国语大学，目前教授本科生荷兰语。2011 年本科毕业后，我便开始了我的教学工作，2013 年我在比利时鲁汶大学获得文学与语言学硕士学位，主要的研究方向为二语习得。2022 年，我在复旦大学获得了历史学博士学位，研究方向为 17 世纪的巴达维亚华人社区以及中荷交往史。我对你的学习经历以及研究经历也很感兴趣，请你介绍一下。

卢思波：我本科就读于阿姆斯特丹自由大学，主要研究全球史、历史理论以及历史和人类学研究方法的结合。从硕士研究生开始，我的导师建议我关注中国历史学界，关注中国学界对于全球史的看法。从那时候起，我开始学习中文，并且在首都师范大学全球史研究中心学习了一年，系统地学习中国历史。我于 2015 年硕士毕业，硕士论文研究的正是中国的全球史观。2016 年，我的硕士论文在国际社会历史研究所年度论文竞赛中荣获“荷兰大学最佳历史学硕士论文”二等奖。自 2017 年 3 月起，我分别在汉堡大学和复旦大学进行博士研究生的学习，博士论文的研究方向和我硕士论文的一致，但是时间跨度更大（从鸦片战争开始至今），包含内容更多。我的博士论文一共有五个章节，第一章为“世界历史与海国”（1850 年前）、第二章为“国家历史的兴起”（1850—1905 年）、第三章为“西方历史及比较历史”（1905—1949 年）、第四章为“世纪历史”（1950—1995 年）、第五章为“全球史”（1995—2022 年）。目前我已经完成了两个章节，计划在今年完成论文写作，明年完成在汉堡大学和复旦大学的答辩工作。

---

① 陈琰璟：上海外国语大学西方语系，讲师

② 卢思波：Sebastiaan Rumke，汉堡大学、复旦大学，博士研究生

陈琰璟：你的研究非常具有创新意义。如何撰写好全球史，是目前中国学界在积极探索的一个课题，许多学者也提出了自己的看法和见解，不过目前中国学界对这一问题还未形成一个统一的答案。而你的研究可以对目前中国学界如何看待全球史的书写做一个很好的阶段性总结，让中国之外的国家了解到中国学界的思考以及从中国视角理解的全球史。因此，这是一个“新上加新”的方向。

但不管如何，我觉得书写全球史的关键在于去欧洲中心化和去西方中心化，以确保历史叙述更加全面和客观。全球史应该超越国界和地域，突出多元文明的相互联系与共同进步。这需要拓展历史研究的视野，深入挖掘各个地区和文明的贡献。首先，强调各地区的本土历史，重视其自身的发展和重要事件，不再将全球历史发展仅视为欧洲或西方历史的衍生。其次，运用跨学科的研究方法，融合考古学、人类学、社会学等多学科成果，形成更全面的历史叙述。此外，引入来自环境史、图像史、女性史等领域的新视角，以扩大历史研究的范围和深度。历史叙述应该是一个具有合作性的过程，各国学者共同参与，共同决定历史叙述的方向，以确保历史书写更加公正、客观。历史研究应该强调全球文明的交流与互动，使全球各地区文明的历史贡献都得到公正的反映，实现全球史的真正普遍意义。

我在网上也关注了你的研究和学术成果，发现你和其他学者共同出版了一本书，叫作《书写历史！》。我对这本书很有兴趣，但并没有在网上找到资源，可否利用这个机会了解一下你的这份成果？

卢思波：这本书是和我的几个朋友合作的成果，其中一位是阿姆斯特丹自由大学历史学教授，另一位是阿姆斯特丹大学的博士后。创作这本书的初衷是我们发现荷兰本科生在写历史类论文的时候有非常多的困惑，包括我也经历过这段时期。在我读本科的时候，我们用的教材都比较过时，老师也不太教授学生如何写历史类论文，包括如何收集、使用史料，如何引证等等，所以一部分学生的基础相当薄弱。我们想改变这一现状，因此才有了创作这本书的动力。所以，这是一本教本科生如何写历史类论文的基础教材，它的内容更适合初学者。

陈琰璟：确实。在学术领域中，确保论文的规范性和道德性对于每位学生、学者来说都至关重要。我常与我的学生强调，写论文必须遵循明确的格式规范，并严格按照标准组织文章。学术论文具有普遍的内在规范，必须做到“一语必有证”。这意味着每个论点都必须有充分的证明，每个证明都需具备有力的支撑，从正面、反面和侧面多个角度进行严密论证。另一个通用规范是"一言必己出"，即结论或判断必须使用作者自己的独创性表达，不能与已有著作相同或类似，这样才能保证学术文章具有原创性。在引用他人研究时，我坚持告诫学生，引用的资料决定了文章的质量，因此务必尽力追溯并使用第一手资料，以确保引用资料的准确性，避免转引导致的错误。即使面临无法查阅原书等客观因素，也必须注意出处的权威性和可靠性。然而，除了学术规范，更不可忽视的是学术伦理的重要性。学术道德是我们从事学问的基本功。我一再强调，诚实做人、踏实学问是绝不可偏离的原则，严禁剽窃他人成果。学术界的信任和尊重来自我们对知识的真诚追求和切实努力。我们必须保持诚信，时刻牢记学问是对人类知识体系的贡献，而非个人名利的追逐。总之，遵循学术规范和坚守学术伦理是我们从事学术研究的基石。只有如此，我们才能发展出真正有价值的学问，为学术界和社会进步做出应有的贡献。这样的学术精神也将激励更多的学生参与其中，共同创造出更加辉煌的学术成果。

另外，我觉得若要从事历史研究，语言技能也是非常重要的。就拿你的研究作为例子，即研究中国视野下的全球史，如果读不懂中国学者的著作、研究成果，研究肯定没法深入进行，最后只能人云亦云，体现不出自己的学术观点。我也和你分享一下我导师周振鹤先生对我的外语要求。当年周先生招我为他的研究生，原因之一就是我擅长荷兰语。不过，我的研究主要聚焦在17、18世纪的中荷交往史，我当时所掌握的现代荷兰语还不能完全解决研究中可能遇到的问题，因此能读懂那个年代的荷兰语才算是掌握了基本的研究工具。周先生给我推荐了一本参考书，叫作《荷华文语类参》。这是一本19世纪初编撰的荷汉(闽)词典，也是我后续做研究过程中非常重要的工具书。同时，周先生还要求我多阅读古荷兰语的文献，特别要注意手稿的转写。也正是在他的指导下，我开始有意识地练习手稿识别、编写现代荷兰语与古荷兰语的对照表。我想你也是这么学习汉语的吧?

卢思波：是的，我也有类似学习中文的经历。我读硕士的时候，在首都师范大学的全球史研究中心学习过一段时间，那时候我还不太会中文，如果遇上不会英语的老师，我周围的同学就会帮助我，帮我翻译。经过一年的学习，我已经能够看懂中文书籍了，这使我对我的研究以及中国学界有了全新的认识，也为我后续从事相关研究打下了扎实的基础。

陈琰璟：我很期待你利用中文的史料进行深入细致的研究，也希望你的博士论文能够早日完成。从我国官方的定义来看，中国近代史的时间应从 1840 年鸦片战争到 1949 年中华人民共和国成立前，这也是中国半殖民地半封建社会的历史。中国近代史分为前后两个阶段，从 1840 年鸦片战争到 1919 年五四运动前夕，是旧民主主义革命阶段；从 1919 年五四运动到 1949 年中华人民共和国成立前夕，是新民主主义革命阶段。其中 1840 年是一个非常重要的标志，即中国近代史的开端。从传统观点来看，鸦片战争前的中国，政治上奉行闭关锁国的政策，经济上主张自给自足的自然经济，而这种政治和经济并不能阻挡资本主义的坚船利炮。在这种状况下，英国政府为了打破中英贸易的僵局，开始向中国输入鸦片，借助鸦片撕开了中国贸易的口子，也打开了中国的大门。而 1840 年鸦片战争爆发后，无论是金融业还是工商业，无论是政治还是人们的日常生活，都深受鸦片战争的影响。鸦片战争给当时的统治者当头一棒，为中国社会掀开了沉重的一页，同时这也促使一部分先进人士"睁眼看世界"，不断学习先进技术、先进思想，掀起了新思潮。但我注意到，你的博士论文第一章为"世界历史与海国（1850 年前）"，研究的时间范围为 1850 年前，你的研究时段划分依据是什么？

卢思波：我也认为 1840 年是一个非常关键的时间点。从那时起，中国开始有体系地去了解外部世界，对外界的认知逐渐由周边地区扩展到整个世界，从东方延伸到西方。作为他者的西方开始进入中国人的想象世界和书写谱系。其中"睁眼看世界"的代表有魏源和徐继畬，前者的代表作是《海国图志》，后者的则是《瀛寰志略》。这两部书是晚清时期"睁眼看世界"的代表作，记载域外地理、制度、民俗、文化、教育等方面的内容。由于两书作者的立场、价值观等与西方存在差异，虽然他们想以客观的笔触将域外世界呈现给中国人，但是书里亦有不少对西方文化的想象性描写和主观性判断，这也代表着当时中国学界对世界的时代认知和价值推断。由于这两部书先后于 1843 年和 1849 年成书，已接近 1850 年代，因此我将第一章的研究时段定在 1850 年前。

陈琰璟：你说的没错。由于受限于"中央王朝"的概念，虽然《海国图志》详细介绍了英吉利、法兰西、美利坚、西班牙、荷兰等西方国家的情形，对东南亚诸国也着墨甚多，可以被视为当时中国全面认识世界、想象异域的中介和桥梁，但这本书的书写话语和晚清政治外交话术高度一致，比如夷商、夷船、夷炮、夷技、夷事等，仍然有着强烈的华夏中心主义倾向，凸显出"我为中央、四方皆是蛮夷"的华夏中心主义思想。而以这样的观念去看待外部世界，即便魏源极力客观，也不可能达到真实呈现外部世界的效果。不过,这两本书的成书经过及书中所反映的思想,给我们了解近代"西学东渐"问题提供了有益的启示,对你研究中国视野下的全球史也有很大帮助。

卢思波:确实如此。在近代中西文化(地理、历史是其中的重要组成部分)接触的初始阶段,中国人大体上是用传统观念来看待新现象和新事物的,并根据自己的理解加以阐述或发挥。这种状况产生了两个结果:一是西方文化的实际性质在较长一段时间内被忽视,甚至被曲解;二是西方文化的某些内容由于有中国传统文化的解释作为护身符,从此得以流行、传播。这种结合,正是近代中西文化接触第一阶段的产物。当然,这种结合本身也包含着互相排斥的因素,在《瀛寰志略》这部著作中就有近代中西文化交流中既排斥又融合的最初表现。

陈琰璟:你博士论文第一章中提到了"海国"。你觉得魏源的"海国"和西方理论中的"海洋国家"有什么区别?

卢思波:在第一章里,我研究的是林则徐、魏源以及徐继畬等人眼中的全球观。魏源的《海国图志》是在林则徐《四洲志》的基础上编撰而成的。《四洲志》简要叙述了世界四大洲(亚洲、欧洲、非洲、美洲)30 多个国家的地理、历史和政治状况,是近代中国第一部相对完整、比较系统的世界地理书。在林、魏二人的观念里,"海国"指的是除中国以外的国家,这和西方话语里的"海洋国家"不是一个概念。

陈琰璟:确实如此。魏源的"海国"绝非西方话语体系中的"海洋国家"。在西方,19、20 世纪之交出现"海权论",指出海权与近代欧洲国家兴衰的联系,从国家战略的角度定义了"海洋国家",催生出地缘政治理论,进而产生了深刻的历史影响。"海洋国家"实质上是"海权论"话语策略中的一个概念。你能谈谈西方学界在各个历史时期是如何陈述"海洋国家"这个概念的吗?

卢思波:首先,欧洲海洋文明起源于克里特岛。以"克里特—迈锡尼"为中心的爱琴海文明以及后继的希腊雅典文明,以工商为主,以农为辅,海洋因素在国家形成中起了重要作用。正如柏拉图和亚里士多德所说,海洋是导致早期希腊发生变革的最有利因素之一。

之后,到了大航海时代,海外殖民、贸易及欧洲内部贸易的兴盛推动欧洲经济中心逐渐移向北海周边地带,欧洲急剧分化为"核心(西欧)—边缘(东欧)"格局。西欧和东欧在社会结构、政治制度和文化特性上的差异日渐加大。同时,大西洋贸易给赞同制度变革的宗主国商人集团带来巨额利润，这些利润导致政治平衡点远离君主，促成了政治制度的重大变革，进一步保障了财产权，为更多经济制度创新铺平了道路，从而大大刺激了经济增长。欧洲日后的全球性霸权与其在这一历史时期建立的扩张性海权优势有着密不可分的关系，其结果可以表述为："当今西方及其附属国大部分都是环绕着海洋聚合在一起的。"

再后来，英国成为大航海时代和世界体系扩散的最大获利者。1656 年，詹姆士·哈林顿（James Harrington）发表了政治小说《大洋国》（*Oceania*）。"大洋国"这一译名是雅名，原名直译当为"海洋国家"。在引言中，哈林顿提到："大洋国都处在海岛之上，就好像是上帝专为一个共和国设计出来的……这种地形使我们这类似的政府成了一个进取的共和国。"

从以上对西方"海洋国家"话语的初步分析可见，在论述中有选择地将历史上的海洋国家对象化，是典型的话语活动，并不完全符合世界历史上所有海洋国家发展的事实和实践。

陈琰璟：是的。摆脱西方话语中"海洋国家论"的束缚，挖掘各国的海洋历史文化资源，从文明的角度入手，通过对复杂国度历史的重新解读，提出新论述，重构海洋世界历史的新体系，塑造不同类型"海洋国家"的形象，是我们人文社会科学具有全局性、战略性、前瞻性的课题。我想这也是你将中国作为研究对象的重要原因之一吧。

另外，每年的 6 月 8 日是"世界海洋日"，中国国家主席习近平提出"向海洋进军，加快建设海洋强国"的目标，这说明新时代的中国从上到下都已经具备了海洋意识，并且正在为实现这一目标而努力。那么你认为古代中国是否具有海洋意识呢？请谈谈你的看法。

卢思波：一般来说，林则徐和魏源都被视为近代中国"睁眼看世界"的第一批人，但这并不意味着古代中国没有海洋意识，没有通过海洋去了解域外国家和世界。应该这么说，中国是一个巨大的国家，从南到北、从东到西，由于地理环境的不同，人们的生活、生产以及接触外部世界的方式也不同。同样，处在不同历史时期的中国由于政治考量的不同，最高层也会有不同的海洋意识表现。以郑和下西洋为例，这一时期中国的海上活动是规模空前的，郑和率领庞大的船队历时 28 年七下西洋，随行人数 27 000 名左右，大小船只百余艘，遍及亚、非三四十个国家和地区，最远到达了东非海岸。尽管学界对于大航海的目的还没有达成共识，但是不管其目的是寻求成祖统治的合法性，还是追迹前帝，或是宣扬国威以保证海疆的安定，都没有离开维护明朝统治秩序稳定的主线。可以说，这一时期中国的海洋意识是相对开放的。

而明清时期的海禁政策则表现出一种封闭的海洋意识。明清政府为了应对海上危机颁布禁海令，欲利用海洋阻断陆地与海上力量的来往，以保证封建统治秩序的延续。“迁界”是这种意识的强化，它企图在陆地上延伸海洋的屏障效应，人为地制造了沿海的“空心地带”，以达到政治目的。明清时期的海洋政策总体上是减少或禁止私人海商进行海上贸易，并在沿岸设立哨所加强防卫，以应对海上风险，包括应对反明势力、日本“倭寇”、海盗以及东渐的西方势力。从维护民族国家利益的角度讲，该政策具有一定的合理性，但是明清时期的商品经济远发达于秦汉时期的经济，用禁止海上贸易的方式来加强海防，客观上阻断了宋元以来形成的海洋经济意识，无疑是逆时而行，违背社会发展的趋势。

陈琰璟：你提到的明清海洋政策总体上是减少或禁止私人海商进行海上贸易，但居住在沿海的居民靠海吃海，以海洋为生，这就容易造成明清政府与沿海居民的对立。这种对立不仅仅是经济层面的，同样也是意识层面的。

不过，在研究明清时期的一些西文史料时，我们也常常能发现欧洲航海人对于华人的评价。从这些评价来看，同欧洲人交往最为密切的华人是存在一定海洋意识和海权意识的。他们便是收复台湾的郑成功以及在海外谋生的华人群体。从马汉对海权构成要素的定义来看，是否拥有海上力量(海军、商船队)、殖民地或海上基地、海上交通线这三要素决定了该主体是否拥有海权。若对这两个群体的海洋活动单独进行分析，我们不难发现他们拥有的海权并不完整。从海外华人角度来看，他们的海上贸易线几乎遍及日本至东南亚各地，并且在当地有一定规模的华人社区或贸易据点，只是缺乏强有力的武装来保护航线安全及海外利益；而郑成功虽然拥有一定数量的海军以及商船队，但是其海上交通线的辐射范围相对较小，对大多数东南亚国家而言影响力有限。若能将这两个群体结合起来，便会构成属于中国人的较为完整的海权，这会对当时东印度地区的格局产生不小影响。这也是为何 1662 年郑成功攻下台湾后不久，马尼拉发生大规模屠杀华人事件的原因，因为西班牙人非常忌惮郑氏同当地华人联手合作将他们赶出马尼拉，最终落得同据台荷兰人一样的下场。

但历史容不得假设，明清两代官方的海禁政策终究迟滞了沿海先民海外探索的脚步，更是扼杀了中国的海洋经济活动。由于无法获得政府支持，经由华人几个世纪建立的东印度贸易网络也慢慢易了主。以巴达维亚为例，虽然华人在巴城一直拥有较高的经济地位，但在荷兰人制定的规则下，华人的经济活动是被动的，是为了配合荷兰人整体战略而进行的，甚至有时是侵害自身利益的。由于当时的中国政府并不认可华人在海外的活动，甚至将他们视为“弃民”，关于华人海洋活动的记录也因此有意无意地被忽略了，而这些先民们的海外拓展事迹本应是中国史的重要构成。

所以，我认为古代中国是具有海洋意识的，这种海洋意识更多地存在于沿海地区，那里的居民有着自发的拓展精神和认识外部世界的勇气。与此相对的是，决策层有时表现出了封闭的思想，没有充分意识到与外部交流能够提升自身的综合国力。

恰逢中荷建交50周年，我先开个头，回顾一下双方交往的开端。作为欧亚大陆两端的国家，经贸合作始终是中荷关系发展中最为重要的纽带之一。不仅当下如此，早在17世纪双方的交往过程中，大量中国商品就经由荷兰东印度公司的船队输入欧洲，成为炙手可热的畅销品。伴随着商品贸易的繁荣，中国知识以及资讯也相继传入荷兰，荷兰甚至成为欧洲最早刮起“中国风”的国家。不过，由于当时明清两朝厉行海禁，中荷两国的互动呈现出“外热内冷”的特点，即海外华人社区(如巴达维亚)同荷兰东印度公司的合作规模远超两国官方合作。直到1655年，一支由16人组成的荷兰使团从巴达维亚出发前往北京拜谒顺治皇帝，中荷双方才正式开启官方接触，这一事件在中荷交往史中具有里程碑式的意义。最值得关注的资料便是使团记录官约翰·尼霍夫(Johan Nieuhof)所著的《荷使初访中国记》。该著作分为上下两篇，上篇主要采用旅行日记的形式，对沿途风物、各地官员的接待以及拜谒顺治皇帝等重要事件进行了详细记载。下篇则分为十九章，主要对中国的语言、文字、戏曲、物产、经济、宗教、交通、山川河流以及明清战争等内容进行记述。这使得荷兰社会对中国的兴趣不断增加。可以说，荷兰人对中国文化在欧洲的传播起到了相当重要的作用。

在中荷建交50周年之际，从历史上的中荷交往来看(17世纪至今)，你觉得中荷两国应该如何高质量地发展双边关系?

卢思波：你说的没错。17世纪时双方以民间交流为主，官方交流为辅，但就是为数不多的官方交流，使得关于中国的重要讯息传入荷兰以及欧洲。由此可见，从官方层面推动交往可以起到事半功倍的效果。放眼现今，中荷两国的官方互动非常频繁，疫情前中荷官方几乎每年都会进行正式的国事互访。如2014年3月习近平主席对荷兰进行国事访问，双方一致决定将双边关系提升为“开放务实的全面合作伙伴关系”；2015年、2018年荷兰国王威廉·亚历山大访华。2013年首相马克·吕特正式访华，2015年来华出席博鳌亚洲论坛年会，2018年出席博鳌亚洲论坛年会并正式访华，2019年6月再次访华。2018年10月李克强总理对荷兰进行正式访问，2019年5月王岐山副主席访荷。这样的频度在世界外交舞台也是不多见的。由此可见，中荷两国都极为重视双边关系的发展。目前，合作共赢仍是主旋律，通过对接基础设施建设、投资计划以及政策，中荷两国将为中荷企业提供更多的商业机会，提高中荷的就业、经济增长与开发水平。当然，双方也要关注彼此的需求，更好地推进两国各层面关系的发展。

陈琰璟：是的。在经济方面，荷兰连续20年保持中国在欧盟第二大贸易伙伴的地位，是欧盟第三大对华直接投资来源国，中国是荷兰在欧盟外第一大贸易伙伴和第二大投资来源国；在人文交流方面，在荷中国留学生人数超过万名。从政治、经贸、人文三驾马车齐头并进的良好态势来看，中荷关系较为稳定。但目前两国的交往过程中还是出现了些许不和谐的音符，比如荷兰宣布新的芯片技术出口限制规定。这一规定将对其自身战略自主性和本国发展利益造成严重伤害，也将干扰包括荷兰企业在内的全球半导体产业健康发展。全球半导体产业是你中有我、我中有你的产业格局，中国又是世界上最大的半导体市场，也是全球半导体供应链的重要组成部分。任何国家和企业与中国市场进行“脱钩断链”，都会对自身发展带来严重负面影响。

因此，如何健康发展中荷关系考验着荷兰当局的政治智慧。是否能够独立自主地发展与中国的外交与商贸合作，将对两国未来的关系产生巨大影响。

中国哲学在西方文化传统中的地位

倪　杨[1]　马　思[2]

倪杨：您好，请您简单介绍一下自己。

马思：我叫马思，意大利人，本科就读于意大利博洛尼亚大学艺术、音乐和表演学科（DAMS），随后前往英国继续深造，在伦敦大学亚非学院攻读硕士和博士研究生。博士阶段主要从事东西方哲学对比研究，在中国哲学方面主要研究道家学说的两大文本，即《道德经》和《庄子》。现任教于英国华威大学哲学系。

倪杨：哲学是民族文明智慧的结晶，也是中国传统文化的重要组成部分，您选择中国哲学作为研究对象的初衷是什么？

马思：之前在本科学习阶段我对艺术批评和美学比较感兴趣，我认为具备一定的哲学知识背景对这一研究非常重要，因此，后期我选择了进一步深入研究哲学，继而接触到了中国哲学。

倪杨：您觉得东西方哲学的差异主要体现在什么地方呢？

马思：关于东西方哲学，我认为还是有很多不同点的。在我个人看来，西方哲学又被分为分析哲学和欧陆哲学，虽然这一二元划分还未被所有人认同。分析哲学主要是在盎格鲁-撒克逊国家盛行，而在法国、德国、意大利和西班牙等欧洲国家则流行欧陆哲学。分析哲学和欧陆哲学之间具有本质性的区别。分析哲学，从它的名称上可以看出，更多是偏向于定义、科学方法、逻辑推理，而欧陆哲学更多是侧重于哲学的历史以及探索一些重要哲学概念的起因、发展、演变及其对人类的影响。也正因为如此，欧陆哲学中很重要的一部分是存在主义、现象学等。我个人认为，中国古典哲学的发展历程可能与欧陆哲学更加相

---

① 倪杨：南开大学外国语学院意大利语系，讲师

② 马思：Massimiliano Lacertosa，英国华威大学哲学系，助理教授

似,主要体现在它的表达方式上,不具备很强的逻辑推论,反而有更强的文学诗意。很多中国哲学大家们的作品都渗透了他们的文学观。同样地,尼采或萨特在他们的作品也注重文学性。很多哲学道理以格言警句的形式呈现,具有碎片化、多主体的特点,比如语录体文集。

倪杨:请您谈谈中国哲学在意大利以及英国的传播与接受情况。

马思:我认为,应该是先有接受而后再有传播。在西方哲学研究中,就中国哲学是否属于哲学范畴这一问题仍存在一些争论,但历经多年的探讨,目前中国哲学在一定程度上逐渐被接受。总体上来说,中国哲学虽然有一定的接受度,但实际上在国外高校里并没有得到很广泛的传播。我对意大利的情况不是很了解,不过我觉得中国哲学在意大利的接受度应该比在英国高,因为意大利有好几个研究汉学或东方学中心和高校。比如意大利的老牌名校威尼斯东方大学和那不勒斯东方大学,比较新的有罗马一大和锡耶纳外国人大学。而英国只有伦敦大学亚非学院(SOAS)以及一些规模不大的研究中心,比如牛津大学的东方学研究中心。纵观全局,我认为中国哲学仍未被看作哲学研究中的重要部分。例如,伦敦大学亚非学院虽然现开设了世界哲学(world philosophies)本科专业,也不再仅仅教授某一区域的哲学,但是在英国高校开设的哲学系里中国哲学仍未被列为非西方哲学研究中的重要部分。很多英国学者尚未接受欧陆哲学,更不用说西方哲学以外的哲学。华威大学在这方面可以说是个特例,因为它有分析哲学,也有欧陆哲学,目前我们也正在努力拓展到西方哲学以外的其他哲学研究,其中就包括中国哲学。华威大学可能是全美国唯一开设中国哲学课程的高校。也许意大利的中国哲学研究情况要比英国好一些。

除此以外,还存在另一个问题,那就是哲学研究者和汉学研究者没有很多的交流。因此,很难有精通汉语的哲学研究者,抑或是精通哲学的汉学家,但我认为两者之间应该有更多的对话与合作。当然,我也能理解学习汉语对很多人来说是一个很大的挑战。我曾有幸在北京师范大学交换学习过一段时间,这对于拓展我个人的研究是大有裨益的,但并非所有人都有这样的机会并能坚持下来。

倪杨:您觉得中国哲学如何能更好地融入世界哲学话语呢?

马思:因为高校对非西方哲学研究的支持力度并不是很大,尤其体现在研究经费的审批上。所以如果想要在西方高校中增加对非西方哲学的研究,吸引人才和资金开展研究项目,(中国)应当增加资助,比如开设更多奖学金,简化国际学生的来华程序，资助国际学生和包括博士后、助理教授等在内的各层次研究人员。资助对象应该不仅限于在中国学习的学生，也应当包括西方高校大学生和研究人员。

倪杨：请您谈谈汉学研究和哲学研究是否具有交叉的可能性呢？您是否可以简单举例说明一下呢？

马思：一般情况下，汉学研究比哲学研究发展得更好。汉学研究本身就属于区域研究的一个方向，汉学研究者可以把中国语言与文化中的任何元素作为其研究对象，而哲学研究属于另一个范畴，它的研究对象更广，其中也包括了中国哲学研究。但我个人认为汉学研究和哲学研究应是相辅相成的关系，只有在对中文文本理解比较透彻的基础上，才能对中国哲学有着更清楚的认识，而很多哲学研究者只是通过翻译过来的文本去了解中国哲学。哲学研究和汉学研究还是可以有很多交叉点的。例如我认识罗马二大的一位哲学教授，他日前与一些意大利汉学家正尝试创建一个中西方哲学文本翻译语料库，这就是一个很好的哲学与汉学交叉的项目。

倪杨：您对在英国以及意大利进一步推广孔子学院有什么更好的建议？

马思：英国的孔子学院比意大利的要多，同时中英之间的文化交流比中意之间的文化交流要更早、更多、更密切。近些年，意大利孔子学院的数量也在逐渐增多。孔子学院是我最开始接触中国、中国文化和中国人的地方，我也正是在一次参加由孔子学院组织的讲座中意外得知博士联合培养项目。当我申请博士联培项目的时候，孔子学院起到了很好的桥梁作用。另外，他们提供的中文课程质量很好，学院里的人都很热心、友好，给我提供各种帮助。我没怎么参加他们课程以外的活动，但是在我印象里，他们组织的活动都取得了很好的效果。不过不同地区的孔子学院在管理和发展上可能有差异，不同高校的孔子学院间貌似存在着一种竞争关系，但在我看来，他们应该加强合作，共同为在海外传播汉语语言文化做出更多的贡献。

倪杨：除了孔子学院、孔子学堂以及各个大学的相关系所，英国/意大利还有哪些其他汉语语言文化传播机构？

马思：目前传播汉语语言和文化的机构主要是大学，有些高中近几年也开设了汉语课程。除此以外，还有一些私立的语言机构从事汉语语言与文化教学。

汉语习得过程中的母语干扰分析

于文雍[①] 玛利亚[②]

于文雍：在您的汉语学习和汉语教学过程中，您认为汉语的哪一方面学习难度最大？

玛利亚：对于初级学习者而言，发音和写字是最难的两个方面。汉语在某些发音方法和发音部位上与我们的母语斯洛伐克语完全不同。掌握汉语的发音特别困难。对于中级或高级学习者而言，语用更加困难。汉语中有很多近义词，使用时可能会出现偏差。

于文雍：汉语发音困难与音调有关吗？因为汉语有四个音调，而且音调有区分语义的功能。

玛利亚：是的，因为我们的语言没有音调。除了音调之外，汉语有一些发音在我们的语言中是不存在的。我们在教学时会先教汉语基本发音，等学生对基本的发音方法熟悉后再加入音调。我们从一开始就非常重视学生的发音是否正确。首先要求学生练习单个声母和韵母的发音，然后让他们读简单的字，最后是词语和句子。需要选择一些对学生来说比较困难的声母和韵母组合的例子，例如"zh-ch-sh""z-c-s"以及"j-q-x-r"。我们的学生在上述第一组发音习得过程中需要克服母语干扰，因为"zh-ch-sh"在汉语中都是清音，但是大多数学生会用斯洛伐克语中的浊音来代替它们。

于文雍：你们有针对汉语语音教学的视频资源吗？因为视频可以看出口型和发音部位的变化。

玛利亚：我们只有图片，但是我不确定学生是否能看懂这些图片。此外，我们还会给学生推荐一些网站，让他们了解中文韵母和声母的发音系统，包括

① 于文雍：复旦大学外国语言文学学院，博士/复旦大学出版社，编辑
② 玛利亚：Maria Istvanova，斯洛伐克布拉迪斯拉发夸美纽斯大学，博士

发音方法和发音部位。

于文雍：关于汉字的书写，你们会让学生练习字帖吗？中国的小朋友在学习汉字书写时会练习字帖。

玛利亚：我们学生学习汉语的时间有限。我们有专门的老师上汉字书写课，老师会解释汉字的组成部分、各组成部分的含义等等。我们还是希望学生通过自学完成大部分的汉字书写作业。课堂上，老师对他们的书写进行纠正，让他们认识并学会书写汉字。

于文雍：我觉得汉语的核心在于组合。因为汉语是分析型语言，在表达新的概念时更倾向于重新组合已有的语言材料来实现。汉语学习最重要的是汉字学习，特别是常用字。对于汉字的学习，我认为可以先学习常用字、简单字，特别是象形字，同时可以结合甲骨文或者动画视频，让学生了解字形的演变，因为字形和字义是有关联的。比如，在第一节汉语课让学生观看汉字短片《三十六个字》，以提高学生的学习兴趣，拉近学生与汉字的距离。如果斯洛伐克语中有来自汉语的词语，老师在第一节课上也可以从这些词入手，消除学生对汉语的陌生感。以英语为例，英语中有一些来自汉语的词，如 kung fu（功夫）、mahjong（麻将）等等。另外，汉字的偏旁有不少都来源于简单字，学生可以通过对汉字偏旁的学习建立字形和字义的关联，提高学习效率。举个例子，月字旁通常与身体或身体部位有关，比如"肥""胖""肚""肝""肠""胳""膊"等。

玛利亚：汉语学习中最难的还有对一些概念的理解，比如时间概念。

于文雍：您说的时间概念是不是类似于汉语用"前""后"表示时间。"前"可能表示过去，比如"前天""前年"。但是学习者认为"前"是前方，应该表示未来。是这样吗？

玛利亚：是这样的。此外，还包括汉语没有明确的形式表示时态，比如现在进行时、过去时等。

于文雍：我觉得汉语的时态，有时是用字词来体现的，比如"正在"可以表示现在进行时；有时是根据语境来判断的。汉语高度依赖语境。我们回到刚刚那个用"前"表示时间的例子。"前"表示过去时间时，不是"前方"的意思，而是表示顺序在前。我们也会说"前路漫漫"，即未来的路还很长，所以"前"也可以表示未来。汉语中有一些成语，其本义已基本不单独使用，在教授这些成语时，你们会把它们原本的意思告诉学生吗？

玛利亚：我们的大一学生主要是学习汉语口语，教材中很少出现成语。对于我个人而言，我在斯洛伐克学习汉语期间很少接触成语，来华交流后学习的成语比较多。我的中文老师在教授成语时，会讲成语背后的故事，也会给我们观看视频。这样学习起来比较容易。我们一边听一边看，听不懂时可以通过看来理解。

于文雍：我认为对于成语，或其他已不再使用本义的词语，教学中给出本义能够揭示构词理据和认知路径，降低学习难度。《牛津英语词典》中收录的汉源词如 ride a tiger（骑虎难下）、walk with two legs（两条腿走路）、iron rice bowl（铁饭碗）、shake the money tree（摇钱树）、paper tiger（纸老虎）、running dog（走狗）都是直接借译自其本义。

您的论文是关于汉语学习中的母语干扰，除了干扰外，母语对二语学习也有正向的作用。在汉语教学中，你们会利用母语的正向作用吗？比如寻找斯洛伐克语与汉语的共通之处。

玛利亚：斯洛伐克语与汉语有很大差异，共通之处不多，但是我们仍然可以找到一些好的例子。比如上课时我们会就学生熟悉的斯洛伐克语的结构，向学生介绍这些结构用中文是如何表达的。有时二者结构虽然完全不同，但通过对比，学生也会记忆深刻。这样的练习对他们提升翻译技能也有很大的帮助。翻译课一般会让学生先小组讨论需要翻译的课文，标注他们不太懂或不太熟悉的词语或句子。再让学生自己查询生词的意思，制作生词表并在课堂完成初始翻译。在初始翻译的基础上，我们会作初步的讨论和修改。最后给他们留的作业便是完成最终版本的翻译。除了完成翻译作业，学生还需要熟练书写和翻译生词，我们定期会有小测试。

于文雍：您刚举的例子就像有时我们记忆一个词会通过它的反义词来记忆一样。在二语学习中，建立一语与二语之间的联系，包括正向和反向联系，能够帮助学习者提高学习效率。你们平时在汉语教学中有什么较为常用的应用程序、词典、网站等资源吗？

玛利亚：一般我们会为学生推荐一些线上词典，学生可以在上面看到汉字是如何书写的，这对于他们来说有很大的帮助。老师在课堂上没有足够的时间让每一个学生写字，然后点评，所以为他们提供一些工具让他们在课后自学。我们使用的大部分教材都是口语教材。

于文雍：我们正在做一本大型汉英词典，即《中华汉英大词典》，总共三卷，上卷已经出版。在做词典的过程中，我认为如果把构词理据体现出来，会对学习者有很大帮助。以“粉阁”为例,“粉”和“阁”均为多义字,“粉阁”本身也有两个义项,可指“闺阁”,也可指“尚书省”。“粉阁”指“闺阁”时,语义相对容易理解,“粉”指“脂粉”,“阁”指“闺房”。“粉阁”指“尚书省”时更令人费解,从字面看很难将二者联系起来。在这种情况下,给出语义理据,有助于对该词的理解。《汉官典职仪式选用》中提到“尚书省中皆以胡粉涂壁”,可见“粉阁”中的“粉”指“胡粉”。汉代尚书省中以胡粉涂墙,故被称为“粉阁”。以同样方式命名的还有“椒房”,即汉代后妃所居的宫殿。以花椒果实和泥涂壁,取多子吉祥之意,因而后妃宫室被称为“椒房”。给出语义理据会减轻学习者学习的困难,在词与词义之间建立联系。

玛利亚:您刚刚说的这些信息在词典条目中都会呈现吗?

于文雍:是的。本义、引申义、例证在《中华汉英大词典》的条目中都会呈现。一般越是高频的词,例句越多,因为常用词在不同语境中可能有细微的语义和语用变化,这些变化需要通过例句来体现。一些不常用的词,比如某个地方的方言或文言词,可能就不补充例句了。

玛利亚:例句是如何选取的?

于文雍:选取例句的途径不是单一的,有的是从书中摘取,有的是从语料库中选取。有时为了更好地体现词目的用法,也会对例句略作改动。

玛利亚:词语的频率是如何确定的?

于文雍:频率主要根据语料库来确定。您认为在对外汉语词典中标注词频对汉语学习者有帮助吗?

玛利亚:肯定有帮助。因为无论是学习者还是教师,都可以根据词频来调整学习和教学的顺序或重点。词频对于学习者准备中国汉语水平考试(HSK)也有很大帮助。目前还没有看到哪本汉语学习词典标注词频,但是中国汉语水平考试的辅导材料或词汇手册中有词频信息。

于文雍:《牛津英语词典》在每个词目中都标示了该词在1970年之后的词频级别。五大英语学习型词典也都有以特殊符号标示常用词的传统。在汉英词典中标注词频信息,能够使字词的实际使用情况一目了然。如“疼爱”和“痛爱”两个词,在《汉语大词典》中“疼爱”的解释是“关切喜爱”,“痛爱”的解释是“疼爱,关切喜爱”,可见二者词义相近。但是在实际使用中,二者的词频却天差地别。在Chinese Web 2017(zhTenTen17)语料库中,“疼爱”的标准词频为2.65,而“痛爱”只有0.02,“疼爱”是“痛爱”的132.5倍。如果不标注词频,母语者因拥有语感，在平时使用中不会使用“痛爱”，但是外国的汉语学习者却可能会频繁使用“痛爱”，从而造成交流不畅。此外，汉语学习者和教学者还可以根据词频分级情况以及学习目的和教学目标有针对性地使用汉英词典。为仍在使用中的汉语字词标注词频信息，相当于对汉语字词的使用情况做一次系统的梳理。根据词频标注提取出的分级词表，除对汉语的学习和教学有很大帮助外，对于儿童语言习得、分级读物的编写以及语言研究都大有裨益。需要注意的是，语言的使用是一个动态变化的过程，因而在词典修订时也要根据词语的实际使用情况对词频信息作出调整。你们目前汉语教学是线上教学还是线下授课？线上教学会不会不利于学生集中注意力？

玛利亚：我们现在是线下授课，疫情期间是线上的。线上教学时学生很难保持专注，他们玩手机或做其他事情时，老师很难控制。不过线上教学也有优点。线下上课时，20 几位学生在一起，有的学生会非常紧张。对于这样的学生而言，我认为线上教学效果更好。他们说汉语时不会像线下课时那样尴尬。线上教学还可以通过“分组讨论室”进行小组讨论。我们希望学生从一开始便能够习惯互动交流、问答等，这样可以提高学生的口语表达能力，并且培养他们有效地对同学的表现提出反馈意见。

于文雍：你们汉语课一个班级通常有多少学生？

玛利亚：大一年级，一个班级差不多有 20 几个学生，年级越高学生的人数越少，有的到后面就坚持不下去了。

于文雍：您在读博士的过程中有什么特别深的体会或特别大的收获吗？

玛利亚：我特别高兴能有在中国做一些项目的机会，这对于我保持汉语水平有非常大的帮助。无论疫情前还是疫情后，我都与一些中国朋友、中国老师有比较密切的联系。无论是线上还是线下，这种感觉非常好，这也是我这两年还能保持一定的汉语水平的原因所在。

于文雍：您来中国后对中国的社会或文化印象最深的是什么？

玛利亚：到中国后我最大的体会是我的语言能力还不够，交流比较困难。课堂上老师都习惯了他们面对的是外国人，使用的语言与一般人有很大的不同。我感觉中国人非常友好，虽然我们语言不通，但我遇到困难时，他们都很愿意帮助我。

上海：冒险家的乐园

蔡雅芝[①] 那 秋[②]

蔡雅芝：那秋你好，很高兴与你在线上开展此次对谈。可以简单介绍一下你的相关学习与职业经历吗？你当时为什么来到中国？

那秋：你好，我是胡安·伊格纳西奥·托罗·埃斯库德罗（Juan Ignacio Toro Escudero），我是西班牙马德里人，中文名字叫那秋。我本科就读于西班牙卡洛斯三世大学，学习的是新闻学。我获得了多个硕士学位，后来在西班牙康普顿斯大学获得了第一个博士学位，其间在北京大学交换过两年，此后通过汉办的奖学金项目去到华东师范大学，然后又去到哈佛大学交换，最后完成了博士学业。现在我正在西班牙卡迪斯大学攻读第二个博士学位，目前正在墨西哥自治大学交流，进行关于毛里西奥·弗雷斯科（Mauricio Fresco）的研究。我现在主要在大学供职，以教授西班牙语为主，我在中国、美国、俄国、乌克兰、哈萨克斯坦、蒙古等国家都工作过。此前我在蒙古工作的时候，有一次来到中国旅游，然后对中国萌发了兴趣，我感到必须再次去中国了解和学习更多的东西。后来在中国，我在北京语言大学、北京理工大学、北京城市大学等大学都工作过。

蔡雅芝：你的个人经历相当丰富。我知道你当前的一个研究重心是一部创作于20世纪上半叶的作品《上海：冒险家的乐园》（*Shanghai: the Paradise of Adventurers*）与它的作者毛里西奥·弗雷斯科，可以了解一下你为何选择了这一个研究主题吗？

那秋：主要还是因为兴趣，而且我同时也翻译了这本书。谈到翻译的契机，因为当时刚好是在疫情期间，我被隔离在西班牙的家中，所以那段时间我决

---

① 蔡雅芝：复旦大学外国语言文学学院，教师

② 那秋：Juan Ignacio Toro Escudero，西班牙卡迪斯大学，博士研究生

定翻译这本书。当我开始翻译以后,我逐渐发现它背后还隐藏着更多的东西。这本书的内容很有意思,在当时产生了不小的影响,后来这本书也经历了多次的重新编辑,最新的一版是在十余年前完成的。我觉得很有趣,所以决定对它开展进一步的研究。这本书的一半内容来源于作者此前自己在报纸、杂志上发表的文章。我也研究了书中涉及的许多主题,包括那些冒险家是否在现实中存在,以及他们的真实生活是怎样的等等。总之,我做了不少相关的深入调查,直到最后我决定将它作为一个更大的研究项目来完成。

蔡雅芝:这本书的标题是《上海:冒险家的乐园》。那么,你对其中的"冒险家"一词是如何理解的,在书中冒险家包含的范围似乎非常广泛,它具体指涉了哪些不同的人群,又是什么因素促使这些冒险家诞生在 20 世纪 30 年代的上海呢? 我想,它的时代背景应当是相当复杂的吧。

那秋:题目中的"冒险家"一词与现今这个词具有的意义是不一样的。在我们当前语境下,它是一个比较积极的词汇,一个典型的"冒险家"形象就是印第安纳·琼斯(Indiana Jones)——一个在西方众所周知的电影人物。所以现今的"冒险家"基本上意味着一个勇敢的人,他有着一个充沛的人生,并且可以完全掌控自己的生活。但是在《上海:冒险家的乐园》这本书中的那个历史时期,不管是在西班牙语中还是在英语当中,"冒险家"一词都带有贬义的一面,它意味着行事不考虑后果,也不考虑其他人,而且它的意义在某种程度上也与犯罪相关。当时有些人没有办法选择去别的地方,只能选择去上海,而且在殖民地的领事裁判权下,他们一方面可以免除被追捕的下场,另外一方面还可以做任何他们想做的事情,其中有许多事情是违法的,例如鸦片贸易以及建立黑社会等。不过,尽管当时这个词的意义比现今更加具有贬义,但是它也包含了积极的一面,比如勇气、不羁、对规则的突破等。这些敢于冒险的、非同寻常的人勇敢地追寻自己的目标。不过尽管如此,我们还是不能忽视它的诸多负面含义,在 20 世纪的前几十年,上海的确是冒险家的天堂。

蔡雅芝:很有意思。很明显,这群冒险家是在特定的时代与历史背景之下诞生的一群人。一群外国人于 20 世纪初期来到上海,并在特殊的历史环境之下获得了这样一重身份,他们的活动也在作者的书写当中被定义为"冒险"。这给我的直接感觉便是,"冒险家"是不同主体发生了交集,进而在权力关系与权力地位的不对等面前凸显出来的这么一种特殊的身份境况。

比较令我好奇的是,作者开展写作与评判的出发点是什么? 弗雷斯科本人作为一位来自墨西哥的外交官,曾经旅居上海与巴黎等许多城市,他对于他提到的这些冒险家怀有何种态度呢?在作品中他对于当时的中国好像怀有一种同情,在书中的许多段落之中,他都表现出了对这些冒险家所作所为的批判。我很好奇,作者为什么选择了这一立场?你认为这与他的身份背景有关系吗?比如说,据我所知他是来自墨西哥这样一个曾经被殖民统治的国度,我们是否可以采取这样的一种理解:某种程度上他自身的身份立场使得他对当时的中国产生了一种共情?

那秋:确实如此,他的确是对中国怀有同情的,同时对领事裁判权以及当时各国与中国的诸多不平等协定持有批判的态度。事实上,弗雷斯科本人并不是墨西哥人,他出生于奥斯曼帝国,而他自己又是来自伊比利亚半岛的犹太人。从西班牙与葡萄牙被驱逐以后,这些犹太人分布在地中海沿岸各地,如希腊、土耳其、北非各国等等。弗雷斯科曾经在法国、西班牙当过记者。抵达墨西哥以后,他又获得来到上海成为名誉领事的机会,通过从事这个职业,他既认识了很多不同的人,也从中获取了很多的信息。在出版了这本书之后,出于对自身安全的考虑,弗雷斯科必须得逃离中国。此前他还去了当时的"伪满洲国",去调查那里的相关情况。他的态度一直倾向于支持中国,包括在中日战争以及对于上海当时半殖民地的境遇等方面。他对于领事裁判权以及当时各国在中国的诸多行为持有一种强烈批判的态度,反对美国、英国、法国在上海的控制。他表现出来的这种态度与当时的主流倾向实际上是很不一致的,因为在那时支持中国的声音还是比较少见的。当时,国际上大部分的媒体更倾向于支持日本。与此同时,当时明确反对领事裁判权的声音也是很少的,所以弗雷斯科完全是逆当时的主流而行。而且,因为他是摄影师,所以他的批判态度也在他的一些摄影作品中有所展现。

谈到他的写作立场,我认为他的立场与他自身的生活经历是有关系的。弗雷斯科本人有一种革命的意识。例如,在他逃离中国到法国工作以后,他还帮助西班牙内战之中的共和党人流亡到墨西哥。他支持西班牙的左派,很显然也是因为他的意识形态。这与他的个人生活背景有关,他出生在奥斯曼帝国的伊斯坦布尔,而他本身又是犹太人。在自己的祖国覆灭之后,他不仅没有一个确定的国籍,而且作为此前奥斯曼帝国的一个少数群体成员,他也不说土耳其语。他们这个少数群体说的语言与西班牙语以及拉丁语更为接近。他在一战期间便离开了那里,后来去了墨西哥,在抵达墨西哥后,他弄到了一个伪造的墨西哥出生证明，在那还不到五年他就又去了亚洲。实际上他自己本身也是一个冒险家，也曾经有过一些违法行为，比如到了上海以后购买假护照等等。而且犹太人当时也有身份上的问题，并不是在任何一个地方都很容易被接受，所以他自己的确也可以算作是“冒险家”的一员。

蔡雅芝：在小说中，作者谈及了驻华的各国领事在日本侵华事件期间的表现。所谓的协调矛盾与促进和平的国际联盟，实际上其所作所为完全没有实现预期的效果。例如，书中写道：“维持国际联盟的神圣的原理的大工作一步步软化下来而成为一串东方式的宴会。何以解忧，唯有杜康。喝，喝他个天倾地倒；哈啦唏哩的爵士们正得其所哉！”那个时期，我们了解到的是，中国学者胡适也曾经对国际人道主义寄予了相当高的期望，但是最后，国际人道主义并没有发挥实际的作用，最终沦为了一种空想。

那秋：在那时，在不少西方民众的眼中，日本是现代化、西方化的力量的一种代表，所以他们对于日本有更多的共情。中国在当时是非常信任国际联盟的，但弗雷斯科对于这种信任与期望也抱持一种批判的态度。当时诸国的领事去伪满洲国，表面是在调查情况与促进和平，但是实际上很多人就是在那里寻欢作乐。

蔡雅芝：那么小说中对于历史的诸多刻画符合真实历史吗？作者在其中有没有加入自己的个人想象？我的意思是，您认为，在历史真实与写作之间存不存在一种张力？它是不是一种非虚构写作？

那秋：书中的确展露了他的许多个人评论与个人观点。我认为他是很有勇气的，也在不断地寻求一种真实。他依然葆有作为记者的身份的一面，他的叙述与当时媒体的主流倾向是不同的。总体而言，他还是力求真实与客观的。他的写作立场也比较中立，因为他与中国以及日本之间并不存在着直接的利益关系。不过有趣的是，他在该书中体现出的态度和他在欧洲的报刊发表的文章中体现出的态度是不完全相同的。当他在为西班牙的媒体写文章时，在谈及中国与日本时，他表现出来的态度是更加支持日本的，或者至少是更加中立的。也就是说，在为欧洲写作时，他是更加温和的。在某种程度上，面向欧洲媒体的这种写作态度是为了迎合当时欧洲的媒体和民众，因为对于当时欧洲的民众而言，中国只是一个遥远的、异域风情的、贫穷的存在。但是当他在中国写这本书的时候，他的态度是要批判与激进许多的。

在那个时期，意识形态对个人的影响是极为明显的，他对于西班牙内部有着明确的意识形态选择,但是因为他与中国和日本之间没有密切或明显的利益关系,所以意识形态的影响则相对较小。尽管领事裁判权对于他个人而言同样是能带来好处的,但是他实际上还是从理性客观的角度切入,而不是基于个人角度进行评判,所以他的确有寻求真实的热忱。

不过书中有一个部分的真实性值得商榷。在一个章节中,作者提到的冒险家是来自南美的一些罪犯,他们寄托于坐船去寻求一个安放自己的处所。这一部分的叙述事实上是基于一篇文章,但是这篇文章并不是弗雷斯科自己写的。根据我的研究,那篇文章里提到的人可能实际上和中国不存在明确的联系。也有可能是作者没有做充分研究,就对源自于别人的一篇文章施加了主观想象,然后将它变成了小说的一部分。

蔡雅芝:在我看来,在这本书里,弗雷斯科的写作方式好像是一种评述式的写作,一边记叙历史事件,一边评论。而且,有趣的是,这本书里面没有绝对的主角,这也让我联想到了中国的《儒林外史》这本小说,里面的人物十分纷杂,由许多故事串联起来。全书没有主干,"虽云长篇,颇同短制",与传统的通俗小说有所不同。回到《上海:冒险家的乐园》这本书,我们怎么来界定这部作品的体裁最为合适呢?

那秋:确实很难对它的体裁进行界定,作者主要还是想把它作为一本小说来书写。值得注意的是,这本书中包含了许多他曾经在报刊上发表过的文章,包括散文、新闻等,当中涉及了诸多不同的主题。书中的每一章都是基于他发表过的某篇文章衍生而来。所以它最终呈现为一种混合的体裁。在这本书中,他自己可以算是第一人称的主角,如果让我来定义的话,我会觉得它更像是一种小说化的报道文学。他使用了自己的笔名来开展写作,而且在发表之后不得不逃离中国。该书出版之后,便在社会上引起了对于作者身份的猜测,最后中国的一家报社发现了他的身份。出于对自身生命安危的担忧,他坐船离开了上海,在离开之前他留下了一封信,在信中明确表明了他对中国的支持态度,后来他便去了墨西哥。

蔡雅芝:小说还为我们描述了一众传教士当时在中国的行为,他笔下的描写似乎也与别的时期来华传教士的行为,以及与宗教信仰之间有着较大的偏离。例如,书中有这样一段:"岂但我如此。大凡对于宣教师的生活有一些研究的人都抱有同样的态度。我把冒险家的名字称呼这些宣教师,再要恰当也没有。他们躲在领事裁判权的大纛下面,出卖他们自己的和他人的灵魂以换取一些金钱。他们贸贸然从欧美赶到中国来。他们对于中国人的风俗、习惯、文物、制度,完全懵然而妄想来感化中国人,来传道,岂不是一件最滑稽的事!而且他们之中更有不少人在为虎作伥,从事于政治的宣传,以引起中国的内乱。难道上帝的信徒中竟有这样的不肖之徒吗?"书中的描写以及对于当时的传教士活动的定位是准确的吗?您认为传教士的角色在历史中发生变化的原因是什么?

那秋:关于传教士的写作也受到意识形态的一定影响,它与当时西班牙以及作者本人的意识形态是密切相连的。西班牙内战对于世界有着重要的影响,甚至可以看作是欧洲方面战争的开端,作者在某种程度上也受到了西班牙内战中意识形态的影响。在西班牙内战期间,弗雷斯科对于保守派持反对的态度,所以在他的写作中也存在着攻击天主教的意图。在这本书中,他对于天主教谈论得比新教更多,但是实际上,当时在中国新教的影响比天主教要大得多。但是,当时在一家西班牙媒体发表的一篇文章中,他表现出的对于天主教的态度是完全不同的,这很显然是因为当时的整体社会氛围只允许他这样写。

蔡雅芝:在阅读过程中我还想起一部西班牙小说,叫作《上海幻梦》(*El Embrujo de Shanghái*)。在这部小说中,作者也对于那个历史时期上海的形象做了一个呈现。有研究者认为,在这部小说中的呈现与实际情况中该时期的上海存在着很大的偏差,上海被塑造成一个充满了希望的空间,成了一种理想化的存在。在某种程度上,它更像是一个被文字营造出来的异托邦,甚至成了一个用以摆脱巴塞罗那现实生活苦难的美好世界,与西班牙战后巴塞罗那"衰败、萧条、弥漫恶臭"的空间形成了极大的对比。上海的形象,在真正来过上海的弗雷斯科的眼中与在普通的西班牙人眼中,似乎也呈现出了很大的区别,你觉得是这样吗?

那秋:胡安·马尔塞(Juan Marsé)应该从来没有来过上海,书中的很多形象主要还是一种文学化的建构。在那个时期,的确有不少欧洲游客来到上海,然后书写了关于上海的一些回忆,它们主要是一种文学式的描述,所以胡安·马尔塞应当主要通过文学的途径了解当时的上海。另外,在胡安·马尔塞写这本书的时候,应该已经存在电影这种媒介了,所以也有了一些影像化的呈现。他写作这本书的时候,可能也受到了影像叙事的影响,因为电影的呈现也很容易给人留下一些固定的形象,但我很确定胡安·马尔塞肯定没有读过《上海:冒险家的乐园》这本书。

蔡雅芝：的确，马尔塞曾经这样总结过自己的创作理念："驱使我写作的不是思考和感悟，而是意象。"确实在他之前，已经有一系列文本对上海进行了描绘，包括《上海快车》(*Shanghai Express*, 1931)、《上海疯》(*Shanghai Madness*, 1933)、《中国海》(*China Seas*, 1935)、《上海小姐》(*The lady from Shanghai*, 1947)等，其中的上海都是一个充满奇观与冒险、纸醉金迷的地方，是一个等待人不断去探索与发现的所在，所以很可能这些类似的文本对他也产生了一定的影响。而且如同你先前提到的，书中不同的呈现与他们各自所持的立场与出发点应该也有着一定的联系。与此相对的，上海作家王安忆在她的小说《长恨歌》中，对于20世纪40年代的上海作出的描述也是与马尔塞截然不同的，"这些日子，报纸上的新闻格外的多而纷乱：淮海战役拉开帷幕；黄金价格暴涨；股市大落；枪毙王孝和；沪甬线的江亚轮爆炸起火，二千六百八十五人沉冤海底；一架北平至上海的飞机坠毁……"

关于欧洲中国学这个话题，我知道西班牙的汉学发展在历史上经过了多个发展阶段。从16至17世纪，西班牙一批传教士抵达中国并成了汉学研究的先驱。到后来西班牙的汉学研究经历了数个世纪的沉寂，以及从20世纪中后期开始的再度发展。在你看来，现在，西班牙的汉学研究主要呈现出了哪些特点呢？

那秋：在20世纪80、90年代，西班牙的汉学有了诸多的发展，在此基础上，在进入21世纪之后，有了更多的相关人员的流动与交流，但是汉学并未产生应有的更大的发展。因为原本在我们的预期中，这种发展应该是翻倍式的，但是最终只是实现了一种加法式的发展。我个人其实原本也有着更大的期待，所以我觉得目前的汉学研究还存在着巨大的发展空间。对于新一代资质与教育背景俱佳的汉学家而言，现有机会仍然不够充足，至少在西班牙是这样，某种程度上汉学发展仍然驻足于老一辈的汉学家那里。很明显，新一代的汉学家们并未能够实现完全的成长而超越老一辈的汉学家。例如，2010年汉学研究原本应该有一个更大的突破，但是最终也只是停在了半路。新一代有很多优秀的汉学家，他们有很好的资质，但他们当中的许多人仍不得不从事着别的工作。

在墨西哥，目前看起来也是经贸方面的交流远多于文化方面的交流。在西班牙，康普顿斯大学没有独立的汉学研究机构，马德里自治大学有东亚研究，但是也没有独立的院系，而是和阿拉伯语系放在一起。在格拉纳达和巴塞罗那有相对更多的研究资源,但是事实上其汉学研究的发展也没有我此前预想的那么大,因为此前有许多的奖学金与合作协议等。我当时来到中国,也是因为类似的机会与对发展潜力的预期,所以我认为能够做的还非常多。就目前来看,与法语联盟以及英国文化教育协会相比,孔子学院还有进一步发展的空间。文化始终是非常重要的,我认为这方面的交流还存在巨大的潜力,远远没有触及发展的极限。

蔡雅芝:是的,在中国与西班牙语世界之间应当存在更多的文化交流。从翻译的视角来看,我们也可以获得一些相关的信息。20 世纪中期之前,西班牙语世界许多翻译出版的中国文学作品都是通过英语和法语等其他语言转译而来的,某种程度上这反映了在那个历史时期西班牙语国家汉学的不发达和汉语翻译人才的稀少。20 世纪 80 年代之后,直接翻译的作品逐步增多。在近些年所翻译出版的作品之中,许多译者为西班牙语世界本土译者,他们把作品直接从汉语译为西班牙语,而非通过其他语言转译。但是目前,每年翻译作品的总体数量仍然不算多,尤其是与英语相比,还有非常大的发展空间。

回到我们的讨论,你此前还完成了一个博士学位,研究的是早期的中国电影,可以简单介绍一下吗?这是不是也契合了当今汉学研究的多元性和异质性,或者说,你认为当前西班牙的汉学研究具有充足的多元性吗?

那秋:我的研究关注的是雷玛斯(Antonio Ramos Espejo)。他是 1903 年来到上海的,从身无分文的流浪汉一跃而为腰缠万贯的影业大王。他的电影对中国的电影产业产生了巨大的影响,但是并没有很多研究对他进行深入地探讨,所以我当时开展了这项研究。一方面,当时西班牙人对于上海的电影产业产生了非常重要的影响,另外一方面,这个过程中的许多因素和菲律宾有关系,而我恰巧也对菲律宾很感兴趣。我的博士论文中谈及了雷玛斯的生平,尤其关注他作为一名电影企业家在中国的漫长岁月,同时试图通过对一系列电影制片人和商人的讨论描绘出中国电影起源的新全景。雷玛斯是西班牙电影的主要先驱之一,也是中国电影的先驱之一,早期在中国发行了很多电影。除此之外,他与西班牙人拉蒙·拉莫斯(Ramón Ramos)一起,通过他的公司拉莫斯兄弟(Ramos Bros)在 20 世纪的前十年统治了远东歌舞娱乐界。他还是西班牙军队的成员,在马尼拉完成了电影的首次放映和拍摄,之后搬到了上海,并且在那里主导了中国电影的觉醒。他还和搭档拉蒙·拉莫斯一起去过香港和澳门。我在论文中也谈及了贝尔纳多·戈登伯格(Bernardo Goldenberg)、萨维尔·

赫茨伯格(Saville Hertzberg)、亚美利哥·恩里科·劳罗(Amerigo Enrico Lauro)和本杰明·布罗德斯基(Benjamin Brodsky)等人在中国电影最初几十年的工作,并概述了中国非同寻常的电影起源。

关于汉学研究的多元性和异质性,我认为它在某种程度上还是受限的,还有较大的发展空间。这种多元性还不够充足的一部分原因是关于汉学的院系与中心不够多,研究的专家也还不是特别充足。比如我算是研究中国电影方面的专家学者,但是这个小的研究领域在西班牙还不存在,我也没有合适的场所去开展相应的活动来进一步拓展这个研究领域。同样,有一些我认识的人也是通过"新汉学计划"来到中国完成了自己的博士学业,但最后他们也是停在了半路。这个计划对于整体的发展是有益的,但是资助方面仍然有限,所以汉学的发展也没有充分地实现多元化。这一点对于中国而言也是同样的,例如,中国对于西班牙语世界的研究也还有更多的发展空间。

蔡雅芝:雷玛斯的发家史的确耐人寻味。另外,中国对于西班牙语世界的研究事实上也在发展当中,近年来在中国设立西班牙语专业的院校越来越多,目前已经逾百所,不过对于西班牙语国家的文化、政治、经济维度的多元的、有深度的研究,仍然还有很大的推进空间。通过我们的谈话,我了解了包括弗雷斯科以及雷玛斯等来自西班牙语世界的人物在中国开展的一系列活动,以及这些活动对于中国产生的影响。

在我的理解中,文明之间的互动应该是双向的,但好像在某种程度上还是存在一定的方向性。您认为近一两个世纪以来的中西交流更多的是一种单向的流动,还是双向的互动呢?这一点似乎与具体的历史时期也有着密切的关联,因为我们也了解,中国文明在历史上对于欧洲文化也产生过一定的推动作用。

那秋:双向的流动与影响肯定是存在的,但是在目前的整体形势下,占据主导地位的仍是西方。在3～4个世纪之前,中国发展得更为强大,所以当时的中心位于东方。但是目前的中心转移至了西方,所以相比从东方到西方,更多的影响还是从西方施加于东方。当前,西方对东方的影响要更大。比如,在马德里、巴黎、里斯本的地铁里,我们不会看到采用汉语或者拼音来对书写进行标注;再比如,现在日本和韩国的电影产生了不小的国际影响,但是电影本身仍然是一种西方的产物。从我个人来看,全球化的语境下盎格鲁-撒克逊文化包括美国施加的影响当前仍然是巨大的。

蔡雅芝：是的，当今全球文明的格局仍然体现出了明显的权力关系。好的，此次我们的对谈就进行到这里，非常感谢你，那秋！希望以后我们还有更多合作与交流的机会，也祝愿你的博士论文可以顺利出版。

那秋：谢谢！保持联络。

俄罗斯高校初级汉语词汇教学方法研究——以卡尔梅克国立大学为例

纪春萍[①] 娜塔莉雅[②]

纪春萍：您好！首先让我们来认识一下。我是复旦大学外国语言文学学院俄文系副教授纪春萍，研究方向是翻译理论与实践、翻译教学研究。请您也简要介绍一下自己。

娜塔莉雅：我叫娜塔莉雅，本科就读于卡尔梅克国立大学区域学专业，开始学习汉语。2016 年我在北京外国语大学取得硕士学位，之后在莫斯科国立语言大学孔子学院工作，为了进一步提升自己，我选择读博，目前是北京外国语大学中国语言文学学院对外汉语专业博士生。

纪春萍：很高兴认识您！您以卡尔梅克国立大学为例研究俄罗斯高校初级汉语词汇教学方法，这所大学是否具有代表性？据我所知，汉语已经作为继英语、德语、法语和西班牙语后的第五门可选择外语进入俄罗斯国家统一考试体系，俄罗斯有很多大学教授汉语，开设汉语教学高校数量居世界首位。

娜塔莉雅：您讲得很对，俄罗斯有 175 所大学教授汉语，俄罗斯是一个大国，莫斯科、圣彼得堡、新西伯利亚、赤塔、托木斯克、海参崴、哈巴罗夫斯克等地区都有汉语教学中心，后面也可以再将一些学校纳入我的研究范围，远东和西伯利亚太远了，可以考虑加入莫斯科的一些高校，论文还需不断完善。目前之所以只选择卡尔梅克国立大学一所大学进行研究，是因为这是我的母校，大学毕业以后我还在这里工作了一年，对其汉语教学情况比较熟悉。卡尔梅克共和国是俄罗斯联邦主体，卡尔梅克人是俄罗斯少数民族，讲自己的语言——卡尔梅克语。卡尔梅克国立大学是俄罗斯欧洲部分南部地区的著名高校，是卡尔梅

---

① 纪春萍：复旦大学外国语言文学学院，副教授
② 娜塔莉雅：Natalia Davanova，北京外国语大学，博士研究生

克共和国最大的高等教育机构，2002年开始教授汉语，是卡尔梅克共和国境内唯一一所教授汉语的高校，至今培养了众多汉语人才。因此，卡尔梅克国立大学汉语教学中存在的问题具有一定的代表性，能够反映出俄罗斯高校汉语教学中的一些共性问题。

此外，我通过各种渠道对其他高校汉语教学情况也做了一些了解和调查。读博期间，我参加了一些在莫斯科举行的国际汉语教学研讨会。会上有俄罗斯著名的汉语教师发言，分享了自己的研究成果，来自不同俄罗斯城市的汉语教师宣读了自己的研究论文。研讨会期间，我还有机会跟一些教师讨论俄罗斯现代汉语教学现状和问题，我们取得了共识，在汉语教学中所遇到的问题基本一致。比较大的问题之一就是教学方法：怎么可以提高汉语教学效率？使用什么教学方法可以让自己的学生比较愉快、放松地学习汉语？汉语是世界上最难学习的语言之一，所以，我们作为教师要帮助学生营造良好的学习氛围，让他们学习汉语，喜欢汉语和中华文化。要知道，刚高中毕业的年轻人考上大学以后，开始学习最难的语言之一，对他们来说是非常困难的，而且我们那边没有足够的学习目的语言的环境，在目的语言环境中学习当然更容易。记得我自己刚开始学习汉语的时候，感觉很难、很累，我有这样的经验，所以能非常清楚地了解自己的学生。而在中国学习汉语的时候，我觉得比较放松，学习速度也很快。可以说，我的这些调研和亲身经历都增加了研究的科学性，结论的可靠性。

纪春萍：请问在对外汉语教学中词汇等级如何划界？比如，您研究的是初级汉语词汇，那么，还有其他哪些等级呢？这些等级词汇之间有何联系与区别？

娜塔莉雅：我们对词汇的划分是根据中国汉语水平考试（HSK）来做的。HSK1～6级的词汇量分别是150，300，600，1 200，1 500和5 000，初级阶段的汉语教学主要涉及1级、2级及部分3级水平词汇。目前，俄罗斯高校大多使用孔德拉舍夫斯基（А. Ф. Кондрашевский）编写的《实用汉语教程》（《Практический курс китайского языка》），初级阶段的汉语教学在大学1～2年级进行，使用1～2册教材，大概600～1 000词，其中一些词作为补充词汇进入教学，因为如果都作为主要词汇，对于学生来说过多，学起来有些吃力。初级阶段词汇的特点是词汇有限，没有很多词，俄罗斯教师通常承担初级阶段和中级阶段的汉语教学，高级阶段的汉语教学由中国老师完成。我只承担初级阶段的汉语教学，对初级阶段教学情况比较熟悉，因此我选择该阶段的词汇教学作为研究对象。起初我准备既研究语法，又研究词汇，但是与导师商量后，决定单独研究词汇，这样研究对象更加具体，而且词汇是活的，是不断发展变化的，我觉得这是一个十分有趣的问题。

纪春萍：您在论文中提到，俄罗斯学生觉得汉语难学，在学习中遇到较多困难，请问具体有哪些困难呢？

娜塔莉雅：对，我上面已经提到了，很多人认为汉语是世界上最难学习的语言之一，俄罗斯学生也觉得汉语难学，遇到较多困难，首先是语音方面的困难。汉语中的很多音是俄语没有的，比如 ü、j、q、x、zhi、chi、shi、er，这些音学起来非常困难。我通过研究和比较发现一个特点：卡尔梅克族的学生往往汉语语音更好一些，因为在卡尔梅克语中有相似的音。卡尔梅克人的历史比较复杂，与中国也有着密切的联系。其次是汉字方面的困难。我的硕士论文专门研究了这一问题，试图探索更好的教授汉字的方式，在一些俄罗斯游戏的基础上，开发了一些汉字教学游戏，游戏的规则和过程大家都知道，通过这些教学游戏教授汉字，受到学生的欢迎。学生很高兴，我也很高兴。此外，俄罗斯的汉语课通常是综合实践课，时间有限，教学任务很重，对于老师和学生都是很大的挑战，所以我们必须想办法在有限的时间内讲全语音、汉字、语法等各方面知识，这又是一个难点。

纪春萍：俄罗斯的汉语教学中没有专项技能训练课程吗？比如听力课、阅读课、写作课，等等。

娜塔莉雅：俄罗斯高校通常没有这些专项课程，老师在一次课(1.5 小时)中要完成听力、口语、语法、汉字、语音、课文讲解等各项任务。当然，这也与学时和专业有关。比如，区域学专业一、二年级只有综合实践课，到三年级才有听力课，因为这个专业的学生还要学习历史、文化和国际关系等内容，汉语学时有限，而语文学专业的学生则有这些专项课程，因为他们的汉语学时更多。一般来说，偏重语言的学校或专业会有专项技能训练课程，比如我所工作过的莫斯科国立语言大学孔子学院，他们有一些选修课，各种活动也更多。当然，在中国学习汉语更容易，首先是有语言环境，其次是有专项技能训练课程。俄罗斯的汉语教学法必须改革，否则老师和学生都很难。

纪春萍：请问贵校的汉语教学单位是什么？是汉语系还是汉语学院？

娜塔莉雅：我们学校的汉语教学隶属外语教研室，除汉语外，还有英语、蒙古语和韩语。教研室有语文学和区域学两个方向。前者也是以汉语为主，后者主要是培养中国问题专家。

纪春萍：您的研究是针对哪个方向的呢？是语文学，还是区域学？

娜塔莉雅：我的研究涵盖了两个方向，因为只研究其中之一过于片面。学习一个国家的语言，必须了解一个国家的文化国情，语言和文化国情密不可分，因此，我的研究涉及了两个方面，试图通过更全面的研究来揭示问题的本质。

纪春萍：语言教育专家与语言学家有一个共识：母语和外语间的差异是造成外语学习困难的一个主要原因。俄罗斯学生学习汉语和中国学生学习俄语的一个主要的困难是两种语言间的差异。汉语属于汉藏语系，俄语属于印欧语系斯拉夫语族东斯拉夫语支，两者差异较大。这些差异表现在语音、语法、词汇等方方面面。从语音上来说，您说"汉语中的很多音是俄语没有的"，应该说，两种语言有完全不同的语音体系，俄语共 42 个音，6 个元音和 36 个辅音，虽然有些音听起来与汉语的音相似，但实际上发音方法完全不同，而且俄语中有硬软辅音、清浊辅音的对应，以及比较难发的颤音，这些都会给学俄语的中国学生造成困难。俄汉语语调也有明显差异，中国学生往往会用读汉语的方式读俄语。中国学者徐来娣指出："俄汉语在音调方面的一个本质性差异是俄语属于典型的语调语言（或'重音语言'），音调在俄语中的主要依附单位是语段和语音句，而汉语属于典型的声调语言，音调在汉语中的主要依附单位是音节；这使得两种语言在语流音调特征方面产生了很大差异。俄语语流中的相对平稳调音节链，使得俄语语音句句调调心突出，形成明显的句调'大波浪'，而汉语语流中的波浪起伏调，使得汉语语音句的句调调心难以得到突显，难以形成明显的句调'大波浪'。"从语法方面看，俄语的语法意义往往借助形态变化来表达，而汉语形态变化不发达，语法意义主要依靠词序和虚词来表达，俄语复句内部常常用连词或关联词来联系，而汉语复句的各分句之间常常省略连词，各分句间关系主要依靠意义的上递下接来表示。词汇是您的研究对象，您对俄汉语间词汇系统差异的表现及其成因有何看法？

娜塔莉雅：毫无疑义，俄汉语间的词汇系统差异非常大。首先是汉语中有很多近义词，对于外国人来说很难区分。再者就是思维方式、文化、世界观的不同导致了语言表达的不同，甚至是完全相反。例如，你们中国人说"坐在电脑前面"或"坐在桌子前面"，而俄语中要用 за（在……后面），这就是我们两个民族对空间的不同认识，采取了不同的参照点。这种思维方式上的差异，对语言初学者来说非常困难。又如，学生很难理解"下个星期"为什么是未来的一周，而"上个星期"为什么是过去的一周，在我们的思维观念中，"上"表示的是"前面"，而

“前面”指向未来，“下”表示的是“后面”，而“后面”指向过去。类似的，“我以后来中国”这个句子学生也不理解。因此，我常常跟同学们讲：“要脱离自己的语言和文化，这样才能飞入另一种语言，另一种文化。”

纪春萍：中国学者蒋绍愚提出“两次分类”理论来解释不同语言词汇系统差异的成因。按照他的观点：不同的语言以及同一种语言在不同历史时期，把哪些事物、动作、性状概括为一个义位，有所不同，这是“第一次分类”，如把帽子、衣服、鞋子套在身上的动作，俄语统称为 надеть，而汉语则用“戴”“穿”两个义位来表示；单义词一个词就是一个义位，多义词一个词有几个义位，多数情况下，总是几个义位结合在一起，组成一个词，哪些义位结合在一起组成一个词，这又是一次分类，这就是“第二次分类”；义位是词义结构的第一层，词是词义结构的第二层，在这两个层次上，各种语言的词汇结构皆有所不同，这就导致了不同语言间词汇系统错综复杂的对应关系。这一理论和您的观点也是契合的，不同语言词汇系统差异的本质原因是不同民族对世界的认识的不同。您所举的例子应该是俄汉语时空视点差异造成的，视点即观察或分析事物的着眼点，“时空视点指人们观察或呈现对象世界时所依循的时空角度及位置，包括时空的起点和移动的顺序”(熊沐清)。正如德国语言学家洪堡特所讲：“每一种语言都包含着一种独特的世界观；人从自身中造出语言，而通过同一种行为，他也把自己束缚在语言之中；每一种语言都在它所隶属的民族周围设下一道藩篱，一个人只有跨过另一种语言的藩篱进入其内，才有可能摆脱母语藩篱的约束，所以，我们或许可以说，学会一种外语就意味着在业已形成的世界观的领域赢得一个新的立足点。”

娜塔莉雅：完全同意您的意见。母语直接影响外语的学习，词汇学习如此，语法学习亦如此。您提到了外语学习中的语法问题，虽然这不是我的研究课题，但是语法与词汇是密不可分的，我也很想谈谈我在这方面的一些经验和体会。俄罗斯汉语学习者，尤其是初级阶段的学生，比较常见的偏误就是语序偏误。汉语是孤立语的典型代表，缺少词形变化，依靠语序和虚词来表达语法意义，所以在汉语语法中语序的重要性是毋庸置疑的，汉语语序的排列相对比较严格，句式也比较稳定。俄语是屈折语的代表，词形变化丰富，所以俄语中更多的是通过词形变化来表达语法意义的，而非语序。俄语中的语序相对自由，尤其在倒语序中，句子成分更加灵活多变，起到强调语气的作用，并不影响句义的表达。汉语和俄语的基本简单句都是主语在前，谓语在后，宾语(补语)位于谓语之后。汉语句子一般按照主语＋谓语＋宾语的模式，汉语中主要成分语序除了在一些特殊情况下能改动位置外，一般汉语简单句中主、谓、宾语位置比较固定，如果随意调换句子中主语、谓语和宾语的位置，会严重改变句子意义，而俄语简单句中主、谓、补语位置比较灵活，句子中主、谓、补语的位置变化对语法意义的影响不大，因此俄罗斯学生受到母语语序规则影响随意改动汉语中主要成分位置而出现了大量偏误。可以说，在一定程度上汉语与俄语在语法上的最大区别就在于语序对语法意义的影响上：汉语语序是影响语法意义的重要手段，所以语序趋于稳定；俄语语序的变化起到强调语气的作用，不影响语法意义，所以趋于灵活。俄罗斯汉语学习者受母语语序的影响，将汉语语序“自由化”“随意化”，这是出现语序偏误的根本原因。

纪春萍：您可否举例说明一下俄汉语在语序上的差异？

娜塔莉雅：汉语句子中的状语附加在谓语中心语之前或句首，对谓语中心语进行修饰或限制，表示动作的状态、方式、时间、处所或程度等。在句中的位置一般在主语之后、谓语之前，即汉语状语不可以出现在谓语之后，时间状语和地点状语也可置于句首，位置是比较固定的。俄语中的状语在句子中表示谓语中心语发生的时间、地点、方式、原因、方法、程度和度量，俄语句子中状语的位置比较灵活，时间状语和地点状语常常出现在句首或句末，俄语状语不以谓语为标记，既可出现在谓语前，也可出现在谓语后。

纪春萍：由此看来，您博士论文的一个理论基础应该是语言的迁移理论？

娜塔莉雅：是的。语言的迁移理论在20世纪五六十年代产生过很大的影响，当母语与目的语之间存在差异时，学习者习惯性借助母语的语言规则作为参照物，阻碍对新知识的获取和对新语言的掌握，导致语言学习的进步缓慢或停滞不前，这种情况我们称其为“母语负迁移”。在乔姆斯基的心灵主义学习理论和认知理论占据语言学习主导思想的情况下，以对比分析理论为基础的母语迁移理论遭到了质疑和批评，其预测能力和将两种不同语言进行对比的可行性饱受争议。然而，历代学者在二语习得领域的研究中发现，母语迁移对二语习得起着不容忽视的重要作用。母语是影响外语习得的一个主要因素。在汉语的学习过程中，初学者受到母语负迁移的影响非常明显，可以说，整个汉语的学习过程是一个摆脱母语规则束缚和对汉语规则逐渐掌握的过程。

纪春萍：您提出，卡尔梅克国立大学的汉语教学法比较陈旧、单一，请问具体是哪些教学法？其弊端何在？

娜塔莉雅：一是翻译法，这种方法让学生感到很无聊，我做学生的时候也感到无聊。当然，这种方法历史悠久，适当的时候可以应用一下，但是不能仅仅用这种方法。二是交际法，这种方法是给学生固定的模式或生活情景，让学生替换词或者编对话。俄罗斯的大一学生通常都是16、17岁，对于他们来说，枯燥的方法难以激起学习的兴趣。汉语很有趣，但是老师没有方法，这就是问题所在。

纪春萍：其他学校也如此吗？

娜塔莉雅：是的。我读过一些文章，学者对几所俄罗斯高校进行了调查，发现翻译法和交际法是汉语教学中最常用的两种方法。而这两种方法实际上已经很老了，还是苏联时期盛行的，那时的老师教授汉语时，就是给学生一篇课文，然后坐着翻译，非常无聊。

纪春萍：您的研究课题是汉语词汇教学方法问题，然而，汉语教学的问题，或者说根本问题，可能还不仅是教学方法的问题。

娜塔莉雅：是的，除了教学方法问题，我们可能还面临更多更根本的问题。从中俄研究者的论文上我看到至少有以下三种问题：

第一，课程设置不合理。许多俄罗斯的大学在汉语专业教学过程中，课程设置得不合理。在初级教学过程中，汉语的技能训练课程应该处于教学的最重要的地位，但是很多大学在初级汉语教学中忽略技能训练，而把语言知识作为教学核心。汉语课的课时会比较多，但是技能训练课的课时较少。此外，因为很多大学在一二年级受到公共课需求的影响，所以大量的汉语课程被挤占，很多院校都缺乏听力、口语课程。当然，学生在日常学习中缺乏语言交际活动，也缺乏良好的语言氛围。因此，很多学生学了几年的汉语都不能熟练地用汉语表达自己的想法。在大学的汉语教学中，应该分为汉字、口语、语法等多项课程，由于在俄罗斯汉语学习者也缺乏语言环境，教师要在课堂上让学生多练口语，多开口说话，不怕说错或者写错。这样教师能够提高大学汉语教学的效率。

第二，汉语教材应该改善。俄罗斯大学的汉语教材可以分为三种：一是俄罗斯本土汉语教科书；二是中国的汉语教材，比如，北京语言大学出版的教材；三是汉语教师自己编写的补充教材，比如，教师从期刊收集的课文。目前，很多大学使用孔德拉舍夫斯基（А. Ф. Кондрашевский）编写的《实用汉语教程》（《Практический курс китайского языка》），这本教材不错，语法介绍得很清楚，但是还不能够满足所有的语言学习需要。词汇量虽然很大，但是教材中的词汇无法与时俱进。为了丰富汉语课堂教学,教师要从其他汉语教材中或者从网上寻找有趣的课文或者练习。除了孔德拉舍夫斯基编写的《实用汉语教程》以外,还有几本不错的本土教材,但是它们还不能完全满足教学的需求。教材建设是一项理论性和实践性都很强的工作,教材建设是系统工程,并非一蹴而就的。

第三,教师要提高自己的教学能力。作为一名语言教师,尤其是汉语教师,我们必须要不断地提升自己的语言水平和教学能力。有些教师习惯在课堂教学中使用俄语进行授课,很少使用汉语。当然,还是应该多用汉语进行授课,提升教学效率。在疫情之前,俄罗斯本土汉语教师有机会来到中国高校参加语言培训,多了解中国文化,回俄罗斯以后把掌握的知识传递给学生。现在无法去中国进修,但是我们还可以参加线上的培训。要给本土汉语教师创造更多的语言培训的机会,邀请有名的教授跟本土汉语教师分享经验,提出教学建议,让教师提升自己的教学能力和语言水平。

纪春萍:您研究了中国教师的汉语词汇教学方法,对您有何启示?您探索出哪些适合俄罗斯汉语教学的新方法?

娜塔莉雅:目前,俄罗斯汉语教师去中国出差的机会很少,没有向中国老师学习的机会,这很遗憾。中国老师的教学方法很灵活,他们不是固定地使用某种教学方法,而是综合运用多种方法,学生永远不会觉得无聊。我的博士论文的理论基础是"后方法"教育理论(Post-Methods Educational Theory),该理论由美国学者库玛(B. Kumaravadivelu)提出,根据他的观点,不存在最好的方法,教师应该突破方法局限,从分析走向综合,以人为本。

纪春萍:可否简单介绍一下"后方法"教育理论?

娜塔莉雅:中国有名的学者陶健敏教授对库玛教授的"后方法"教育理论有很深的研究。如果想深入了解这一理论,可以读读这位学者的论著。库玛教授的"后方法"语言教育理论有三个参数。第一是"实用性"教学参数。他倡导"有原则的实用主义",方法之一在于依托教师自身的"理论可信意识",就是教师应该积累来自学生、自己和专业教育及同行的意见,形成针对自己教学的主观理解。教师不仅要自我反思、自我分析和评价,也要努力地造成以教师为基础的,"由下而上"的教学场景,立足课堂教学的实践和自身的教学理论体系。该理论的第二个教学参数是"特殊性"。该教学参数强调教师在教学过程中应该深入了解宏观和微观的特殊教学环境,特殊教学对象和特殊的教学内容,并发展“适应特定环境”“立足本土教学”的“后方法”教育理论和实践。第三个教学参数是“可能性”。库玛教授在2003年指出,“‘后方法’的教育观应超越和克服传统以方法为基础的教学理论的狭隘视区域,不仅应包括课堂教学策略、教学材料、课程目标、评价方式,而且应当考虑直接或间接影响第二语言教学的历史、政治和社会文化等因素。”库玛教授也认为教师和学生同时具有广泛和各异的经济、社会和政治生活背景,不同的过往经验和经历,他们会把这些因素带入教育情境中,会对教学政策制定、大纲设计和教材开发带去潜在的、不可预知的影响。库玛教授强调寻求宏观社会政治因素与参与者主体身份相衔接的可能性。第二语言教育是不同文化和语言相互交汇的领域,库玛教授希望这样的“可能性”将会“使参与者带进课堂的社会政治意识成为继续寻求主体性和塑造自我身份的催化剂”。

纪春萍:看来,为了教好学生,教师需要更多地关注学生的认知水平与心理特点。

娜塔莉雅:没错。心理学是教师必须掌握的学科。俄罗斯学生学习汉语时往往犹豫又胆怯。在课堂教学中,我发现有些学生比较内向,不太习惯开口说话。如果教师在课堂上很严格地授课,会使学生心里害怕甚至反对,会不喜欢教师。我们认为,教师不仅是知识的传递者,更是学生的引导者,尤其是大学一年级的学生,他们刚考上大学,在陌生环境还不习惯,心里会有点担心,所以这时候教师要循循善诱,引导学生进入美丽的汉语世界。我所给出的与其说是方法,不如说是建议,我认为教师应该更多关注学生的心理因素,建立一个轻松愉快的课堂氛围,不仅要努力提高学生的汉语水平,更要关注他们的全面发展。可以说,俄罗斯的汉语教学呼唤“课堂革命”。

纪春萍:中国学者钟启泉也提出:“21世纪是‘课堂革命’的世纪,世界各国的课堂正在静悄悄地发生变化——从‘知识传递’到‘知识建构’,已经不可逆转了。”不局限于某种方法,以人为本,因地、因时、因人施教,这是新时代对我们教师提出的新要求。您认为在汉语词汇教学中是否需要运用“错误分析”(Error Analysis)方法?错误分析是外语教学中的一个有效手段,主要包括收集资料、识别错误、错误分类、分析原因及评价错误五个步骤。

娜塔莉雅:本人认为,不太需要。原因在于初级阶段的词汇量有限,刚开始学习汉语的时候,学生掌握的词汇很少。对他们来说,最大的问题是怎么记住汉字,怎么正确地用生词和语言点。上面已经提到这一点:用汉语说话的机会太少。而且在俄罗斯汉语课的课型一般是综合课，教师在有限的时间内要完成许多教学任务，所以练口语的时间比较少。换句话说，这是一个好方法，但是并不适合学生的水平，我们面临的可能是更加基础的问题。

中英思想的碰撞与契合[①]

姜慧玲[②]　欧宁瑞[③]

姜慧玲：欧宁瑞您好！很高兴通过中国教育部中外语言交流合作中心和复旦大学外国语言文学学院的“新汉学计划”项目认识您，很荣幸有机会向您学习和请教！我知道您是爱尔兰人，现在在华东师范大学读哲学博士，主要研究慎子的思想。能知道您的其他教育背景吗？

欧宁瑞：姜老师，您好！我2010—2014年就读于爱尔兰科克大学(UCC)，学习汉学和哲学两个专业，其间到上海大学交换一年，学习汉语。毕业后我到中国教了一年英语，之后去伦敦工作了几年，一直从事与中国有关的工作，包括在汉语教育机构工作。之后我继续选择来中国读书，申请攻读华东师范大学硕士学位，研究中国古代哲学。目前我在华东师范大学读博士，师从刘梁剑教授。

姜慧玲：谢谢您的介绍。作为一个学习英语的中国人，我也十分期待像您一样有机会到所学语言国家去感受对象国的文化。能谈谈您为何对汉语感兴趣，为什么选择来中国留学吗？您是从何时开始对中国古代哲学感兴趣的？

欧宁瑞：我在上大学时就对中国古代哲学感兴趣，也对汉语感兴趣。科克大学哲学系有两位研究中国哲学的老师，一位是格拉姆·帕克斯(Graham Parkes)教授，他原来研究尼采，后来开始研究老庄哲学。还有一位是汉斯-格奥尔格·梅勒(Hans-Georg Moeller)教授，我对他的中国哲学课很感兴趣，同时也在学习汉语。我认为一边学习语言，一边研究中国古代思想，二者可以兼顾。梅勒(Moeller)教授和华东师范大学的杨国荣教授有联系，就介绍我来中

① 本文为国家留学基金委地方合作项目“C. P. 斯诺小说中的科学人文主义思想研究”(编号:202308210323)，辽宁省社科联2024年度辽宁省经济社会发展研究课题“C. P. 斯诺新现实主义小说研究”(2024lslybkt-105)的阶段性成果

② 姜慧玲：大连外国语大学公共外语教研部，副教授

③ 欧宁瑞：Rory Edmnund O'Neill，华东师范大学哲学系，博士研究生

国读书，这对我来说是非常好的机会。要在中国学习和生活，会说汉语是很重要的，而研究中国文化、思想和历史也是非常重要的，能让我对中国有更加深刻的了解。

姜慧玲：原来您是受到了大学老师的影响，首先是在这两位哲学老师的课堂上最早接触了道家哲学，开始对汉学感兴趣，然后通过老师的介绍来到中国，可以说和中国文化有一种奇妙的缘分。我也是在读研时期导师开设的当代英国文学课上接触到英国小说家C. P. 斯诺，他的《陌生人与兄弟》系列小说，尤其是他的"两种文化"命题，都引发了我深入的思考，后来发表了文章，并在若干年之后将其作为我博士论文的选题。您是在中国把汉学和汉语的学习结合起来，从而了解到更多中国的传统文化，逐渐确定自己的研究方向。您的博士论文是关于慎子的研究，为什么会选择研究慎子？

欧宁瑞：我的硕士论文是研究道家思想，特别是老子的思想。当时是受到一个学术对话的启发，一部分学者认为老子的"无为"和经济学里面"自由放任"的概念相关联，即老子的思想在经济学领域的应用；然而也有专门的研究反对经济学家应用老子的思想。我对这个对话很感兴趣，看到其他领域的人在应用老子的思想，而相关领域的人在反对。我也开始思考老子的思想是否适用于经济学或政治学。我着眼于政治统治者和圣人的结合，所以就遇到慎子这样的思想家。一开始申请读博士的时候受二手文献的启发，我想做慎到和霍布斯(Thomas Hobbes)的比较，后来通过阅读一手文献《慎子》，还是决定聚焦慎子本身的思想。

姜慧玲：您的研究是从道家思想开始的，您刚才提到老子的"无为"，我们所熟知的老子的思想有"上善若水""道法自然""天人合一"等，可以说说您对老子思想的理解吗？您如何看待老子的思想被应用在经济学或者政治方面？

欧宁瑞：您的问题非常好。老子的思想也许可以和经济学进行对话。最近我在研究老子的思想在西方的应用，我觉得很重要的就是我们如何认识老子的主体面相。我们体验世界都是从一个中心的点出发，就是自我，这个可以联系到老子的"守中"和"虚静"。老子的"内"指的是自我，"外"即外部世界。老子在《道德经》第十二章提到了我们身体的很多部位，如"目""腹"，其中"圣人为腹不为目"意为要把注意力转移到内部。老子对社会的看法要从主体面着眼，从政治上说，统治者就是圣人，其体验世界的面相是从主体开始，这样就体验到老百姓体验世界的模式。西方的经济学家亚当·斯密(Adam Smith)主张的"自由放任”和老子的角度不同，不是说从一个科学的角度看社会，而是从个人体验世界的角度来统治，这里的“统治”是向往和平的概念。我刚才提到的“内”和“外”是说，如果能“守中”，就能保持主体的平静，社会的枢纽如果能保持“虚静”，那么整个社会也都会维持和平。

“虚静”不是客体的操作，英文有个词叫 disembodied，意味着一个人忽略自己的主体地位，认为自己能看到所有客观的事情。在老子那里，主体面相并未忽略。慎子经常被认为是属于法家的，有些学者认为法家是一种法治的“体系”，这种“体系”会让人想到某种客观的系统，好像我们现代法律系统一样，其实不是这样。和道家相同，在慎子那里有一种主体面相，也是不能忽略的。

姜慧玲：从刚才您的回答中我很受启发，比如老子的“内”和“外”。内心达到一种平静，更有定力。您提到 disembodied 这个词，是否可以理解为取消了某一个中心，而成为其中的一份子，达到“天人合一”的状态？您提到慎子属于法家，您在之前分享的论文中也提到，慎子出现在《战国策》的故事中，那么在战国时期是否确有慎子其人？

欧宁瑞：首先我要再提一点 disembodied 这个词，它在现代社会学领域中是带有贬义的。我想表达的意思是说老子的思想不是“disembodied”，但确实很难说老子的思想是 disembodied 还是 embodied，因为二者有很微妙的联系。“中”是以自我为中心，通过加强对“中”的意识，可以达到“天人合一”的状态，也可以排除偏见。

姜慧玲：也就是说，“内”和“外”的界限不是很明晰。回到刚才的问题，在战国时期是否确有慎子其人？我还想再追加一个问题，能否明确《慎子》和《慎子曰恭俭》的作者就是战国时期的慎到？能否简要介绍他的生平和经历？我能查到的资料比较有限，所以很好奇。

欧宁瑞：这是我最近在研究的问题，我发现慎子和慎到的关系并不是很确定。战国时期应该有慎到这个人，《战国策》里面的慎子是否和慎到是同一个人，学者的观点不同。很多观点来自历史学家，而我是研究哲学的，历史学家不仅要对哲学思想，还要对各个方面有广泛的了解才能判断这些问题。我只能从这些专家那里入手，保持开放的态度，接受不同的可能性。比如，有学者认为慎到和《慎子》《战国策》《慎子曰恭俭》里的慎子是同一个人，也有学者认为《慎子》可能不是慎子所说或所写的，因为有些慎子遗文被包括在里面。

但是如果说《慎子》和慎到没有关系，我觉得是不太可能的。二者之间的联系我还在研究，比较愿意接受的观点是《慎子》和《战国策》里的慎子是一个人，《慎子曰恭俭》也许是这个人的学生写的。这是北京师范大学李锐教授主张的观点，我觉得比较有道理。如果可以接受这样的观点，《慎子》里面的法家、道家和黄老的成分就要和《慎子曰恭俭》里面儒家的成分联系起来，这正是我作为一个哲学研究者可以发挥作用之处。从《慎子》可以看出，慎到是一个思想很灵活的人，能接受并容纳不同人的志向，既包括道家，也包括儒家。有学者认为，《慎子曰恭俭》有儒家的成分就不可能属于慎到，但我觉得凭这样一条线索去做判断不是特别可靠。

姜慧玲：的确。历史离我们太遥远，很多东西考察起来很困难。考察历史上是否有慎到其人，对研究慎子的思想是否很重要？

欧宁瑞：这是非常好的问题，涉及中国哲学领域学者的不同研究方向。有学者认为著作本身有哲学性的价值，所以可以直接研究文献，也能和现代的哲学问题联系起来。另外在哲学领域还有学者认为不能排除历史的成分，这是对哲学的另外一个理解。这让我想到您对斯诺“两种文化”命题的研究，一种是科学的文化，另一种是人文的文化，二者被分隔开。如果我们只看慎子的著作，就是研究人文的一面；而历史更接近科学的研究，要通过判断可靠的线索来获取真相。我认为要二者兼顾，虽然我们不能回到战国时代看真实的情况，而且线索也十分有限，但我们要把研究的过程当作一种研究对象，包括文献如何传下来，文献对历史上不同的研究者有不同的用处，每一步都要研究。慎子的文献比较少，所以研究慎子就要做一个时间维度比较长的研究，把文献当作生命体。我认为这些都是有联系的。

姜慧玲：所以考察历史是很有必要的。您刚才在讲研究对象和研究方法二者的关系时提到了“两种文化”命题，是非常合适而巧妙的。那我就简单地介绍一下 C. P. 斯诺和“两种文化”命题。C. P. 斯诺 1905 年出生于英格兰北部莱斯特（Leicester）城的下层中产阶级家庭，1925 年进入莱斯特大学学院学习化学和物理，1928 年获得物理学硕士学位，之后赴剑桥大学基督学院从事物理学研究，1930 年获得物理学博士学位，后来成为基督学院的导师。虽然斯诺接受的是正统的科学教育，但他更热衷于文学创作，他在大学阶段就尝试写小说，1934 年发表了成名作《探索》，后又发表了系列长篇小说《陌生人与兄弟》（*Strangers and Brothers*）。因为在剑桥和科学家、文学爱好者同时打交道，斯诺发现了二者之间的分歧和互不理解。

1959年，斯诺在剑桥大学发表里德演讲《两种文化与科学革命》，指出在剑桥大学，“两种文化”存在不可逾越的鸿沟。当时的剑桥大学既是科学家的摇篮，又是文学家的圣地。斯诺在“两种文化”演讲中为科学文化唱赞歌，要在大学进行科学教育，为政府培养更多的科技人才；而利维斯认为文学是生活的源泉，他认识到文学启迪心智的作用，认为十分有必要在大学开设文学课。斯诺-利维斯之争其实是现代与传统、科学与人文、工具理性与价值理性之争，引发了持续的讨论。在二战期间，斯诺还在英国政府部门做招纳科技人才的工作。这些都反映在斯诺的小说创作中，可以说，斯诺以现实主义的手法书写了科学家的成长经历和心路历程，常表现出一种科学人文主义思想，即“两种文化”的融合。

“两种文化”的历史渊源可以追溯到古希腊时期。那时只有一种文化，科学被称为自然哲学。科学与人文的逐渐分离有一个时间线，从古希腊到中世纪，再到文艺复兴，科学与人文基本是并驾齐驱的。培根实验的方法和笛卡儿“二元论”的提出，促生了科学的思维方式。17和18世纪，经历了启蒙时代，科学理性逐渐取得强势话语地位，一大批哲学家如霍布斯、洛克、卢梭和康德等强调理性，很大程度上推动了科学的发展。在文艺复兴和启蒙运动的推动下，科学与人文并行发展并逐步分离，逐渐呈现出学科分化的趋势。18和19世纪，科学革命的胜利和工业革命的成就一方面产生了边沁的功利主义、孔德的实证主义和斯宾塞的社会达尔文主义等思想，另一方面也受到欧洲浪漫主义思潮的质疑。“科学”和“科学家”这两个词，大概出现在19世纪中叶，就是科学发展的结果。科技的高速发展虽然给生活带来了很多便利，但也呈现出很多弊端，所以我们越来越意识到“两种文化”融合的必要性。

回到刚才的问题，我们读慎子的文献，有没有必要考察历史？刚才您提到用科学的方法，如实地考察和考古等，而文献是文本。这让我想到了文学批评家艾布拉姆斯(M. H. Abrams)的《镜与灯》，它是一部诗歌批评著作，但具有文学批评的普遍性。艾布拉姆斯认为诗歌一方面如同镜子一样反映社会，另一方面也像灯一样启迪心智，照亮心灵。这部著作中有一个经典的图示，在中心是“作品”，上方连接“世界”，左下方连接“作者”，右下方连接“读者”。对历史的考察应该属于“世界”范畴；作家产出作品，我们需要了解作者是谁；而读者是我们这样的学者去阅读研究这些作品。这四者紧密相关，构成一个系统。文史哲不分家，我们的研究都是在这样一个网络之中。

欧宁瑞：谢谢您的介绍，我觉得非常有趣，对我的研究也很有启发，很有帮助。慎到的思想比较杂，比较灵活，同时包含不同的思想。我想讨论这种包容性和政治之间的联系。您刚才提到斯诺既是科学家，又写小说，还在英国政府里任职。那么政治和包容性是否有联系？是否可以用斯诺的例子加以说明？政治思想是否有包容的需要？

姜慧玲：我认为是的，斯诺的思想其实也是具有包容性的，这表现在他在《再谈两种文化》中的反思和在小说中体现出的科学人文主义思想。的确，斯诺在演讲《两种文化与科学革命》中有明显的科学主义倾向，他想通过大力发展科学文化的方式来振兴战后英国。他的观点引起了很多质疑。在利维斯看来，斯诺作为一个小说家并不存在。他本不屑对斯诺的演讲进行批驳，但看到斯诺的演讲影响很大，甚至被纳入中学教科书作为学习的对象，他觉得有必要做些什么。于是在 1962 年，利维斯在剑桥大学做了里士满讲座（Richmond Lecture），对斯诺进行了严苛的批判。他的讲稿后来也出版了，题为《两种文化？C. P. 斯诺的意义》，质疑了斯诺的权威，批判了斯诺的观点，论述了文学的重要性，认为只有“一种文化”，那就是文学的文化。

1963 年，斯诺在反思之后发表了《再谈两种文化》，对“两种文化”重新进行阐释。斯诺认为，“文化”本身既是一种智性的、精神的和审美的活动，又指人类学意义上生活在共同的环境中的人们的共同的习惯、共同的设想和共同的生活方式。斯诺进一步指出，科学家和文学知识分子有相同的或者共通的研究方式、研究态度和研究目的，并表明“第三种文化”正在到来，他主张科学和人文进行平等对话，在“两种文化”之间架起桥梁。斯诺还认为发达国家要帮助相对贫困的国家，实现共同繁荣。斯诺的文化相通思想和世界繁荣理想，都体现出一种包容的态度。

欧宁瑞：我在想，斯诺的这一态度能否和道家做一些联系，如您之前所说的“天人合一”思想？斯诺在小说中探索科学家的内心世界，科学研究可以看作是从主观的面相达到客观的面相，排除自我，达到客观。回到 disembodied 这个词，它强调的是我们逃不掉我们自身，每个人都是一个主体，在追求客观的同时要保持我们的主体意识。我想问的是，斯诺作为科学家和小说家是否看重主观和客观之间的联系？

姜慧玲：我想一定是的。主观是说科学家有自身的感情，虽然他研究的是客观的物质世界。例如，科学家在研究原子弹的过程中内心是很纠结的，因为他们有伦理方面的考虑。一方面，研制原子弹是科学家的事业，他们要追求事业上的成功，这在二战的具体语境下关系到国家战略，如果率先研制成功，也是为国家做贡献；但另一方面，研制成功并进行核试验会给人类带来灾难。这样，科学家就陷入伦理困境。从人类整体的角度看，使用原子弹无疑会带来危险和伤害，科学家在主观上不情愿看到这种后果。如果我们不读斯诺的小说，就不能更加设身处地地感受到科学家内心的复杂状态。

另外，刚才您还提到了“天人合一”，我除了研究斯诺的小说，还曾研究过一些英国生态诗歌。例如，菲利普·拉金(Philip Larkin)和特德·休斯(Ted Hughes)是20世纪英国著名诗人，他们诗歌的共同特点是比较关注动物和自然，我觉得“天人合一”更适用于研究和自然主题相关的诗歌。拉金写过很多诗歌，表达了对逝去的英格兰风景的惋惜和对受迫害的小动物的怜爱；休斯本身就是一个环保主义者，他的诗集《河流》强调对自然环境的热爱，讨伐人类对大自然的破坏，反对人类中心主义。在他们的诗歌中，人类不是凌驾于自然环境和其他生物之上，而是融为一体，体现了天人合一。我认为这样对“天人合一”的理解更为契合。说到中国古代哲学思想，我们再回到慎子，既然慎子与法家、道家和儒家都有关联，是否可以说他属于杂家？

欧宁瑞：我觉得这也是一个很好的问题。杂家是一个比较复杂的类别，因为毕竟是杂的，所以就不能称其为一个真正的“类别”。不过对于杂家大概有三种理解：一是不属于其他学派的一个学派；二是包括多种学派思想的一个学派，比如既有点儒家，也带有点道家，但是是无意识的结合；三是有意识地结合不同学派，试图把所有学派的利弊分析出来，把不好的地方去掉，把好的地方留下。《庄子·天下》《荀子·解蔽》《吕氏春秋》和《淮南子》都是这样一个趋向，结合所有的学派。但是《慎子》没有系统地去看所有的学派，把好的拿出来，不好的去掉，最后构成一种完美的体系。《淮南子》和《吕氏春秋》都在《慎子》之后，慎子就能看到更多的学派，并把各学派的思想都结合起来。

慎到生活于公元4世纪，那时思想还没有分成不同的学派。我们所说的道家和法家大概始于司马谈在汉代的描述，汉代之前应该没有这些学派的。所以我更愿意试图想象慎到的主体观念，没有必要拿他的文献来勉强地转化成某种思想体系，而是要看他身边是一个什么状态，他在回应当代的一些什么现象。他主张“因循”，如果他的哲学是个很固定的思想体系，那怎么可能会“因循”呢？思想是要灵活的，如果真正要“因循”“顺势”的话，那思想一定要保持灵活的状态。虽然我们不能确定《慎子曰恭俭》是属于慎子或者慎子弟子的作品，但如果是这样我们可以想象，慎到是从齐国到楚国，新的环境可能更需要讲接近儒家那样的思想，那他可能就用儒家的概念来表达他的哲学思想。人没有变，但是使用的范畴变了，这就是真正的“因循”。

姜慧玲：这让我想到一个词——兼收并蓄，有灵活、包容的意思。刚才您提到慎子属于法家，我的问题是：同属于法家，都崇尚法治，慎子和韩非子思想的区别是什么？

欧宁瑞：说他们之间的区别之前要说一下他们的联系。“法家”这个范畴或许不太确切，一般是说韩非子等思想家，是以韩非为中心。为什么把慎子归在法家呢？是因为韩非子提到了慎子，引用了慎子说过的话。但是韩非子的写作方式非常明确，是和慎到不一样的。韩非子会论证，而慎到是更接近老子的表达方式，需要去解读，可能不同学者解读出来的意义不一样。韩非子当然也需要解读，但他是比较明确地在论证。一个原因可能是关于慎子的文献少，如果能看到慎子的全书，可能是不一样的。从流传下来的《慎子》来看，如果要构成一个法制体系，肯定是带有韩非子的影响，需要其他的哲学概念来构成体系。韩非子讲的内容明确，比如君臣关系应该是什么样子，但是慎到不一样。说他们之间的区别有点难，因为他们文献的形式很不同。

姜慧玲：也就是说，韩非子引用了慎到的话，韩非子很有体系，而慎到我们了解得非常有限。那么道家的“无用之用”和慎子的“因循”和“顺势”是否有异曲同工之妙？慎子与道家哲学的一致之处表现在哪些方面？可否举例说明？

欧宁瑞：慎子和韩非子之间的联系，其实您的问题是更好的回答。慎子的思想确实与道家有很强的联系。韩非子受到老子思想的影响，这点我们能比较肯定，因为《韩非子》有《解老》这一章。有学者写过老子的“一”的问题，《老子》王弼版本有“抱一”的说法，马王堆版本有“执一”的说法。“抱一”是包容独特的“一”，也就是包容独特的生命体；另外一种“一”指的是执着于整个。这涉及我们刚开始说的“内”和“外”的联系。“抱一”是包容小的主体，而“执一”是统一，着重于大的“一”。后者像强制性地把所有的东西统一起来，前者是包容万物和所有人的独特性，这是两种“一”。从这个角度讲，韩非子更看重统一的“一”；慎子更强调包容每个人的不同性。其实这两者是分不开的。用包容这个概念来说，如果想要把握整体的大“一”，需要去了解小“一”，所以二者有很强的联系。不知道我说清楚了吗？老子的思想感觉有点玄。

姜慧玲：您说得很清楚，也让我有了一些联想。“一”可以是作为个体的“一”，也可以是作为整体的“一”。英语里也有对应的词，比如个体是“uniqueness”，而整体是“unity”，根据您刚才的分析，可以说慎子强调的是uniqueness，韩非子强调的是unity。这样的解释对吗？

欧宁瑞：非常对。我没想到英文里面“uni”这个前缀也有这样两个方面。非常好。

姜慧玲：谢谢您的肯定，我刚才也是灵机一动想到的。既然我们提到了词，那么就来看看“慎”这个词。“慎”有“谨慎”的意思，慎子的思想也包含谨慎的层面。慎子的思想和他的名字是巧合吗？

欧宁瑞：这个问题也问得非常好，就像我之前的回答，慎子的生平包括姓名，我们现在很难知道。《吕氏春秋·慎势》篇中引用了慎子的一句，这里的“慎子曰”是《慎势》篇中唯一一个“慎”字，所以《慎势》的“慎”也许指慎子其人，即“慎子主张的‘势’”。不过，这段引用慎子的话并非《慎势》的核心内容，所以《慎势》的“慎”并不一定指慎子，也许含有“谨慎”“审慎”等意思，即“对于大势保持审慎的态度”。这个“慎”字指向不明确，说明姜老师提的问题是很恰当的，“谨慎”“审慎”等意义和慎子思想确实有联系，也许慎子的“慎”字的来源与此相关。

姜慧玲：那么作为政治说客，慎子如何在君主的权力统治和信、德、礼、仁等品质之间实现平衡？

欧宁瑞：您提到的信、德、礼、仁等品质更属于儒家思想的常用词，但只有在《慎子曰恭俭》发掘之后才有学者研究慎子思想中的儒家成分。“仁”在《慎子曰恭俭》中出现，但在《慎子》文献里没有这个词。《慎子》讨论“忠”，但往往被赋予贬义，与法治相冲突。例如，在君臣关系里，臣就要做臣的事情，不能做他们职位以外的事情。战国出土竹简上面的字和现代汉语的联系存在疑虑，所以只能说《慎子曰恭俭》也许出现“忠”字。《慎子》里有对“忠”的警戒，但《慎子曰恭俭》推崇“忠”这种品质，这增加了慎子思想的复杂性。

“德”和“礼”最值得研究，我也仍还在研究中。“礼”和“法”之间的联系很有意思，有学者认为它们之间是对立的，法律是写出来供大家参考的，而“礼”存在于我们说话和行为的方式中。“礼”其实也是一种规则，而慎子讨论的“法”也许不像现在那种写出来的条文规定，或许是治理国家的理念和方式，所以“法”和“礼”或许是有联系的。这个问题是最难回答的，因为一般不会从儒家的角度去研究慎子，直到有了《慎子曰恭俭》的文献，才开始从儒家的角度去研究慎子的思想。

姜慧玲：我稍微总结一下：“仁”在《慎子》里面是没有的，“信”被理解为“忠”，但往往具有贬义，是危险的。您更多论证的是“法”和“礼”，我的理解是“法”要更严苛，而“礼”是约定俗成的，如礼仪之类。虽然都是需要遵守的规则，但两者在程度上还是不一样的。在治理方面“德”和“法”结合起来会比较好，遵守规章制度固然重要，但这和遵从自己的良心、做一个好人并不矛盾。我们的对谈已接近尾声了，作为慎子的研究者，请您简要概括并评价慎子的哲学思想和政治思想。

欧宁瑞：因为刚才我对“德”没有展开，也许可以从这里讲起。老子的“德”是主体对“道”的体验。“道”是整体，而“德”是个体对“道”的体验。慎子与这种“德”更接近。另外一种“德”是儒家的“德”，法家也会讲这个“德”，跟“刑”相对。在韩非子那里，“法”是负面的制度，做错了事情需要“法”去纠正；“德”是正面的，与赏赐相关。“法”和“德”是对立的。这里的“德”和老子的“德”是不一样的，是指个人的道德品质，用善良的态度对待臣民。

关于儒家的“人治”，即儒家思想依靠君主的品质来治理国家，《韩非子·难势》反对这种思维，认为如果等待尧、舜般高明的圣人来治理国家，那么一千乱世也许只有一世是平治的，原文是“今废势背法而待尧、舜，尧、舜至乃治，是千世乱而一治也”。与此相近，慎子曰：“尧为匹夫，不能使其邻家。至南面而王，则令行禁止。由此观之，贤不足以服不肖，而势位足以屈贤矣。”慎子指出，无论个人品质是否高尚，只有权势和地位才能使他人服从。所以依靠“德”去统治是危险的，因为“法治”和“人治”是对立的。

如何体验《老子》里的“道”，施行老子的“德”呢？就是关注自我，把“自己”的内容清理干净，“内”与“外”的界限就没有了，这样可以体验“道”。虽然慎子没有用到和老子相关的词，但是思想的运作很相似，比如要“因循”。“法”和“礼”都可以理解为“顺势”的一部分，传承下来的“礼”要求我们如何做人，而小孩子想由着性子来，从自己出发。就像在《论语》中，孔子说“七十而从心所欲不逾矩”，如果要达到这个境界，就需要一个自我修养的过程。孔子在七十岁的时候内在的自我和外在的社会没有冲突，就是内外的界限被抹掉了。慎子的“法”和“礼”差不多，但不是在个人或家庭的小范围内，而是在最大的范围内，即在平天下范围内，那么需要“法”。

提到法家，有人想到的是如何去统一，强行让所有的事情都在统治者的手里，而慎到和孔子有相似的地方，就是对统治者涵养的要求，修养好了才能“因循”，才能“顺势”。“法”只是一部分，如果做得好，修养和“法”不会有冲突，就像孔子到了七十岁和“矩”没有冲突。所以，慎到也许可以说是属于法家的，但慎到所讲的不是作为体系的“法”，我们还要考虑慎子对君主的主体方面的思考。

姜慧玲：孔子七十而不逾矩，是说内外的统一，您的解释让我对“德”和“法”有了新的理解，君主治国的完美状态是二者的一致。您在文章中提到虽然荀子对慎到的思想颇有微词，您的结论是充分认识到他作为一个政治哲学家的地位。谈谈慎到如何影响战国时期的政治？

欧宁瑞：荀子对慎到有微词，也许我们能从中了解到慎到观点的不足，但更能了解荀子。荀子提到慎子的两章都是对先秦各学派的考察，也都隐含一种结合，《非十二子》提到其认为不应该被称为“子”的思想家，《荀子·解蔽》也指出很多思想家不足的方面。荀子的目的是想把自己的观点推出来，说清楚。荀子通过指出各派的不足，尝试如何避开这些不足。

荀子在如上两篇提到慎到，说明慎子在那个时期是有影响的，而且被韩非子引用，也足见慎子的影响。后来儒家变得很强大，慎子的文献没有被完整传承下来，但是他在当时应该是有比较大的影响的。我们有必要去考察荀子对慎子的评价——“尚法而无法”，这涉及我前面的回答。如果“法”是规则，而且这些规则的遵守对君主和社会很重要，那么慎子怎么能讲“因循”和“顺势”呢？好像他没有推崇遵守规矩，没有法律或“法治”的意识。

但实际上“法”和“无法”是分不开的。君主就在“法”和“无法”中间，君主作为中心，是法的来源，他可以变法。君主遵守法和臣遵守法不是一个性质，臣遵守法往往因为“刑”；而君主要遵守法，没有君主以外的动力。君主就是“法”的来源，所以他那里就没有法。姜老师前面提到的“兼收并蓄”，就是说他什么都能包容。其实，“因循”“顺势”和他遵守“法”是不冲突的。

能遵守“法”关系到内和外的界限，就像孔子那里遵守“礼”，这是自我修养的过程。君主如果要在社会上有效地变“法”，那么就要考虑外在的各个情况，这就是“民杂”。

姜慧玲：荀子虽然有微词，但也是为自己的学说服务，又从一个侧面说明慎子的影响力，您的回答给我很多启发。我印象比较深的是荀子对慎到的批评——“尚法而无法”，从您的解释看出您是比较认可慎子的。君主作为中心可以变法，这和庶民对法律的遵守是不一样的性质，虽然也有这样的说法——“君主犯法与庶民同罪",其实也是君主自己的选择。接下来我们再把讨论的范围扩大一下。如果将慎子的思想和西方的哲学家做一个比较的话,您会选择谁?托马斯·霍布斯吗?如何比较?慎子的思想在当今世界有何借鉴意义和价值?

欧宁瑞:这个问题涉及您之前提的问题,考察历史上的问题对研究慎子的思想是否很重要。能不能把这些文献拿出来作为独立的文献?还是只能放在当时的时代背景中去看?如果是后者的话,霍布斯和慎子所处的环境和时代都很不一样。我通过研究慎子得到启发,更了解他当时的情况,但不是想把他的道理拿到当代来用。这并不是说慎子的观点没有现代价值,相反很有现代价值。我觉得这是一个过程,通过了解慎子的思想方式,会发现自己的思维变得更灵活,更有包容性。不同国家有不同的治理方式,要了解不同治理方式,就要了解当时当地的情况。历史研究也是这样的过程,不是直接拿来用,而是通过研究一个时代的情况,获得研究"他者"的方式。

姜慧玲:您认为研究慎子会让自己的思想更灵活,更有包容性。这让我想到英国文艺复兴时期的弗朗西斯·培根(Francis Bacon)在《论读书》中有这样一句话:"History makes a wise man."(读史使人明智)。所以关于慎子的研究对当代很有借鉴意义和价值。

不知不觉已经过去两个小时了,再问您一个不那么学术的问题。您的中文非常好,感觉交流起来毫无障碍。作为中国人,我们在读古文的时候,在理解上也不是很容易。想问您在读一手文献的时候,遇到哪些困难,又是怎样解决的?是不是特别辛苦?

欧宁瑞:最辛苦的可能是最近在读《慎子曰恭俭》,它是2007年由上海博物馆出版的,是1993年发掘的文献,对它的研究让我感受到研究古典文字有多么复杂。一般读中华书局出版的文献,不论是简体还是繁体,都是经过很多编辑工作之后的形式。但是去看刚出土的文献,真的是一点都看不懂,需要一些文字学的专家去理解,大概可以定为哪个汉字。学者对《慎子曰恭俭》的理解并不一致,一句话有好几个可能性。有的文献有很多释义和材料可以参考,有的文献没有材料可以参考,如果参考文献不多,确实很难。我曾试图去读宋代的邵雍,也很有挑战性,他的文学和术数学有交叉,所以有时读古典文学需要对术数学、中医等都有所了解才能看明白,非常博大精深。

姜慧玲:这里涉及跨学科,需要将科学与人文结合起来。我所在的大连外国语大学,校训是"崇德尚文,兼收并蓄"。刚才跟您说了"兼收并蓄",又讲到

“德”，我们现在说的是“文”，这是语言文字研究者该有的学习力和态度。读这种古代一手文献的确是非常辛苦的，但是虽然辛苦，只要能克服困难，坚持下去，还是非常值得的一件事情。

欧宁瑞：是的。我还有两个问题。从研究哲学的角度来看，我发现您做的研究有一些点是很有意义的。老师提到在古希腊，科学被称为自然哲学；到了启蒙时代，科学和文学有明显的分离。我想问一下，现在科学和人文是不是又合在一起了？或者有没有这样的趋势？

姜慧玲：对这个问题的回答应该是肯定的。法国作家福楼拜说过：“科学与艺术在山脚下分手，在山顶上会合。”您的研究是跨学科的，在研究方法上涉及考古，涉及对古文献的甄别，这是科学的研究方法；而我们研究的领域是人文领域，您研究哲学，我研究文学，文史哲都是人文的范畴。在当今时代我们提到的数字人文就是将科学和人文统一起来的实践，所以融合是大势所趋。

欧宁瑞：您刚才提到科学的方法会影响到文学领域，那反方向是否也有影响？

姜慧玲：当然会有。我们还要回到斯诺的小说中。斯诺在小说中讲述了科学家的成长历程。作为一个人文学者，我在读他的小说时，也能够体会到和科学家一样的情感。例如，一个研究化学的科学家看到结晶呈现出美丽的图案，他觉得特别欣喜，这和我们人文学者在研究取得进展时的快乐感受是一样的。当他从家乡小城凭着自己的努力一路来到梦寐以求的剑桥大学卡文迪许实验室从事科学研究时，他的心理我也一样感同身受。科学家的精神、伦理和道德方面对科学研究至关重要，这应该是人文精神影响到科学领域的一个呈现吧。而且我们通过阅读书写科学家题材的文学作品，对科学研究过程和科学家精神有了更多的了解，这也是文学对科学影响的典型例证。

欧宁瑞：另外，在中国的思想史中，是否也有科学与人文的分裂？宋代朱熹主张理学，主要是文献的研究，像儒家的文献“四书”“五经”等，也会研究竹子是怎么长出来的这些自然现象，有点像我们现在所说的科学，当然那个时代没有“科学”这个词。在中国历史中，科学与人文是否有分离，还是一直一起发展？

姜慧玲：我觉得这个问题特别好，给我提供了思考的另一个方面。我没有考察中国古代，我掌握的资料是在1923—1924年，一部分中国人到西方游历，他们带回了民主和科学的思想，同时也看到了战争的残酷，于是展开了科学与人生观的辩论。辩论的一方是张君劢，他在清华大学的同方部发表了题为《人生观》的演讲，认为人生观是非常重要的，科学技术的发展会带来战争等一系列问题；而辩论的另一方是地质学家丁文江，他撰写了《玄学与科学》一文，强调科学的重要性，认为人生观不能解决一切问题。随后很多名人如梁启超、胡适和陈独秀等相继参与其中，纷纷撰文发表见解，展开了一场"科玄之争"的论战。

同样在1923年，英国遗传学家霍尔丹和哲学家罗素也就科学对人类社会的未来功用这一话题展开辩论。很有意思的是在这样一个历史时期，中西方同时对科学与人文的辩证关系有了关注。比较中西方科学与人文关系的发展脉络，其实是有相通之处的。在比较远古的时代，科学与人文是融合的，随着近现代科学技术的发展，科学逐渐分离，开始出现了论争。当然我们刚才说过，科学与人文的关系是一个融合的趋势，会交叉融合渗透成为一种文化，或者我们可以称其为一种"文化共同体"。这也是跟您的对谈带给我的启发，非常感谢！

西欧去工业化的发展与影响研究

王珑兴[①] 韦 里[②]

王珑兴：请你介绍一下你自己可以吗？

韦里：我的名字是阿尔贝托·勒布朗，中文名是韦里，我来自西班牙马德里，我正在北京大学攻读政治经济学博士学位。我希望能够在明年一月份完成我的博士论文答辩。现在正在走流程。

我从2009年开始在中国生活。现在我在这里结婚了，我的妻子是中国人，所以我已经定居在这儿。起初我想来中国是因为我非常有兴趣了解自1978年改革以来中国在消除贫困和经济增长中做了什么。中国作为一个世界强国，它也引起了我的好奇心，最终我在这里结婚、生活，而且未来也将在这里开始我的职业生涯，我很开心。

王珑兴：你的教育经历是怎么样的？

韦里：我本科毕业于马德里康普顿斯大学传播与国际关系专业。之后在马德里远程大学攻读国际关系的硕士学位，然后我在中国人民大学获得经济学硕士学位，并申请到了孔子学院的奖学金项目，之后开始在北京大学攻读政治经济学博士学位。

王珑兴：你博士研究主题是什么？

韦里：我正在研究全球价值链（GVC）与民粹主义兴起之间的关系，我设计了一个可以预测贸易全球化中政治局势变化的模型，我可以简要地阐述一下。我称之为全球价值链指数（GVC Index），用于衡量各国的贸易附加值。如果我们计算一个国家出口产品的附加值占该国对外出口总额的比例，我们会得到一个指数，这就是价值链指数，然后我在研究中比较了1998年到2015年联合国

---

① 王珑兴：复旦大学外国语言文学学院，教师

② 韦里：Alberto Javier Lebron Veiga，北京大学，博士

数据统计中价值链的历史变迁。我从两个角度进行分析，一个角度是指某国在全球价值链中保持中心位置，其指数高于 2%。相反这个国家就在走向边缘。在 1998 年至 2015 年期间，欧洲和美国的价值链指数一直是负面的，但中国的则是正面的。在欧盟内部，我发现价值链指数在法国和英国下降幅度最大。因此，政治民粹主义更明显地出现在法国，例如极右翼的勒庞在 2019 年欧洲大选中获胜以及 2015 年的英国脱欧的赞成票。在 1998 年至 2018 年间，全球价值链指数下降最严重的两个欧洲国家分别是法国和英国，这与观察到的大量制造业就业岗位消失、随之而来的两国仇外情绪上升以及日益兴盛的政治民粹主义运动的崛起现象相一致。我的研究发现，在失业率仍然很高的工业地区，法国极端的民粹主义党团获得了更好的选举结果。在英国也看到了类似情形。其中，低附加值工业岗位占比较高的地区支持脱离欧盟的投票率也较高，而高技术工人及资本所有者所在区域支持脱欧的选民投票率相对较低。我的研究对于法国、英国以外的欧盟国家进行了模型测试，同样证明工业失业率与政治民粹主义兴起之间存在较高的相关性。

王珑兴：现有研究大多将民粹主义的出现归因于选民中的一些主观因素，包括仇外心理、对移民的恐惧和拒绝态度以及日益上升的经济不安全感等。我理解你的研究目的在于引入去工业化发展及其影响等相关变量（包括失业率、相关国家与全球价值链的脱钩指数等），试图为欧洲民粹主义政治的崛起提供一个政治经济的解释，是这样吗？你认为民粹主义势力崛起的经济和社会基础是什么呢？

韦里：正是这样。我对英法两国投票的分析是，制造业占就业的百分比与民粹主义反全球化的崛起之间存在近乎完美的相关性。这些民粹主义势力寻求国家的更大保护并反对公司跨国投资。这在英国和法国都发生了，特别是在中老年人和工人阶层。老年人技术水平低，工人阶层受教育水平低，他们明显更加支持民粹主义。这是社会的一个很大的群体，他们竞争力低，容易失业。自 1998 年以来，欧洲成千上万的制造业工作岗位消失，这与欧洲价值链指数的下降互为印证。我在模型中发现，一个国家在价值链中的指数越高意味着这个国家对世界出口总额的贡献越多，其国内附加值增加就越多，就业人口就会增加。相反，如果价值链指数下降，出口额下降，就业人口就会减少。

王珑兴：也就是说伴随着欧洲去工业化的进程，民粹主义在不断崛起。这是否可以解释贸易保护主义的抬头呢？

韦里：是的，由于大量失业，这些社会群体开始寻求保护蓝领劳动者的政治领导人，他们呼吁保护主义，他们感受到全球化的伤害。但在我的研究中，我认为保护主义不是新事物，早在 20 世纪 30 年代大萧条时期就出现了保护主义，贸易的争端最终导致世界大战。而在 20 世纪 70 年代，拉美发展中经济体推行进口替代战略，反倒导致该区域与世界市场脱节，沦入中等收入陷阱。正确的做法应当是进一步全球化，就是曾经的投资接受国反向投资于曾经的资本输出国，解决该地的就业问题，达到全球投资与就业的均衡。

王珑兴：部分学者指出，欧洲现有的制度，特别是欧盟的体制正在经历着危机，或者说现有制度与如今的国际政治经济形势不相适应。你怎么看这个问题?

韦里：在分析欧盟内部的区域一体化动态时，需要考虑两个维度。首先，需要从每个国家的社会维度进行分析，即国家内部不同社会阶层之间的相互作用。其次，在进行分析时，必须考虑到在同一个中心—外围体系里各国间的互动，比如欧盟这一体系。从不同社会阶层之间的相互作用来看，金融危机后，西方国家的劳资关系重新出现了紧张对立的态势，究其根本在于西方国家去工业化政策所带来的经济停滞与两极分化。而西方国家为了摆脱危机所采取的逆全球化、生产智能化等措施却难以成为再工业化的有效手段，甚至带来了更为严重的失业问题。从各国间互动关系来看，处于主导地位的德国通过与许多欧盟外围国家之间建立“债权—债务”关系巩固了其影响力。随着德国的繁荣，特别是 70 年代德国马克信誉的提高，德国在欧洲的地位在不断提高，它自然成为欧洲霸权国。在安定繁荣的欧洲，德国与法国同时构成势力均衡机制，同时由于德国是欧盟的第一大经济体，因此德国还成为占据主导权的大国。

王珑兴：从你说的两个维度来考察，一方面确实欧洲的失业问题日益凸显，不同社会阶层之间的矛盾越来越尖锐；另一方面国家间发展也日益不均，导致了德国在欧洲的霸权。这种国内与国家间的不均衡如何才能够得到缓解?

韦里：在我的研究中介绍的理论模型重点揭示了社会经济变量与极端民族主义或反全球化的政治民粹主义的增长之间的关系。高效地融入全球价值链可以促进经济发展和增加就业岗位，这一点是通过更高的出口来实现的，我的研究用全球价值链指数衡量一国融入全球价值链的效率。而且，高效融入全球价值链的政治社会效果也是显而易见的，即它有助于限制反全球化政党的崛起。法国、德国、英国、西班牙和意大利等国的案例分析表明，我的研究提出的模型及所有多元回归的发现都与我的研究的主要假设相吻合。

有关全球化影响的分析还体现在欧盟体制结构性不平衡方面。德国在联盟占据经济优势地位，通过对其他欧盟外围国家行使经济霸权而获得巨大的经济利益。德国是欧盟 27 个贸易伙伴国的最大贸易伙伴，同时与荷兰一起成为欧盟最大的净债权国。不过，德国未能实现其在欧盟的主导霸权地位，这使得欧盟内部现有的经济不平衡状况反而加剧了。在 2010—2012 年欧债危机之后，债权人与债务人的关系因缺乏真正的经济融合，遭到了社会的强烈排斥。欧盟外围国家认为自身掉入了德国所谓的"债务陷阱"中，这一认知助长了近些年来欧盟内部政治民粹主义的高涨。全球价值链的形成与国际贸易日益一体化，对欧盟与各国的适应能力构成了巨大的挑战。欧盟国家在应对方面存在较大的缺陷。显而易见，贸易全球化总体来说是使各国受惠的，但是欧盟各国的蓝领阶层开始要求政府给予更多保护，2010—2012 年欧债危机后，这一诉求更加强烈。

欧盟的体制框架最终导致联盟内部众多国家陷入与德国的债务陷阱，尤其是希腊和西班牙。只有德国实施了最有效的发展战略，除了增加对蓝领工作者的投资外，还鼓励工人提高从业水平。换句话说，根据欧盟统计局的数据，与德国制造业创造了 30 万个就业岗位形成鲜明对比的是，在 2008 年国际金融危机后的 10 年里，欧盟 28 国减少了 230 万个就业岗位。自 2008 年国际金融危机之后，法国减少了近 50 万个制造业工作岗位。英国减少了约 20 万个制造业工作岗位。而欧盟南部的外围国家——希腊、西班牙、葡萄牙和意大利，到 2018 年减少了 140 万个制造业工作岗位。德国作为全球价值链融入度最高的国家，在创造工业制造业就业机会方面处于欧盟领先位置。而法国的增值贸易占世界总出口比例有所下降，其降幅在欧洲国家中是最高的，自 2008 年以来，就缩减了 45.6 万个制造业岗位。意大利增值贸易的增幅位列欧洲国家倒数第三，在欧盟经济危机中，每 4 个流失的就业岗位中就有 1 个是制造业岗位。在增值贸易占世界总出口比重相对较低的其他边缘国家中，制造业所遭遇的破坏程度也很明显。

王珑兴：那对于外来移民欧洲是怎么看的呢？因为现在各国的排外与恐外已经达到了一个高潮，人们越来越觉得是外来者夺走了他们的工作机会。你从全球价值链视角如何观察这个问题？外来移民的涌入和工作机会的外流，成为在美国与欧洲被批评得最多的两个政策，在你的研究中是不是也发现了这一点？

韦里：欧盟公众对移民问题的态度是一个重要变量，与欧盟国家极端民族主义、政治民粹主义的选举结果之间也存在着正相关的关系。在此基础上，我的研究还得出了另外一个结论，而关于这一结论此前在国际政治经济学研究领域并未达成共识：日益增长的反外国移民情绪与许多欧盟国家的经济状况恶化相吻合。换句话说，虽然移民是一个统计变量，会刺激选民将选票投给反全球化的极端民族主义、民粹主义政党，但是发生这种情况的原因可能是融入全球价值链的程度不够充分，因而造成失业率上升、经济恶化等社会问题，这一点可以通过全球价值链指数来测量。

经济全球化、贸易全球化形成了全球价值链的制度安排。因通信技术的飞速发展，一种商品的生产可以被细分成两个或多个不同的且分布在若干个国家的部门，但是，当发达国家的资本家将公司迁往劳动力更廉价的国家时，问题就出现了。发达国家的蓝领工作者，因公司产业转移失去工作，因而他们常常把失业归咎于全球化。在我的研究中，我将这种去工业化的发展视为引起欧盟蓝领选民社会动荡的根本原因。值得一提的是，在2010—2012年欧盟债务危机之后，这种社会动荡被政治民粹主义加以利用来对抗全球化及欧盟建设。资产阶级和拥有较高职业技能的工人（白领工作者）却能从中受益。相比于低技能的工人阶级，白领的工资水平提高，获益颇丰。虽然其他国家的蓝领工作者的收入有所增加，但资产阶级从中获得的回报也在增加，而且这种方式还有利于减少其边际成本。查阅文献得知：为了提高收入，发达国家的蓝领工作者群体不得不专攻于其他高附加值的工种。但是，缺乏引导经济发展的教育政策和产业政策，贸易行业蓝领工作者群体的物质条件因贸易全球化雪上加霜。这种社会不满情绪被政治民粹主义利用，危及全球化进程。以法国为例，2019年欧洲议会选举后，选票最多的政党就将脱离欧盟作为优先目标。虽然西方政治民粹主义经常将“南—北贸易”关系定义为“零和博弈”，但是，各国之间实际的国际贸易否定了这一论点，全球化已被明确证明是有益处的。然而，在2010—2012年的危机之后，蓝领阶层的物质条件明显恶化。而且考虑到蓝领阶层在选民中的主导地位，上述情况都加剧了欧盟许多外围国家的反全球化情绪。

王珑兴：接下来我们可以谈谈文化在中间扮演的角色，因为你的研究强调反全球化的民粹主义与经济上的问题息息相关，但反过来我们想要了解文化与这种反全球化浪潮之间的关系。因为我们从东方观察过去40年，往往认为全球化是好的，也逐渐形成了支持全球化的文化意识，但是从西方看来似乎并不是这样。

韦里：文化与民粹主义的崛起有直接关联。在接受国家福利或公共服务时产生的文化身份认同是比较弱的，当面对外来移民时，边境的开放使得他们的本土身份认同或民族身份认同增强。对蓝领阶层来说，经济危机时期，他们因经济的不确定性变得较脆弱，并产生对于外来移民的排斥心理；同时，在寻找高薪体面工作时，他们将移民视为直接的竞争对手。随着蓝领中产阶级重新获得民族身份，同时要求民族国家提供更多的保护，全球化的发展便遭遇到危机，这种文化和身份认同的回归导致蓝领阶层反对由贸易全球化所代表的经济全球化进程。政治民粹主义势力与政客利用了这种变化，试图破坏与全球化密切相关的各类倡议（包括欧盟建设等）。

王珑兴：中国曾经是人力密集型工业发展的基地，现在越来越过渡到资本密集与技术密集型的产业基地。欧洲国家相较于发展中国家，在产业发展上有什么特点和优势？

韦里：我的研究中提出国家总是愿意使用相对而言最丰富的生产要素来出口。在欧盟发达经济体中，资本的贡献及白领技术工作者的贡献最高。相反，在发展中国家中这一部分的贡献则相对较低。同理，发展中国家在雇用蓝领工作者时提供更加优越的条件（劳动力是其相对丰富的要素）。因此，在与发展中国家的自由贸易方面，发达国家的蓝领工作者没有竞争力。因此，发达国家可以通过保护蓝领工作者免受来自发展中国家的竞争来改善他们的条件。然而，这将使发达国家和发展中国家的全球福利状况恶化。因此，上述情况造成了一种两难境地：发达国家在国际分工中相对弱势的生产要素——蓝领工作者，反而在国内日益变成在政治上举足轻重的势力，旨在保护他们免受国际贸易影响的保护主义措施将导致肉眼可见的低效率；但是抛弃蓝领阶层会导致支持激进的贸易保护主义的民粹主义政党的选票增加。欧盟去工业化的解决方案绝不能是保护蓝领阶层的工作免于发展中国家的竞争，也绝不是大规模的工业搬迁或者生产过程的自动化。默许欧盟蓝领工作者的物质条件过度恶化，欧盟发达国家的去工业化问题必须通过扩大白领工作者就业机会以及鼓励投资来解决。这一解决方案只能通过适当的教育以及产业政策来实现。并有一个适当的制度框架来鼓励这些政策的实施。

王珑兴：世界各国高失业率的原因各不相同，欧洲国家去工业化和失业率高的原因是什么?

韦里:欧盟工业制造业的失业率日益增长,一部分原因是科学技术革命,或者生产过程的自动化。根据欧盟统计局的数据,1998—2018 年期间,欧盟 28 国制造业的产出虽然增长了 56.2%,但同一时期内,工业制造业部门锐减 570 万个就业岗位。也就是说,制造业生产 1 单位的国内生产总值,所需要的工人比之前要少得多。我的研究对这个结论进行了验证,该结论符合两个原因:一是资本/劳动比率(K/L)占总产出的比率有所增加,二是劳动要素生产率的提高。换句话说,这一现象揭示了白领技术工作者、技术资本逐步替代低技能劳动力的现状。上述任何一种情况下,发达国家制造业岗位被取消的趋势都十分明显。这在欧盟引起了一个政治经济问题:一方面,蓝领阶层将其物质条件的恶化归咎于全球化,因此他们大规模投票支持反对欧盟国家的民粹主义或者极端主义政治组织,以此要求实施贸易保护主义政策;另一方面,高素质专业人士的白领工作者阶层和资产阶级则将更倾向于有利于贸易全球化的选举决策。然而,问题在于 2008 年国际金融危机后,数百万蓝领工作者处于失业或者工作条件不稳定状态。蓝领工作者阶级因人数众多,成为主导社会阶层,假若其物质条件因全球化而恶化,他们就会趋向于政治民粹主义政党的选票。但当蓝领阶层在人数上不再是主导社会阶层时,正如德国的情况,全球化最终会使整个国家受益。国家获益后,届时将试图影响规则的形成,以便在有利于其利益的全球化经济背景下,巩固其主导地位。德国作为贸易全球化的受益者,就是通过这种方式对整个欧盟实行了主导权。

欧盟去工业化的另一个原因是一些国家没有充分融入全球价值链。事实上,正如我的研究中的文献所指出的,贸易扩散在通过投资提高人力资本的素质方面有积极作用。换句话说,全球价值链可以在发达国家中创造高技能的工作,增加白领工作者数量,在发展中国家促进蓝领工作者就业水平,刺激发展中国家的经济发展。全球价值链有利于欧盟 13 国与整个欧盟实现真正的经济融合。并非所有国家拒绝移民都是反全球化,例如匈牙利反欧盟的政治民粹主义势力虽然具有强烈的民族主义色彩,但本质上并不是反全球化,反而还提议加入"一带一路"倡议。与德国一样,匈牙利拒绝移民是出于文化民族主义,而并非贸易保护主义。德国虽然是发达国家,但新的制造业岗位主要集中在白领阶层。欧盟当前面临着巨大的挑战:消化全球化的冲击,解决内部经济不平衡问题,以及消化俄乌战争带来的内外危机。

王珑兴：我们来谈谈欧洲应该采取什么措施与政策来摆脱目前所遇到的危机。

韦里：我认为最重要的是欧盟应当采取更加有效的教育与人力资源政策，加快人才培养，科技创新，以此协助所有国家更好地融入全球价值链。其他欧盟15国，尤其以法国为例，不仅未能加强与新欧亚轴心的贸易联系，还与全球价值链脱节。这与以欧盟15国、美国为中心的欧洲—大西洋贸易轴心的衰落相一致。正如我的研究中论述的，国际贸易并不是一个零和博弈。一方面，德国从它的霸权领导地位出发，应该促进贸易发展、优化欧盟所有国家的工业发展分配。另一方面，因欧洲货币联盟这样的非最佳货币区引发的不正当激励措施，欧盟国家必须全部根除，因为正是这些不正当激励措施造成了德国债务陷阱。

王珑兴：除了增加自身的人力资源以外，排在第二重要的措施是什么？

韦里：其次，我觉得欧洲应该认清如何与中国等新兴经济体合作，增强自身的竞争力。德国是发达国家中完美融入全球价值链的典范，是20国集团(G-20)中唯一一个全球价值链指数有所增长的发达国家，这一增长也得益于德国与中国增值贸易的一体化。德国通过鼓励高附加值、资本密集型、熟练劳动力或白领工作者出口，即相对丰富的生产要素的出口，来增加国际贸易的比重。欧盟13国，在最初阶段，也将其最丰富的要素(廉价劳动力以及蓝领工作者)在全球范围内推广使用，以此作为融入全球价值链的基础。此外，德国还有效地融入了中国的价值链体制，成为中国增值贸易最大出口国，这使得它的制造业和工业岗位在2008年国际金融危机之后免遭破坏。根据“一带一路”倡议，中、德两国最终与欧盟13国形成了一个全新的、有益于全球的欧亚贸易轴心。但是，俄乌战争爆发之后，德国等欧洲国家出现了要与中国经济“脱钩”的声音。这种状况有可能使欧洲经济变得更加困难。

王珑兴：你前面提到了欧洲各国内部与国家之间发展不平衡的问题，在这方面未来欧洲可以做些什么呢？

韦里：应当逐步解决内部经济不平衡的问题。而且，这种方式还有可能缓解因货币区效率低下而产生的不对称性。欧洲货币联盟如果没有共同的财政或产业政策，那它就会成为德国永久的债务机制。要解决不平衡问题，财政统一可以成为第一步，用其资金条件，根据每个国家的经济发展条件，激励所有欧盟国家实现公平的工业化。欧盟各个国家必须始终以其相对丰富的生产要素为基础，提高以高效的方式融入全球价值链的意愿。在去工业化国家，如法国或欧盟南部国家，应使用高素质技术工人或白领工作者，努力发展资本密集型及高附加值的工业。为此，需要在欧盟建设的框架内协调高效的教育政策和产业政策，并根据每个国家的生产力水平调整物价，包括工资和利率。只有这样，才有可能避免发生不对称性和经济危机，这种不对称性和危机曾在 21 世纪前 10 年在欧盟国家横行肆虐。总之，贸易全球化比贸易保护主义更可取，因为前者不但稳定地提高了福利水平和创新水平，还产生了经济相互依存的贸易增加值关系，这将任何重大国际冲突的成本提得越来越高。换句话说，国际贸易自由化是全球福利的近义词，因为它保证了国家之间的和平关系。这一理念也启发了中国“一带一路”的贸易倡议。正如我的研究所指出的那样，国际贸易有效的全球化（由分布在少数地区的中心—外围霸权体系过渡到真正的多级体系）是将世界总福利（包括欧盟福利）最大化的唯一可能战略。

王珑兴：对于欧洲各国近年来崛起的反全球化政治势力，你怎么看？

韦里：我认为欧洲未来需要克服反全球化政治势力的影响。经济危机显著加重了受影响最严重的欧盟国家的反全球化情绪。法国以及英国工业制造业的蓝领工作者，因为全球化而造成的经济条件恶化，促使他们投票反对欧盟。通过全球价值链指数衡量，其经济状况的恶化与贸易全球化程度的显著下降有关。我研究的基本理论创新在于提出了增值贸易的“全球化不充分”与去工业化之间的相关性；以及以工业制造业失业的形式表现出来的去工业化与欧盟反全球化民粹主义的增长之间的相关性。从“全球化不充分”的原则来分析，反全球化政治民粹主义衍生出来的贸易保护主义，不仅不能解决蓝领阶层的困境，反而只会助长整体经济形势的恶化。国际贸易不是零和博弈。发达国家应抛弃保护主义或反全球化的贸易政策（如退出欧盟），如想改善蓝领阶级的经济状况，只能通过现代化升级总体生产力来实现。应鼓励蓝领阶层向资本密集型产业转移，因为发达国家的蓝领工作者无法与其他发展中国家的竞争。只有通过旨在确保持续创新水平的教育和产业政策，成功实现从蓝领工作者向高素质就业岗位的过渡，才有可能减少经济行业中蓝领工作者的数量。只有这样，才能在国际贸易一体化的条件下，形成稳定的政党选举联盟支持全球化的发展，比如在欧盟内部实现这一点。

王珑兴：西班牙在价值链方面的情况如何？我们看到西班牙与法国或英国不同，出现了右翼政党（Vox）和极左翼势力（Podemos），为什么会发生这种现象呢?

韦里:无论是极左翼还是极右翼都是政治民粹主义。因为它们都可以被定义为保护主义运动。在此之前,欧洲国家建立起了社会民主主义共识,整个欧洲有3个建制派政治势力:传统左派、传统右派、自由主义者。他们都支持全球化。在西班牙人民党中间偏右,社工党中间偏左,这一直是欧洲国家政治的主要格局。直到2008年的经济危机之后,欧洲出现了去工业化的恶果:庞大的债务问题,失业率居高不下。投票支持保护主义的人剧增。之前西班牙社工党(PSOE)和人民党(PP)几乎拥有100%的选票。现在极左翼的Podemos和极右翼的Vox与他们分庭抗礼。这与以下事实有关:在西班牙自1998年以来,近百万个制造业工作岗位消失,2008年受欧洲债务危机影响最大的4个国家是希腊、葡萄牙、西班牙和意大利。这些国家价值链指数远低于2%,这意味着它们的工业生产能力非常弱,因此它们创造优质就业的能力非常低,大量资金投资于房地产行业。许多人失业,在社会上引起了很多不满,最终要求国家的保护主义。

王珑兴:那这是不是意味着就要将所有的工厂都搬回西班牙呢?

韦里:我是全球化的支持者,我不认为需要将工厂搬回西班牙,而是需要进一步全球化,增加西班牙自己有比较优势的工业生产。每个国家都必须生产自己最具竞争力的产品。中国生产一部苹果手机需要1 000美元,为什么要将其搬回美国生产,然后卖3 000或4 000美元呢?这是历史的倒退,我们又回到了20世纪70年代。在没有全球化的情况下全球福利都将减少。这就是为什么保护主义不是解决方案,解决方案是进一步的全球化。全球化不是零和游戏,进一步的全球化将把中国的资本与技术输出到欧洲,特别是南欧,增加当地的就业,并提高当地的技术水平。中国曾经的优势是廉价劳动力,但现在在资本和高技能劳动力方面的优势越来越大,我们在诸如5G等技术中看到了这一点,关闭大门并禁止中国技术的转让是荒谬的。保护主义在历史上曾经导致第二次世界大战的爆发,因此我们必须牢记,欧盟民粹主义政党的胜利所产生的经济保护主义会破坏全世界的总体福祉,并可能导致我们面临明显的战争风险。

王珑兴:这里我们正好要问,这种保护主义的政策之一就是再工业化,整个西方世界,特别是美国,当然还有西班牙许多政治家已经提到再工业化的建议,这将产生什么影响,特别是在中国与这些国家关系方面?

韦里：再工业化是一个政治口号。公司会在他们可能实现利润最大化的地方生产，这是为了最小化他们的成本，最大化他们的收入，如果他们能在中国这样做，他们将在中国生产。然而，保护主义者要求他们在西班牙生产或在欧洲生产，或者在美国生产，这样的效果是有限的。战争、疫情等不可抗力有可能导致产业转移。我的观察是这种转移已经发生并将继续发生，来中国投资的公司正在减少，中国从外来投资中积累资本和技术的节奏正在变慢。举个例子，2007 年只有两种智能手机：苹果和三星。但 10 年后中国诞生了三四个本土领先品牌，这要归功于国际资本与技术的流动，中国的小米、华为和 Oppo 是在这样的全球化环境中诞生的。当这种环境不存在，中国发展的积极因素也在减少，增速减缓。

王珑兴：有研究指出许多制造业正在向东南亚转移，你如何看待这一现象的未来前景？

韦里：这很有趣，一方面，从中国到其他国家的产业转移早在大流行之前就已经开始了。一些附加值较低的行业在孟加拉国生产更便宜的产品，这是一个自然而然的过程。事实上，中国目前获得的投资是附加值和技术含量高的产业，外国资本不再来中国生产廉价商品，这是积极的。现在中国正在向世界转让技术，令人耳目一新，这在我的博士研究中提及，那就是我们一直认为中国是世界工厂，但其实中国正在变成世界研发中心。正如你所说，可能有一些附加值较低的行业一点一点地搬迁，但中国不会受到影响，因为在其他高附加值的行业中中国的地位正在上升。一个有趣的例子是德国，它是世界上附加值最高的国家。但现在中国公司大量投资德国，以便获得技术并从德国向中国出口优质产品，这增加了双方的竞争力。就德国而言，自 2008 年国际金融危机以来，德国新创造了超过 30 万个就业岗位。因为它的经济向中国投资开放，而这种全球化状态使中国和德国都受益。

王珑兴：欧洲和美国对待中国的态度差异大吗？目前是越来越趋同，还是越来越趋异？

韦里：值得注意的是欧洲与美国对待中国的态度越来越接近，因为他们有了一个共同点，那就是民粹主义。美国的特朗普与法国的勒庞、西班牙的阿瓦斯卡尔（极右翼领导人）、意大利的梅洛尼和英国的约翰逊没什么不同，他们有一套非常相似的话语体系，那就是再工业化以恢复就业。欧洲正在放弃全球化，美国正在转向孤立主义，这都是因为工人阶层要求更多的保护。如果我们看一下全球价值链的指数，世界上增长最快的地方是中国，而跌落最大的是美国和欧洲。当特朗普说“使美国再次伟大”意味着将制造业工作回流时，在美国生产 iPhone 的价格会高出三倍。对于绝望的失业者来说，一方面他们需要工作，另一方面他们认为自己的文化身份认同受到威胁，反对外国人永远是对的。正如上次北约峰会所表明的那样，对中国的态度欧洲与美国越来越相近，中国历史上第一次被列为战略对手。

王珑兴：你对中国目前所面临的情况有什么样的建议？如何更好地处理与欧洲的关系？

韦里：我有一个简短的建议，因为我已经确定了欧洲和拉丁美洲所有国家都存在相同的问题，即与中国的贸易关系越不平衡，这些国家的反应就越负面。中国需要考虑如何平衡与其他国家的经济关系。我认为的平衡是中国最好在这些国家投资生产性的行业，并转让技术，创造就业机会。这样就可以重新调整中国的贸易关系。中国公司通过更大的企业社会责任参与当地社会，并取得所在国信任，助力营造良好的国家形象。中国中央电视台报道一万次都不如哥伦比亚、阿根廷、智利或墨西哥的地方电视台报道一次。但如果只投资基础设施和自然资源，当地人可能会认为中国是资源的攫取者。在委内瑞拉，中国石油天然气集团有限公司进行了大量投资，但委内瑞拉本国很快出现了与中国的对立情绪，因为这是低附加值的第一产业，几乎不产生就业机会。发展中国家的人民需要有人把他们放在心里，并改善他们的生活条件。如果中国这样做，就将在广大发展中国家占据战略优势地位，我认为中国现在有这个机会。

王珑兴：更加具体地来说，中国与西班牙的关系在过去几年有了长足的发展，但是可能还有很多不足的地方。你如何看待中国与西班牙的关系？

韦里：西班牙与中国的关系首先取决于这样一个事实：继欧盟、美国—北约、拉丁美洲、中东和北非之后，亚洲在西班牙外交政策中排在第五的位置。这极大地限制了为制定针对亚洲的长期全面战略而投入的资源。西班牙尽管是欧盟第四大经济体，并且跻身全球前二十大出口国之列，但仅占欧洲对华出口总额的 4%。因此，可以说，西班牙与中国没有与德国或法国那么大的经济分量。而且，考虑到上述外交政策优先顺序，西班牙对华利益在很大程度上服从于美国—北约战略。中国的文化外交和民间交往确实使两国人民相互树立了积极的形象。反过来，这种做法将双边关系限制在从文化到旅游或教育等软部门的范围内。但这也表明，中美在工业、科技、安全防务等其他战略领域的合作也存在明显的局限性。在这种情况下，建议的做法是改变策略。不再仅仅是在大使馆的倡导下，不再限于由中国人与当地人进行的民间交流，更不能仅仅出于对经济利益的考虑而发展关系；加强中国与西班牙政治、经济和媒体领域盟友的联系，构建更加紧密而广泛的关系。

王珑兴：你现在与西班牙的大学或者拉丁美洲的大学之间有联系吗？

韦里：我与西班牙的大学和拉丁美洲的大学保持联系，这种交流主要是个人的，我与认识的教授一起参加学术活动。现在我正在与西班牙的一位教授一起做一个有趣的项目，主题是研究全球南部的政治经济变迁。

王珑兴：非常感谢您参与我们的访谈！我了解了很多关于你对中国的研究以及中国与欧洲之间关系的信息，希望我们可以保持联系。

韦里：非常感谢你！我也很高兴，那我们保持联系。

中国与巴西城市空间的比较

李　颖[1]　自　风[2]

李颖：请简单介绍一下您自己和您近期的生活。

自风：我叫自风，来自俄罗斯。我曾就读于新西伯利亚国立大学。后来我去了中国、瑞典和西班牙。我在巴西读的博士，做的是中国和巴西研究，主要进行城市人类学和视觉人类学研究，并在研究过程中加入了一些艺术实践的元素，还做过社会学和“金砖五国”研究。2016 年，在巴西读博期间，我获得了同济大学的奖学金，并在同济大学设计与创新学院进行了田野调查。后来我又去复旦大学学习，申请到了“新汉学计划”项目。2019 年底，我来巴西完成我的博士学位论文。我本计划结束在巴西的学习后，回到中国。但由于新冠疫情，现在我仍在巴西。目前我完成了博士学位论文的写作。我想回到中国，但现在恐怕难以实现。我现在在圣保罗，正在进行博士论文的最终修改，因为我想将其出版。在我的论文中，我运用了视觉人类学的方法，这是一种摄影方法，所以我还准备了一本摄影集。目前，我正在寻找一个博士后的职位。

李颖：您希望申请哪个国家的博士后职位?

自风：我想在巴西、中国或者欧洲找一个博士后职位，比如巴塞罗那。

李颖：这些年来，不少中国学者和外国学者从不同学科视角出发，对“金砖五国”进行研究。例如，有学者从国际政治经济学角度，分析“金砖五国”的合作背景和前景;有学者从管理学角度出发，对“金砖五国”信息产业国际竞争力进行比较研究;有学者从地理学和人类发展视角，分析“金砖五国”的资源诅咒效应。您还会继续基于您的学科背景研究“金砖五国”吗?

自风：我认为我现在的关注点发生了转变，因为我还进行艺术实践和艺术

---

① 李颖:上海出版印刷高等专科学校外语系，教师

② 自风:Elena Kilina，坎皮纳斯州立大学社会科学系，博士研究生

表演，并且我关注城市空间和公共空间。我非常感兴趣的是将艺术实践与城市空间和公共空间研究结合起来，比如通过表演理解不同文化的城市和空间。在此方面，我在上海和圣保罗做研究的时候都做过一定的尝试。但这更像是我的个人实践。我在上海不同的地方演出过。在最后一次表演中，我引入了声音和诗歌，其中包括我创作的汉语、葡萄牙语和英语诗歌。最后一场演出是在一个即将被拆除的地方，现在叫作“红坊”。最后的那场演出就像是那个地方“现有生命”的最后一天。我觉得我和那个地方有着很特别的联系。事实上，我不仅仅是在谈论城市设计或建筑，我还试图找到对那个地方形而上学和哲学的一种理解。这是一个挑战，并不容易。

李颖：在您的微信朋友圈中，我看到了您的一些照片和视频，我觉得很有特点。19 世纪中叶，人类学作为一门独立学科最终被确立。经过不断发展，当代人类学大致可以分为文化人类学（也被称为社会人类学、社会文化人类学）、语言人类学、考古学（也被称为史前人类学）、体质人类学（也被称为生物人类学）四大分支。作为文化人类学的一个分支，视觉人类学被视为一门新兴学科。在当代学术界，视觉人类学备受瞩目，但在术语、定义和功能等方面仍存在争议。可以肯定的是，视觉人类学不仅能够建立起有关人类视觉表征的原则和理论，还可以提供方法论。您会继续使用视觉人类学的研究方法吗？

自风：我认为人类学或社会科学领域已变得更为灵活，而且时常跨界。我不会只关注一个固定的领域。我不仅会引入经验，还会进行分析和搭建框架。要做研究，我们必须写文章，但我不仅想写文章，还想进行表演。

李颖：一方面，您以学术研究的方式阐述自己的观点。另一方面，您通过艺术表演表达自我。我认为，这两种方式的结合为社会科学研究提供了一个很好的思路。

自风：是的，我正试图把一些创造性的方法融入学术研究中。我发现这些方法并非没有学术性，也许还更具学术性。学术界接受和承认不同的方法。每个人都将从中受益。人类学和社会学是非常“人性化”的科学。如果没有交流，没有建立真正的跨文化的东西，它就没有意义，因为如果你想分析事物，你不仅需要获取信息，还需有你自己的观察。例如，我要研究一个公共空间，我必须花很多时间在那里观察，这是田野调查的一部分。

李颖：田野调查被公认为是人类学学科的基本方法论。您的实践和您从田野调查中获取的信息会使您的论文有说服力。自 2015 年以来，您一直从事城市人类学和视觉人类学的研究。在您的博士论文中,您将巴西圣保罗的"巨虫公园"(Parque Minhocão)与上海"红坊"进行比较。您为什么要研究这一问题?

自风:这是我向导师阐述我的研究时,我导师问的第一个问题。我的想法是将中国的大城市和巴西的大城市做一个对比。因为我在上海,我知道"红坊"是一个很好的例子。虽然中国有很多大城市,如广州、深圳、北京,但上海是一个特别的城市。上海世博会改变了一切,使上海变得非比寻常。我很早以前就听说过"红坊"这个地方。通过大量阅读,我了解到"红坊"是中国最早的艺术聚集区之一。随着中国的艺术商业和艺术设计领域开始思考艺术创意空间,人们开始为了做成一些不一样的事情而改造"红坊"。"红坊"存在了 12 年,是最早的艺术区之一。其中有一个公共空间/区域。它像一个公共场所,但很少被使用,因为中国关于公共场所的概念与巴西有所不同。我在圣保罗时,对"巨虫公园"进行了观察。我认为将"巨虫公园"与"红坊"进行对比,并展示空间与人之间的关系是非常有趣的。

我将人们在中国公共场所可以做什么与人们在巴西公共场所可以做什么进行了比较,我发现中国人和巴西人对此的看法是不同的,这非常有趣。我运用了"交互情况"(state of play)的概念。我认为现代城市的公共空间实际上是为"交互"(play)而生。问题在于"巨虫公园"这个高速公路是否会自动变成公共场所。"红坊"是开放的,但同时也是受限的。"红坊"进出自由,但有保安看守。在"红坊",有一块绿色区域,人们可以在那里野餐。虽然它晚上是开放的,但没什么人去那里。关于空间的运用有很多有趣的问题。尽管这些区域不太相同,但从视觉上看,我觉得它们有点相似。"巨虫公园"是一条被住宅楼包围着的高速公路,"红坊"也是如此。"红坊"是圆形的,它周围也有住宅建筑。这两个区域有很多有趣的巧合。但是,在功能方面,它们是不同的。

李颖:在进行比较研究时,评估不同国家的特定区域是否具有可比性,从不同方面分析区域的异同,最终上升到学理层面,总结出"普适化"或"通则化"的特征,有一定难度。这不仅需要研究者全面而深入地认识所要对比的区域,还要求研究者熟练掌握相关的理论知识和研究方法,通过比较得出新颖且具有说服力的观点。看了您的论文,您的观点是"巨虫公园"是一个为"交互"效力的空间,而"红坊"仍在"孵化阶段"。为什么会得出这样的观点?

自风:这个观点与区域内的生活有关。过去的"红坊"已不复存在,而"巨虫公园”则像一个活生生的有机体。中国和巴西对待生活的态度是不同的。“红坊”本可以像公园，人们可以在里面打太极拳、跳舞、喝咖啡、阅读等等。但我很少看到人们在“红坊”做这些事，尽管很多人住在那附近。虽然“红坊”附近有一些儿童学习中心，那些等待孩子下课的家长们可以在“红坊”进行这些活动，但是他们并没有这样做，主要是因为他们主观上没有这样想。“红坊”最初被认为是艺术家和设计师的伟大创举。当时里面有很多工作室。人们开始思考如何将事物变得有利可图。因此，“红坊”逐渐演变为一个非常商业化的地方。顺便说一句，这并没有错。我只是观察它是如何变化的。

李颖：您的意思是与中国相比，在巴西人们更多地将空间视为“交互”的场所？

自风：不完全是这样。这不是多或少的问题。数量上没有可比性。中国人也可以经常把空间看作“交互”场所，如果他们这样想的话。我的观点是，中国人没有视空间为“交互”场所的传统。巴西有街头文化，中国也有街头文化。中国人喜欢逛街，喜欢待在户外。但是中国人总是认为固定场合是用来做特定的事情的。例如“红坊”被认为是可以参观博物馆的地方，是孩子们可以嬉戏的地方，是可以野餐的地方等。但人们不会去那里闲逛，缺少了一些随意性，因为在中国文化中，人们喜欢计划事情，他们会为每一件小事制定议程。但在巴西，这是非常随意的。在巴西，公共场所是一个会面和偶遇的地方。这也是公共场所的一个功能。因此，在巴西的公共场所，如果他们突然想喝啤酒，他们就会喝啤酒。如果他们突然想要开个派对，画点什么或进行表演，他们马上就会去做。我不认为这是更多或更少的问题，我觉得巴西人做事更自由，但在巴西也有规定。巴西的许多重大问题与中国非常不同。巴西的街道很危险，也许你会在街上遇到罪犯，也有偷东西的事发生。巴西人既自由又不自由。在中国时，我时常在夜里走路，但我从来没有感到过害怕。这是最棒的事情之一。但在巴西的城市里，我不会走夜路。

李颖：在一定程度上，视觉人类学与民族志摄影、电影和新媒体研究有关。随着电视、电影、摄影和新媒体的影响力日益增强，传媒界和学术界越来越关注视觉人类学这一学科。视觉媒体（如摄影、电影和录像等）可以将抽象的学术理论转化为直观的视觉呈现，为人类学家们提供了一种更生动的方式展示他们的研究结果，有助于人们理解复杂的文化现象。在对“巨虫公园”和“红坊”进行比较研究时，您主要运用视觉人类学中的哪种研究方法？

自风：正如你所说的那样，我们可以运用视觉人类学来记录不同部落的生活。我倾向于运用摄影的方法，它是视觉人类学的一部分。摄影的方法有利于我们对事物进行分类。我不仅使用视觉人类学的方法，还使用其他的方法，比如设计理论。

李颖：您的意思是，在您的博士论文中，只有部分章节运用了视觉人类学的研究方法？

自风：是的，没错。我主要在最后一章用它来进行数据分析。等我出版后，我可以寄给你。

李颖：谢谢！城市人类学是一门研究城市文化、社会和空间的学科，它探讨城市居民的行为、观念和生活方式，以及城市环境对人们的影响。城市人类学可以帮助人们更好地了解城市化进程中的社会和文化变化，以及如何创造更适合人类生活的城市环境。城市人类学对于理解日益城市化的世界和城市社会的发展，尤其是在解决城市化过程中出现的各种社会问题和挑战方面，具有重要意义。"研究城市人类学主要有两种途径：研究城市的类型或研究城市内部的社会问题。城市人类学对城市的研究主要有四种方法：第一种是以社区和家庭网络为中心的城市生态模式研究；第二种是基于权力和知识的研究，尤其是对于城市该如何规划的探讨；第三种是研究地方和超地方（supra-local）；最后一种方法侧重于研究那些政治经济对城市基础设施起至关重要作用的城市。"①从城市人类学的角度来看，您在圣保罗的"巨虫公园"和上海的"红坊"进行实地观察，与当地民众建立联系，了解他们的生活和文化，探讨他们与城市空间的互动，我认为这样的研究非常有创意。

自风：我的导师也认为我的研究非常有趣，也很有创意，特别是我关于这两个空间的研究结果、照片以及我对于这两个空间内生活的理解。为了找到空间的"声音"，我必须从声音和音乐的角度进行思考。此外，我必须观察"巨虫公园"在不同的白天与晚上的状态。我需要用不同的研究方法。

李颖：不同学科的研究方法是不同学科的学者们在从事不同学科的学术研究过程中不断总结和提炼出来的。虽然可能存在某些相似之处，但不同学科的研究方法更多体现的是各学科的学科特点。随着时代的发展和科技的进步，出现了越来越多单一学科无法解决的复杂问题。通过运用不同学科的研究方

---

① https://www.liquisearch.com/urban_anthropology/main_areas_of_study

法，可以从不同角度更加深入地分析问题，最终实现对问题的全面性和整合性研究。您的论文运用了不同的研究方法，为进行学术研究开辟了一条新的路径。

自风：非常感谢你的评价。研究这两个区域并不容易。当我决定做“红坊”的研究时，我从网上查阅资料、搜索信息。但两个月之后，“红坊”变了。“巨虫公园”也是一个研究起来有难度的地方。那里经常举办活动，有时还会封闭管制。我不能在研究中偏袒任何一方，我必须保持客观。

李颖：就研究类型而言，人类学家们倾向于进行个案研究或比较研究。通过个案研究，人类学家们可以呈现出一个单一的城市社会，并对此加以分析。比较研究较为复杂，需通过对照变量对不同的社会进行比较。您将“巨虫公园”与“红坊”进行比较。为什么选择这种研究类型？

自风：在社会科学中，比较研究（comparative studies）需要有一定比较的基础。学术界为比较研究制定了一定的衡量标准。对我来说，我的研究更像是对比研究（contrast studies）。当然，我也做比较研究。对比就像照镜子。当我谈论巴西时，我需要与中国进行对比，而不是比较哪里多或哪里少。我不喜欢那样做。我的导师也想做更多的比较研究，他是社会学家。社会学家研究的是数字，研究的是比较，总是需要观察事物的动态发展。也许我有点在逃避做比较研究。但可以肯定的是，我的研究中也有比较的成分。但对比更能展现出研究中无限的那一部分。我发现中国和巴西有很多类似的东西。如果不是做个案研究，那一定会有比较的成分。

李颖：在您的研究中，您何时进行比较？又何时进行对比？

自风：比较和对比都会涉及事物的不同点和相同点。我认为何时进行比较或对比更多地取决于你的研究结果和你选择收集的数据。如你可以将巴西和中国公共场所夜间的情况进行比较。这种比较是有一定的衡量标准的，如白天和夜间的访问情况、安全情况、设施情况等。比较研究是社会科学研究的一部分。我想请问，在你所研究的领域，衡量对比的标准是什么？

李颖：我从事的是比较文学研究。在进行文学研究时，比较文学主要以跨语言、跨文化、跨民族和跨学科为比较视域。通过比较，不仅可以了解不同民族或不同国家之间文学与文学的关系、文学与历史的关系以及文学与意识形态的关系，还可以进一步认识同一民族或同一国家文学的发展过程和文学发展的内在规律，进而探究人类文学与文化发展的共有规律。就研究类型而言，比较文学的基本类型包括影响研究、平行研究、接受研究和阐发研究等。在比较西方文学与中国文学时，我们可以从文化、社会和历史等不同维度进行比较。例如，从性别研究视角比较西方文学和中国文学，我们会发现，在19世纪，英国男女作家大多数情况下处于敌对状态，而中国明清时期的文学文化由男女作家共同创造。通过比较中西方这一迥异的文学文化现象，我们可以进一步分析造成这一差异的历史、社会和政治等原因。在我的一篇论文中，我对海外汉学界有关中国古代女性的研究进行了论述，发现不同于西方女性主义的"差异观"，海外汉学学者们打破了女性为"受害者"的观点，将中国古代女性置于特定历史和文化语境中加以评论，重构了中国古代女性的家庭地位和社会地位，对中国文化研究和西方性别研究作了一定的贡献。我了解到，人类学起源于19世纪的民族学，并在其基础上发展起来。有学者认为，"民族学研究就是比较研究，民族学的知识正是对不同社会文化比较研究的成果"。您认为您的研究是跨文化、跨社会、跨国家的吗？

自风：我的研究是跨文化、跨社会、跨国家的，因为我研究的是两个不同的大陆、两个不同的国家。我的研究为理解不同文化、不同城市生活和社会生活架起了桥梁。在我的研究中，我并没有想去深入研究这两种文化心态，因为那属于文化研究，是另一个领域。这也与政治学有关，政治学也是社会科学的一部分。我更关注的是地点和空间。

李颖：我们知道，"文化适应"是社会学和文化人类学在研究文化整合和文化功能作用时经常使用的概念。贝里(Berry)将文化适应分为四个类型：同化(assimilation)、分离(separation)、融合(integration)、边缘化(marginalization)。在您的论文中，您提到"'文化适应'是一种单向认识文化的过程。跨文化包括两个阶段——一个阶段是去文化，另一个阶段是创造一种新文化"。您认为在"巨虫公园"和"红坊"里，新的文化有没有被创造出来？与此同时，一些传统文化是否被摧毁？

自风：我不认为人们创造了新的文化。我从2016年开始观察"巨虫公园"。可以肯定的是，该区域内人们的生活代表了一种特定的文化，并且圣保罗的市民们早已习惯这种文化。比如，他们知道"巨虫公园"在周六或周日开放，他们可以带朋友们去那里，可以在那里与他人会面或举办活动，可以在那里喝咖啡或啤酒，或者只是在那里坐坐。这就是一种文化现象。我不知道这是不是一种新的文化，但可以肯定的是，在那个地方存在着一些特殊的文化。如果去到圣保罗的其他地方，不会有类似的情况。我想说的是，也许人们没有创造出新的文化，但人们所处的空间和人们在公共城市场所所做的事情会“塑造”他们过去的时光。我的意思是，任何空间都有记忆，这种记忆会随着人们对于该空间的使用而被保存下来。如果他们经常去公共场所，他们已经形成了习惯，在那里消磨时间、进行常规活动或开展新的活动。昨天已经过去，对吗？所以每当人们回到这个地方，他们就会回忆起与这个地方有关的往事。这更像是与空间的一种联系，而非与某一场域的联系。场域展现的是地理位置，是物质的，非精神上的。我认为，空间更形而上，并非有形的实体。

李颖：我们可以理解为您在研究中将过去和现在做了一个对比。与过去相比，空间场所发生了改变。您认为这些变化与文化适应和跨文化的概念有关。

自风：思考过去和现在之间的联系，你这样的评论很不错。

李颖：从您的研究视角看，巴西和中国有哪些共同点和不同点？

自风：这是个很难回答的问题。我一生都在研究中国。我出生在中俄边境。所以对我来说，中国是我的家。我的家乡离满洲里很近。我知道中国的北方，比如内蒙古、哈尔滨等地方。我与中国有着紧密的联系。从这个意义上说，我和那些初次来到中国的外国人不一样。我了解中国。在中国的日常生活，不会让我感到很奇特。但当我开始做研究并更多地进入学术领域时，情况就不一样了。与巴西不同，中国有更多的学术传统。而在巴西，研究中国和亚洲地区相对来说比较新颖。在巴西，人们仍是用非常西方的方式看待中国。有时我像西方人一样思考，但有时我也认为我是亚洲人。在巴西，人们强调后殖民话语。因为巴西曾是葡萄牙的殖民地，他们有自己关注的问题，比如奴隶制。这点与中国很不同。中国则习惯于谈论历史和传统。但我们不能说巴西非常西化，因为巴西也在与这种西化的形象作斗争。例如，他们不希望美国或欧洲为他们代言，因为巴西在拉丁美洲，这里与西方其他大陆不同。虽然受到欧美的影响，但巴西仍旧很特别。南美洲大陆上的其他国家，比如智利、阿根廷、玻利维亚、秘鲁、哥伦比亚，它们都属于西班牙语体系。这些国家把巴西排除在外。巴西这个国家的内部情况也非常复杂。巴西有非常西方的思维方式，但在过去大约15年里，他们更多地引入了拉丁美洲的话语权。他们总是提到中国，因为他们想学习中国经验。

李颖：巴西和中国均为发展中国家。尽管在许多方面存在差异，1993年巴西成为第一个同中国建立战略伙伴关系的发展中国家。2012 年，两国关系提升为全面战略伙伴关系。近年来，中巴关系发展顺利，两国高层交往频繁。中巴在国际事务中合作密切，在联合国、世贸组织、国际货币基金组织等国际组织以及 20 国集团、金砖国家、基础四国等就重大国际问题保持良好沟通与协调。中巴是铁杆朋友和全天候战略合作伙伴。正如中央政治局委员、中央外事工作委员会办公室主任、外交部部长王毅曾说，“高度互信、倾力相助、共谋和平、共促发展是中巴关系最鲜明的特征，也成为双方携手前进的最大底气。中方愿同巴方以建交 70 周年为契机，加快构建新时代更加紧密的中巴命运共同体，为两国人民创造更多福祉，为地区稳定繁荣作出更大贡献”。

我目前正在进行国际关系方面的研究，我发现不同国家对民主、人权、软实力等概念有不同的理解。有时，这些概念分歧会对国家间关系产生不利影响。您的论文中也有关于相关概念的阐释。在您的研究领域，东西方在相关概念上是否存在不同的理解？

自风：相对而言，他们对于概念的理解是相似的。但是，视觉人类学在中国并没有被广泛讨论。当我在中国时，我并不在视觉人类学系学习。我更像是在一个艺术学院学习。对我而言，我更关注社会科学和城市规划，而不是设计。人们不怎么谈论视觉人类学。在巴西坎皮纳斯州立大学求学时，我更接近于从事视觉人类学的研究，尽管一切都是葡萄牙语。他们谈论更多的是电影，而不是照片。但是他们也讨论图像，例如，如何将图像与人类学研究或城市研究相联系。

李颖：我了解到您曾在俄罗斯、日本、瑞典、巴西、美国、西班牙和中国学习和工作过。您获得了两个硕士学位：一个在新西伯利亚国立大学，主修的是东方研究和汉语，另一个在隆德大学，主修亚洲研究。为什么您在博士阶段转向了城市人类学和视觉人类学方面的研究？

自风：因为我对欧洲很感兴趣，想要了解欧洲，所以我去瑞典学习，并获得了硕士学位。我也一直对拉丁文化感兴趣，这就是我去西班牙的原因。我会说一点点中文。所以我在西班牙做了一个与中国有关的项目。然后我发现了巴西的这个项目。在很长一段时间里，我很想去巴西看看。我也想试着在巴西做一些与中国有关的研究。然后我从巴西回到上海，做这项研究。

人们总是问我为什么选择这两个国家作为我的研究对象。对我而言，这是一件很自然的事情。我想要在不同的国家走走看看，用发现的眼光去看待这些国家。选择中国和巴西作为我的研究对象是我的选择。我认为根据季节的变换在不同的国家生活是一个很好的事情。我觉得中国最好的时节是春天或秋天。我想 3 月、4 月或 5 月在上海。到了夏季,当上海太热的时候,也许去欧洲是一个不错的选择。

李颖: 您认为以前的经历和研究对您现在的研究有帮助吗?

自风: 有帮助。在新西伯利亚国立大学东方系求学时,我学习了很多有关中国的知识,比如中国文化、历史、文学和哲学。我关注亚洲地区,比如中国、日本和韩国。这是我学术研究的基础。然后我转向了社会科学研究。在瑞典,我做了有关日本的社会科学研究。后来,我在日本早稻田大学做了三个月的田野调查。我开始对城市空间研究感兴趣。我开始有了研究空间和场域的想法。再后来,在西班牙时,我没有考虑这方面的研究。但是到了巴西,我又开始做这方面的研究了。

李颖: 为什么我会问您这一问题,是因为我博士论文研究的是当代汉学家孙康宜。孙康宜教授生于中国北京,本科毕业于中国台湾东海大学外文系,先后获得美国罗格斯大学(Rutgers, the State University of New Jersey)的图书馆硕士学位和美国南达科他州立大学(South Dakota State University at Brookings)的英美文学硕士学位,最终获得美国普林斯顿大学(Princeton University)文学博士学位。在攻读博士学位期间,孙康宜教授主修中国古典文学,兼修比较文学和英国文学。博士毕业后,她担任过普林斯顿大学葛斯德东亚图书馆馆长,荣获了耶鲁大学首任 Malcolm G Chace'56 东亚语言文学讲座教授职位。2015 年,她当选美国人文与科学院院士。2016 年,她当选中国台湾研究院院士。在学术研究方面,孙康宜教授经历了从中国古典文学研究到性别研究,再到跨文化研究的转向。我发现孙康宜教授每一个阶段的研究,都为其之后的学术转向奠定了坚实的基础。正是孙康宜教授的人生经历和学术轨迹,促成了她成为一位融汇古今、沟通中西,在当今国际汉学研究界举足轻重、独具特色的跨文化传播者,使得她在当代中西文学文化交流中发挥着重要的作用。您曾在东西方不同的国家学习和工作,我认为您之前的人生经历和学术历程也为您现在所从事的研究奠定了一定的基础。而且和孙康宜教授一样,您既了解东方文化,又掌握了西方理论知识,相信您的研究会为城市与视觉人类学研究提供新的研究视角、研究思路和研究路径。

自风: 谢谢您的鼓励!再会!

参考文献

[1] 白佐良，马西尼. 意大利与中国[M]. 北京：商务印书馆，2002.

[2] 包智明. 论民族学的跨文化比较研究法[J]. 世界民族，1997(03)：40 - 50.

[3] 保罗·F. 拉扎斯菲尔德，等. 人民的选择：选民如何在总统选战中做决定(第三版)[M]. 唐茜，译. 北京：中国人民大学出版社，2012.

[4] 陈国庆. 汉书艺文志注释汇编[M]. 北京：中华书局，2006.

[5] 陈蒲清. 鬼谷子详解[M]. 长沙：岳麓出版社，2005.

[6] 大中华文库-《大学》《中庸》(汉马其顿语对照)[M]. 伊戈尔·拉代夫，王文锦，译. 北京：五洲传播出版社，2022.

[7] 大中华文库-《论语》(汉马其顿语对照)[M]. 伊戈尔·拉代夫，译，陈晓芬，译. 北京：五洲传播出版社，2023.

[8] 大中华文库-《诗经》(汉塞尔维亚语对照)[M]. 伊戈尔·拉代夫，周振甫，译. 北京：五洲传播出版社，2023.

[9] 戴圣. 礼记(上、下册)[M]. 胡平生，张萌，译注. 北京：中华书局，2017.

[10] 邓明昱. 30 年的发展：中国心理咨询的三次高潮[J]. 国际中华应用心理学杂志，2009(02)：80 - 84.

[11] 范狄. "天之上何物？"：塞韦里尼与中国经典及其对于"朱子天问"的回应[J]. 国际比较文学，2023(02)：152.

[12] 范中义，等. 明代军事史(上册)[M]. 北京：军事科学出版社，1998.

[13] 冯友兰. 中国哲学史[M]. 上海：华东师范大学出版社，2011.

[14] 高丙中. 主文化、亚文化、反文化与中国文化的变迁[J]. 社会学研究，1997(01)：113 - 117.

[15] 黄铭. 春秋公羊传[M]. 曾亦，译注，北京：中华书局，2016.

[16] 黄宗羲. 明儒学案[M]. 沈芝莹，点校. 北京：中华书局，2008.

[17] 姜海燕. 中国精神健康政策的范式转换：从安全管理走向健康服务[J]. 河北学刊，2022(01)：191 - 198.

[18] 蒋绍愚. 两次分类：再谈词汇系统及其变化[J]. 中国语文，1999(05)：323 - 330.

[19] 冷昕. "金砖五国"信息产业国际竞争力比较研究[D]. 吉林：吉林大学，2014.

[20] 李蕊. 意大利汉学界的中国文论研究[J]. 文学理论前沿，2017(01)：68 - 93.

[21] 李贽. 焚书续焚书[M]. 北京：中华书局，1975.

[22] 梁启超. 祖国大航海家郑和传[J]. 新民丛报,1904(03):21.
[23] 刘继同,左芙蓉. 中国健康与精神健康社会工作制度百年历史变迁与历史规律研究[J]. 重庆工商大学学报(社会科学版),2022(04):6 - 24.
[24] 卢春龙,严挺. 比较历史政治视角下的中国政治文化探析[J]. 政治学研究,2022(05):113 - 126.
[25] 卢锋,李远芳,杨业伟. "金砖五国"的合作背景和前景[J]. 国际政治研究,2011(02):1 - 21+0+3.
[26] 罗荣渠. 15 世纪中西航海发展取向的对比与思考[J]. 历史研究,1992(01):3 - 19.
[27] 萨缪尔森,诺德豪斯. 经济学(第 19 版)[M]. 萧琛,译. 北京:商务印书馆,2014.
[28] 《十三经注疏》整理委员会. 十三经注疏整理本・春秋公羊传注疏[M]. 北京:北京大学出版社,2000.
[29] 司马迁. 史记(第三册)[M]. 张大可,译. 北京:商务印书馆,2019.
[30] 王安忆. 长恨歌[M]. 北京:作家出版社,1995.
[31] 王洪武. 鬼谷子汇解[M]. 北京:解放军出版社,2012.
[32] 王世贞. 登山堂别[M]. 北京:中华书局,1985.
[33] 魏源. 海国图志(全四册)[M]. 长沙:岳麓书社,2021.
[34] 熊沐清. 论语篇视点[J]. 外语教学与研究,2001(01):21 - 28+79.
[35] 徐继畬. 瀛寰志略[M]. 宋大川,校注. 北京:文物出版社,2007.
[36] 徐来娣. 俄汉语流重音声学实验对比研究[J]. 中国俄语教学,2016(02):75 - 81.
[37] 杨国桢. 重新认识西方的"海洋国家论"[J]. 社会科学战线,2012(02):224 - 230.
[38] 杨慧林. 意大利那不勒斯东方大学及其汉学研究[J]. 世界汉学,1998(01):206 - 207.
[39] 杨柳桥. 庄子译注[M]. 上海:上海古籍出版社,2012.
[40] 张文儒. 孙子新注[M]. 北京:中华书局,2018.
[41] 张野,周嘉,刘继生,等. 基于人类发展指数的金砖五国资源诅咒效应分析[J]. 世界地理研究,2018(05):167 - 175.
[42] 赵一帆,潘芝颖,胡乃文,等. 城市化与精神健康的关系:经典假设、挑战与研究趋势[J]. 中国临床心理学杂志,2022(04):876 - 882.
[43] 郑杰文. 鬼谷子奥义解说[M]. 济南:山东大学出版社,1993.
[44] 钟启泉. 课堂革命[M]. 南京:江苏人民出版社,2017.
[45] Baum, E. Choosing Cures for Mental Ills: Psychiatry and Chinese Medicine in Early Twentieth-Century China [J]. *Asian Review of World Histories*, 2018(06):8 - 32.
[46] Berry, J. W. Psychology of acculturation: Understanding individuals moving between cultures [M]//Brislin, W R. *Applied cross-cultural psychology*. Newbury Park: Sage, 1990:232 - 253.
[47] Bertuccioli, G. Sinology in Italy 1600 - 1950. Europe Studies China [M]. London: Han-Shan Tang Books, 1995.

[48] Bonacich, E. A Theory of Middleman Minorities [J]. *Social Science Research Network*, 1973(05):583 - 594.

[49] Bram, B. Building the Skill of Happiness: We Chat's Role in the Promotion of Mental Health in China [J]. *Asiatische Studien—Études Asiatiques*, 2022(01): 87 - 109.

[50] Bram, B. Strong Women and Ambivalent Success: the Gendered Dynamics of China's Psy-boom [J]. *Ethos*, 2022(01):72 - 89.

[51] Bram, B. We Can Only Change Ourselves: Psychology and Mental Health in China [D]. Oxford: Oxford University, 2021.

[52] Chuh, K & Shimakawa, K. Orientations: Mapping Studies in the Asian Diaspora [M]. Durham: Duke University Press, 2001.

[53] Conn, V L & de Seta, G. Sinofuturism(S) [J]. *Verge*, 2021(02):74 - 99.

[54] Day, I. Alien Capital: Asian Racialization and the Logic of Settler Colonial Capitalism [M]. Durham: Duke University Press, 2016.

[55] Hsia, R P. A Jesuit in the Forbidden City: Matteo Ricci 1552 - 1610 [M]. Oxford: Oxford University Press, 2010.

[56] Illouz, E. Cold Intimacies: The Making of Emotional Capitalism [M]. London: Polity Press, 2007.

[57] Kim, C J. The Racial Triangulation of Asian Americans [J]. *Politics & Society*, 1999(01):105 - 138.

[58] Lee, J & Min, Z. The Asian American Achievement Paradox [M]. New York: Russell Sage Foundation, 2015.

[59] Lye, C. The Afro-Asian Analogy [J]. *Publications of the Modern Language Association*, 2008(05):1732 - 1736.

[60] Mauricio, F. Shanghai: the Paradise of Adventurers [M]. New York: Orsay Publishing House, 1937.

[61] Ngai, M. The Chinese Question: The Gold Rushes, Chinese Migration, and Global Politics [M]. New York: W.W. Norton and Company, 2021.

[62] Osburg, J. Anxious Wealth: Money and Morality Amongst China's New Rich [M]. Stanford: Stanford University Press, 2013.

[63] Plantin, Jean-Christophe & de Seta, G. Wechat as infrastructure: the techno-nationalist shaping of Chinese digital platforms [J]. *Chinese Journal of Communication*, 2019(03):257 - 273.

[64] Preus, A. Historical Dictionary of Ancient Greek Philosophy [M]. Lanham: Scarecrow Press, 2007.

[65] Roh, D S., et al. Techno-Orientalism: Imagining Asia in Speculative Fiction, History, and Media [M]. New Jersey: Rutgers University New Brunswick, 2015.

[66] Swearingen, C., et al. Guiguzi: China's First Treatise on Rhetoric: A Critical Translation and Commentary [M]. Carbondale: Southern Illinois University Press, 2016.

[67] Thomas, M & Lewis, P. Media Democracy: How the Media Colonize Politics [M]. Cambridge: Polity Press, 2002.

[68] Wang, H. The Politics of Imagining Asia [M]. Cambridge: Harvard University Press, 2011.

[69] Yang, J. "Fake Happiness": Counselling, Potentiality, and Psycho-Politics in China [J]. *Ethos*, 2013(03):292 - 312.

[70] Yang, J. Unknotting the Heart: Unemployment and Therapeutic Governance in China [M]. New York: Cornell University Press, 2015.

[71] Zhang, L. Anxious China: Inner Revolution and Politics of Psychotherapy [M]. Berkely: University of California Press, 2020.

[72] Zhang, L. Bentuhua: Culturing Psychotherapy in Postsocialist China [J]. *Culture, Medicine, and Psychiatry*, 2014(02):283 - 305.